权威·前沿·原创

皮书系列为

“十二五”“十三五”“十四五”时期国家重点出版物出版专项规划项目

智库成果出版与传播平台

甘肃乡村振兴研究报告（2023）

RESEARCH REPORT ON RURAL REVITALIZATION IN GANSU PROVINCE (2023)

主　编／魏胜文　张东伟　乔德华

社会科学文献出版社
SOCIAL SCIENCES ACADEMIC PRESS (CHINA)

图书在版编目(CIP)数据

甘肃乡村振兴研究报告．2023／魏胜文，张东伟，乔德华主编．-- 北京：社会科学文献出版社，2024.3
（甘肃农业科技绿皮书）
ISBN 978-7-5228-3247-0

Ⅰ．①甘… Ⅱ．①魏… ②张… ③乔… Ⅲ．①农村-社会主义建设-研究报告-甘肃-2023 Ⅳ．①F327.42

中国国家版本馆 CIP 数据核字（2023）第 257083 号

甘肃农业科技绿皮书
甘肃乡村振兴研究报告（2023）

主　　编／魏胜文　张东伟　乔德华

出 版 人／冀祥德
责任编辑／陈晴钰
责任印制／王京美

出　　版／社会科学文献出版社 · 皮书分社（010）59367127
　　　　　地址：北京市北三环中路甲 29 号院华龙大厦　邮编：100029
　　　　　网址：www.ssap.com.cn
发　　行／社会科学文献出版社（010）59367028
印　　装／三河市东方印刷有限公司

规　　格／开　本：787mm×1092mm　1/16
　　　　　印　张：20.5　字　数：304 千字
版　　次／2024 年 3 月第 1 版　2024 年 3 月第 1 次印刷
书　　号／ISBN 978-7-5228-3247-0
定　　价／158.00 元

读者服务电话：4008918866

《甘肃乡村振兴研究报告（2023）》
编　委　会

李伯祥　甘肃省乡村振兴局调研指导处
张　继　西北师范大学新农村发展研究院
张东伟　甘肃省农业科学院农业经济与信息研究所

办 公 室 主 任　王建连

办公室工作人员　任　慧　刘锦晖　刘海波　王统勋　白贺兰

主要编撰者简介

魏胜文　农学博士，研究员。甘肃省农学会副会长、《寒旱农业科学》编委会副主任。先后主持完成国家社科基金项目、省社科规划项目、科技厅软科学项目等各类课题30项；出版专（编）著20余部（其中专著15部）；发表论文50余篇（C刊及以上13篇）；完成研究报告16篇。获甘肃省社会科学优秀成果一等奖3项、二等奖2项、三等奖3项，其中：主持的国家社科基金成果专著《反贫困之路》，荣获第十二届甘肃省社会科学优秀成果一等奖；主持修编的《甘肃省志·社会科学志》荣获第十一届甘肃省社会科学优秀成果二等奖，甘肃省地方史志编纂委员会、甘肃省地方史志学会“优秀成果一等奖”。2006~2013年，连续8年主持编研“甘肃蓝皮书”，直接主编经济、舆情和县域蓝皮书。其中，担任执行主编的《2006~2007年甘肃舆情分析与预测》为全国首部地方舆情类蓝皮书，获甘肃省第十一次哲学社会科学优秀成果一等奖。2016年起主持编研“甘肃农业科技绿皮书”，获甘肃省第十五次哲学社会科学优秀成果一等奖1项、甘肃省第十六次哲学社会科学优秀成果二等奖1项、甘肃省第十七次哲学社会科学优秀成果二等奖1项。

张东伟　理学博士，研究员。甘肃省农业科学院农业经济与信息研究所副所长。长期从事农业经济管理、生态经济学、地理信息系统应用等方面的研究工作。先后承担国家科技攻关项目、国家科技支撑项目、世界银行贷款扶贫项目、英国政府赠款流域管理项目、澳大利亚发展奖学金项目、国家外专局农业引智成果推广项目、农业部行业科技专项以及地方政府资助项目等20余项，获得各类科技成果奖励18项。在各类学术刊物及国内外学术会议发表论文30余篇。出版专著1部，参编学术专著7部。曾先后赴加拿大、新西兰、澳大利亚等国家的相关大学和科研机构开展专业研修和合作研究。

乔德华 甘肃省农业科学院农业经济与信息研究所原所长、研究员，国家注册咨询工程师；兼任甘肃省政协智库专家、甘肃省供销合作联社智库成员、甘肃省农业农村厅乡村振兴专家咨询委员会委员、《寒旱农业科学》期刊审稿专家。1985年参加工作以来，先后在甘肃省农业科学院从事小麦、糜谷等粮食作物育种栽培，百合、玫瑰等花卉开发，西瓜、辣椒等瓜菜作物育种及种业开发，《甘肃农业科技》期刊编辑，并从事科研管理工作多年。参加完成“西瓜新杂交种选育”等课题13项，主持完成国家“十五”攻关项目重要技术标准研究专项、甘肃省哲学社会科学重点项目后扶贫时代甘肃省解决相对贫困问题的长效机制研究、甘肃软科学专项科技扶贫重大问题研究等课题16项；获甘肃省哲学社会科学优秀成果一等奖1项、二等奖2项，甘肃省科技进步二等奖2项、三等奖3项，国家商业科技进步二等奖1项；发表论文78篇，其中核心期刊20篇；主编出版专著7部；主持或参与完成地方农业发展规划及产业可研报告30余项。

前言

共享发展理念是新发展理念的重要组成部分，体现了社会主义发展的内在要求、价值取向和最终目的，是中国式现代化的重要特征。在扎实推动共同富裕的历史进程中，必须坚持以共享发展理念为指引，推动经济高质量发展，推进城乡区域协调发展，促进发展成果由人民共享。

共享发展理念强调在高质量发展的基础上实现全体人民共享发展成果，体现了共享与发展的高度统一，也为人类共同发展提供了新思路。习近平总书记多次强调，“使发展成果更多更公平惠及全体人民，朝着共同富裕方向稳步前进”。扎实推动共同富裕是中国特色社会主义市场经济有效运行的内在要求，是构建新发展格局、实现高质量发展的必然要求。我国全面打赢脱贫攻坚战、全面建成小康社会、巩固拓展脱贫攻坚成果同乡村振兴有效衔接、扎实推动共同富裕等新时代中国特色社会主义发展的重大实践，都离不开共享发展理念的指导。这一科学理念为实现经济社会高质量发展提出了目标要求和行动准则，也为实现第二个百年奋斗目标和中华民族伟大复兴凝聚了深厚的思想伟力。

我国新阶段的主要矛盾已经转化为人民日益增长的美好生活需要和不平衡不充分的发展之间的矛盾，而这种不平衡与不充分最突出的体现就是城乡发展不平衡、农村发展不充分。目前，我国工业化、信息化、城镇化快速推进，农业农村现代化成为明显短板，城乡发展不平衡、农村发展不充分已成为我国社会主要矛盾的主要方面，“三农”问题依然是当前和今后一段时期最突出、最迫切的重要问题。民族要复兴，乡村必振兴。实施乡村振兴战略是解决这一社会基本矛盾的关键措施。因此，党的十九大发出了“全面实施乡村振兴战略”的总动员令，党的二十大进一步明确要求“全面推进乡村振兴”，为新时代“三农”工作规划了蓝图、指明了方向。

乡村振兴是新时代推动中国现代农业与农村全面发展的战略性手段，是实现全面建设中国特色社会主义现代化国家的重要举措，也是促进共享发展、实现共同富裕的有效途径。首先，乡村振兴注重推进农业的现代化和改善农村基础设施，补齐农村交通、水电、信息等方面的短板，弥合城乡发展差距，让农民能更公平地分享到发展的红利。其次，乡村振兴鼓励农村产业多元化发展，通过培育特色产业和乡村旅游，吸引城市人才和资金流入农村，促进了乡村产业升级和就业机会的增加，这为农民提供了更多实现共同富裕的途径。最后，乡村振兴强调农村教育和医疗体系的建设，有利于提高农村居民的文化素质和健康水平，使他们更好地融入社会发展的大潮，分享改革开放带来的现代文明成果。

在共享发展的理念引导下，乡村振兴不再是简单的农业生产力提升，而是一个全方位、全覆盖的社会工程。坚持人人共建、人人共享，才能扎实推进巩固拓展脱贫攻坚成果与乡村振兴有效衔接；也只有通过共享发展的方式，才能确保乡村振兴带来的成果惠及更广泛的人群，使每个乡村都能在现代化建设的浪潮中找到自己的位置，实现共同发展、共同繁荣；只有让乡村焕发生机，让农民共享现代化的红利，才能真正实现全体人民共同富裕的目标。因此，可以说乡村振兴是手段，而共享发展则是其深层次的社会价值和目标所在。

乡村振兴是解决“三农”问题的总抓手，是促进农业农村现代化的必然途径，也是实现中华民族伟大复兴的重要举措。2020年我国取得脱贫攻坚决定性胜利后，巩固拓展脱贫攻坚成果、有效衔接乡村振兴成为促进我国高质量发展的战略性部署。如何评价乡村振兴发展水平，对于寻找发展短板、弥补发展差距、促进共同富裕具有基础性意义，在欠发达的甘肃省尤其具有重要的现实意义。

近年来，甘肃省深入贯彻落实新发展理念，以国家“十四五”规划和

2035年远景目标为重点，持续巩固拓展脱贫攻坚成果，全面推进乡村振兴战略实施，坚持农业农村优先发展，全力推动城乡深度融合发展，按照“产业兴旺、生态宜居、乡风文明、治理有效、生活富裕”的总要求，在乡村“产业振兴、人才振兴、文化振兴、生态振兴、组织振兴”方面做出了不懈努力，探索出了具有甘肃区域特色的乡村全面振兴新途径，有力促进了全省经济社会高质量发展。同时面对甘肃省农业生态条件相对恶劣、地理区位相对偏僻、基础设施相对薄弱、经济发展相对滞后的现实，我们迫切需要在国家乡村振兴战略的总体部署中找准定位，按照省委“一核三带”的区域发展布局要求，突出发展特色优势农业，实现陇原乡村产业强、农村美、农民富的美好愿景。

为了系统分析甘肃乡村振兴发展情况，研究并发布关于全省推进乡村振兴的权威性资讯文献，甘肃省农业科学院依托本院农业经济与农村发展创新工程学科团队这一平台，组织本院专家及省内相关管理、科研、教学机构权威人士，共同研究和编写了第五部《甘肃农业科技绿皮书：甘肃乡村振兴研究报告》。

《甘肃乡村振兴研究报告》秉承“坚持原创、追踪前沿、打造权威”的皮书编研宗旨，研究并发布事实充分、分析透彻、结论可靠、对策具体的权威性研究成果。绿皮书的编研和连续出版将有助于发挥省级农业科研机构在区域农业发展研究中的智库作用，更好地服务甘肃生态、经济和社会发展。同时，本项研究工作的开展也有助于集智攻关，打造“甘肃农科智库”品牌，为积极投身“甘肃乡村振兴”提供舞台，为服务甘肃农业农村现代化做出更大贡献。

《甘肃乡村振兴研究报告》是甘肃省农业科学院重点研发计划项目“甘肃农业共享发展研究”的核心成果，包含1个总报告和3个专篇（专题篇、区域篇和共享篇），由18篇研究报告组成。整体编研工作以甘肃省农业科学院及相关专业研究所科技人员为基本研究力量，兰州大学、甘肃农业大学、甘肃省社会科学院等大专院校和科研院所承担完成了相关专题研究报告，组建了一支由13家单位60多人组成的编研工作团队。“甘肃农业科技

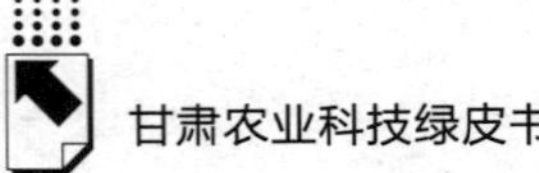

绿皮书”各研究报告均由相关学科的学术带头人或科研技术骨干承担具体编研任务，坚持专家立场、学术视角，体现科学性、客观性、前瞻性、应用性及可读性，遵循理论、方法与实践紧密联系、宏观研究与微观研究相结合的原则，以科学、权威、翔实的指标数据为基础，以评估现状、分析原因、预测走势、提出对策为基本框架，形成完整的研究报告。在研究内容上，以甘肃省全面推进乡村振兴进程中的重点、热点、难点问题为出发点，以向决策部门提供咨询建议为落脚点，力争成为各级党政机构、人大代表、政协委员、专家学者和社会各界进行民主决策、参政议政、科学研究的重要参考书。

为了顺利开展绿皮书的编研工作，成立了《甘肃乡村振兴研究报告》编委会，全面领导和协调绿皮书的编研和出版工作。编委会主任作为项目的总设计师，充分发挥多年从事皮书编研工作的丰富经验，把握研究方向，进行全面协调指导和动态管理。编委会强化项目过程管理，根据研究内容，采取“按篇章分工，按专题定人”的方式组织研究和编写。编研工作严格按照皮书的基本规范开展，项目启动时编制了《甘肃乡村振兴研究报告编研出版工作手册》发至每位作者，明确了编研内容、编研方式、编研程序、编研定位、编研目的，并对篇章结构、时间进度、质量控制、编排体例等做出了明确规定。

甘肃农业科技绿皮书的编研工作得到了甘肃省农业科学院和甘肃省农业农村厅领导的高度重视，甘肃省农业科学院将其作为年度重点工作任务，设立专项予以重点支持，党政“一把手”亲自抓总，并明确提出“举全院之力，创智库精品”，精心组织，与协作机构通力合作，努力完成水平较高、质量上乘的绿皮书。《甘肃乡村振兴研究报告》编研工作还得到了甘肃省农业农村厅、甘肃省乡村振兴局、甘肃省统计局、西北师范大学新农村发展研究院及社会科学文献出版社领导和相关部门的大力支持，在此表示衷心感谢！

研创工作得到了中国工程院院地合作项目“甘南农牧交错带生态农业高质量发展研究”（GS2022ZDA02-2）和中国工程院战略研究与咨询品牌项

目“西部地区乡村全面振兴路径研究”（2023-PP-03）子项目“产业促进西部地区乡村振兴路径研究”的资助。本书汇集了项目的阶段性研究成果。

绿皮书编研是一项创新性工作，尽管我们在共享发展理论、乡村振兴途径、专题研究方法和指标评价体系上做了一些探索和尝试，为提升甘肃农业农村共享发展水平、全面促进乡村振兴战略实施提供了更多有价值的理论指导和实践对策，但受数据资料收集、指标取舍、模型设计等因素影响，加之受到研究时间短、研究能力有限的制约，在一些方面的认识和研究仍然不够深入和全面，可能在许多方面还存在不尽如人意之处，纰漏之处在所难免，敬请各位读者批评指正。

编 者

二〇二三年十一月

摘　要

实施乡村振兴战略是我国解决“三农”问题的重大部署，也是推进社会主义现代化建设的重大任务。为了落实“产业兴旺、生态宜居、乡风文明、治理有效、生活富裕”的目标要求，党和国家做出了系统性制度安排，为乡村振兴提供了顶层设计。乡村振兴战略的实施有助于缓解我国社会的主要矛盾，促进改革开放成果更多地惠及“三农”，有利于推动“共享发展”等新理念落地见效。

甘肃省农业比重大、农村人口多，实现高质量发展进程中最艰巨最繁重的任务依然在农村。目前，全省“三农”工作重心向全面推进乡村振兴转移，不断深化农业农村改革，统筹推进“五个振兴”，努力促进农业高质高效、农村宜居宜业、农民富裕富足，以满足全省农民群众对更高品质生活的期待。

本书是甘肃省农业科学院重点研发计划项目“甘肃农业共享发展研究”的主要成果，包含 1 个总报告和 3 个专篇。总报告（一）从“共享发展”视角，阐释了脱贫攻坚与乡村振兴的三大逻辑关系，梳理了甘肃脱贫攻坚取得的历史性成就，分析了甘肃脱贫攻坚与乡村振兴有效衔接面临的主要问题，从做好脱贫攻坚与乡村振兴的政策衔接、规划衔接、工作衔接，以及新型城镇化与乡村振兴深度融合、农民收入增长与分配机制有效统筹、富民产业培育与乡村产业振兴有机结合、生态产业化与乡村生态振兴有机结合、提升农民自我发展能力与乡村人才振兴有机结合等方面提出了政策建议，并从阻断贫困代际传递、逐步解决相对贫困问题、提升农民内生发展动力和自我发展能力、加快乡村产业振兴步伐、加强农村基础设施建设等方面指出了开启乡村振兴新篇章的主要路径。总报告（二）构建了甘肃省乡村振兴评价指标体系，结合全省14个市州乡村振兴发展现状及综合水平，针对乡村振兴发展的突出问题和地区差异，认为各市州要因地制宜，依据自身区位优势和资源禀赋有效实施乡村振兴战略，尤其要以缩小收入差距为目标，注重收入、消费、文化生活与设施条件等方面的关联性与整体性，有效实现共同富裕。同时在有效补齐各项短板的基础上，应及时跟踪与评估自身发展成效，总结与借鉴优秀发展成果，促进全面均衡发展。最后提出了构建现代产业体系，实现产业兴旺；构建绿色生态体系，实现生态宜居；切实增加农民收入，实现生活富裕；补齐设施与服务短板，实现乡村善治；积极探索新途径，创新乡村振兴模式等对策建议。

专题篇围绕全省乡村振兴中的产业振兴、人才振兴、文化振兴、生态振兴和组织振兴等“五个振兴”进行专题研究，认为产业培育取得一定成果，但仍存在弱项短板；人才建设获得一定成效，但仍无法满足乡村振兴的巨大需求；乡村历史文化底蕴深厚，但保护和开发利用水平较低；生态振兴模式多样，但仍面临体制机制等多重困境；组织振兴效果初显，但基层组织功能发挥仍有潜力。针对性地提出了强化现代农业体系，突出区域特色优势；制定引才留才优惠政策，深化农民职称制度改革；传承乡土文化，构建现代乡村文化体系；优化制度体系，强化生态保育；强化农村基层民主法治建设，为乡村振兴提供有力的组织保障等对策建议。

区域篇围绕全省优势特色农业发展的“一带五区”空间布局和高质量发展目标，分别研究甘肃省沿黄农业产业带、河西地区、陇东地区、陇中旱区、陇南山地、甘南农牧交错区等区域性农业发展现状、发展动态、制约因素及未来发展方向，认为沿黄农业产业带存在科技创新能力不足、专业技术人员缺乏等问题；河西地区面临资源环境约束和巨大竞争压力；陇东地区需要应对生态环境建设和农产品供给保障的双重挑战；陇中旱区现代农业发展质量亟待提升；陇南山地面临生态环境脆弱、基础条件落后、产业集约化程度低等困境；甘南农牧交错区在自然、社会、经济方面面临制约因素多，发展选项少等不利条件。针对不同区域，分别提出优化农业结构、促进科技创新；加快构建现代农业产业、生产和经营体系；统筹处理好粮食安全、生态安全、农民增收间关系；增强发展动能、提升发展水平；推动特色农业发展、积极推进区域品牌建设；加速农业设施化、机械化进程，培育壮大新型农村经营主体等对策建议。

共享篇重点以“共享发展”为视角，从全省农业社会化服务、农村公共服务、农村集体经济、县域经济发展、东西部协作及对口帮扶等方面入手，深入分析促进甘肃农业共享发展、迈向共同富裕中的热点与难点问题，剖析主要影响因素，认为甘肃与全国乡村服务的平均水平相比仍存在差距；在农村公共设施建设、医疗卫生健康服务等方面面临一些具体问题；县域经济发展、空间布局规划仍有待完善；促进甘肃农村迈向共同富裕任务依然艰巨；高质量发展内生动力明显不足。针对性地提出了加强农业信息、金融服务创新；探索乡村公共服务供给模式、统筹推进县乡公共服务一体化；优化新型城镇化路径；聚焦成果拓展、筑牢产业帮扶与消费帮扶的坚实基础等方面的对策建议。

本书所用的研究资料和数据主要来自各报告作者在研究工作中的积累，同时引用了甘肃省各有关部门提供的资料，还参考了国内外同行的研究成果，旨在通过系统性研究，提供事实充分、分析透彻、结论可靠、对策具体的权威性理论研究成果，使之成为各级党政机构、专家学者和社会各界了解甘肃乡村振兴与农业发展全貌、开展民主决策及科学研究的参考书。

关键词： 脱贫攻坚　乡村振兴　甘肃省

Abstract

The implementation of the Rural Revitalization strategy represents a significant initiative in China's commitment to addressing issues related to agriculture, rural areas, and farmers. It is a crucial task in advancing socialist modernization. To achieve the objectives of thriving agro-business, enjoyable environment, social etiquette, civility, effective governance, and prosperity, Chinese government has systematically organized institutional arrangements, providing a top-level design for Rural Revitalization. The execution of this strategy aims to mitigate major societal challenges, extend the benefits of reform and opening up to rural areas, and foster the realization of concepts such as Shared Development.

Gansu Province, with a substantial portion of its GDP from agriculture and a large rural population, faces the most challenging task in achieving high-quality development, primarily in rural areas. The current focus of Gansu's efforts is to comprehensively promote Rural Revitalization, deepen agricultural and rural reforms, and advance the Five Revitalization Initiatives. The goal is to enhance the quality of agriculture, rural livability, and the prosperity of farmers, meeting the expectations of farmers in Gansu for an improved quality of life. The objective is to fulfill the rural population's expectations across the province for an updated standard of living.

This book represents the primary output of the key R & D project titled Research on Shared Agricultural Development in Gansu which is conducted by the Gansu Academy of Agricultural Sciences. It includes two general reports and three featured topics.

The general report (I) explores the three major logical relationships between Poverty Alleviation and Rural Revitalization from the perspective of 'Shared

Development'. It compiles the historical achievements of Gansu's poverty alleviation, analyzes the main challenges faced in this process, and provides policy recommendations related to policy, planning, and coordination between Poverty Alleviation and Rural Revitalization. The report also emphasizes the deep integration of urbanization and Rural Revitalization, effective coordination of farmers' income growth and distribution mechanisms, integration of industries and rural development, integration of ecological industrialization and rural ecological stewardship, and integration of enhancing farmers' self-development ability and rural talent revitalization. Furthermore, it outlines the main paths to open a new chapter in Rural Revitalization, including blocking intergenerational poverty transmission, gradually solving relative poverty problems, enhancing the endogenous development motivation and self-development ability of farmers, accelerating the pace of rural Industrial Revitalization, and strengthening rural infrastructure construction.

The general report (Ⅱ) establishes an evaluation index system for Rural Revitalization in Gansu Province. It combines the current situation and comprehensive level of rural revitalization development in 14 cities and prefectures in the province. Recognizing outstanding issues and regional differences, the report suggests that each city and prefecture should adapt to local conditions and effectively implement the Rural Revitalization Strategy based on their regional advantages and resource endowments. It emphasizes narrowing income disparity and focusing on correlations in terms of income, consumption, cultural life, and facilities. The report recommends building a modern industrial system for industrial prosperity, a green ecological system for ecological livability, and increasing farmers' income for a rich life. It also advocates remedying facilities and services' shortcomings to achieve good governance in the countryside and actively exploring new ways to innovate the mode of Rural Revitalization.

The featured topics explore Gansu's Rural Revitalization in industrial, talent, cultural, ecological, and organizational aspects. Thematic research is conducted, and corresponding study reports are presented, pointing out that industry cultivation has achieved certain results but still has weaknesses and shortcomings. Talent-raising project has yielded certain results but is insufficient to meet the huge demand. While rural history and culture are profound, their protection, development, and utilization are relatively low. The Ecological Revitalization model is diverse but faces multiple difficulties. Organizational Revitalization effects are beginning to show, but the function of grassroots organizations still has untapped potential. Targeted proposals are put forward to strengthen the modern agricultural system, highlight regional characteristics, formulate preferential policies for attracting talents, deepen the reform of the title system for farmers, inherit local culture and build a modern rural cultural system, optimize the institutional system, strengthen ecological conservation, and enhance democracy and the rule-of-law at the rural level, providing strong organizational safeguards for Rural Revitalization.

The regional topic focuses on the spatial layout and high-quality development goals of Gansu's characteristic agricultural development within the framework of "One Belt and Five Regions". It studies the current situation, development dynamics, limiting factors, and future development directions of regional agriculture development in the Yellow River Industry Belt, Hexi region, Longdong region, Longzhong Arid region, Longnan mountain region, and Gannan agro-pastoral ecotone in Gansu. Results show that the Yellow River Basin faces insufficient scientific and technological innovation capacity and a shortage of professional and technical personnel. The Hexi region deals with resource and environmental constraints and enormous competitive pressure. The Longdong region must address the dual challenges of ecological environment protection and agricultural product supply. The arid areas of central Gansu need to improve the quality of modern agricultural development. Longnan mountainous areas face challenges such as a fragile ecological environment, backward infrastructure, and a low degree of industrial intensification. The Gannan agro-pastoral ecotone encounters natural, social, and economic constraints, and few development options. Countermeasures, such as optimizing agricultural structure to promote technological innovation, accelerating the construction of modern agricultural industries, coordinating the relationship between food security, ecological security, and increasing farmers' income, enhancing development momentum, promoting characteristic agriculture, accelerating agricultural facility and mechanization, and cultivating new rural management entities, are proposed for different regions accordingly.

The topic of Shared Development focuses on socialized agricultural services, rural public services, rural collective economy, county-level economic development, East-west Cooperation, and counterpart support in Gansu. It offers an in-depth analysis of the issues and influencing factors in promoting the Shared Development of agriculture in Gansu and moving towards common prosperity. The existing gap between the average level of rural services in Gansu and the whole country is discussed, highlighting specific issues in the construction of rural public facilities, medical and health services, etc. The development of county-level economy and spatial layout planning still need improvement, and the task of promoting rural areas in Gansu towards common prosperity remains challenging. The endogenous driving force for high-quality development is insufficient. Targeted measures are proposed to strengthen innovation in agricultural information and financial services, research the supply model of rural public services, coordinate the integration of county and township public services, optimize the new path of urbanization, and propose countermeasures for strategies focusing on expanding East-west Cooperation and building a solid foundation for trans-region assistance.

The purpose of this book is to provide a comprehensive account of facts, in-depth analysis, credible conclusions, and authoritative studies, offering an overall portrayal of rural revitalization and agricultural development in Gansu Province. The book is intended to facilitate decision-making processes for government agencies and serve as an important reference for scientific researchers and scholars at different levels seeking to understand rural revitalization and agricultural development in Gansu Province.

Keywords: Eradicate Absolute Poverty; Rural Revitalization; Gansu Province

（翻译：王统勋　刘海波）

目 录

Ⅰ 总报告

Ⅱ 专题篇

Ⅲ 区域篇

Ⅳ　共享篇

CONTENTS

I General Reports

II Featured Topics

Ⅲ Regional Topics

Ⅳ Topics of Shared Development

总 报 告

General Reports

G.1 甘肃省脱贫攻坚与乡村振兴有效衔接研究报告*

乔德华 展宗冰**

摘 要： 本文阐释了脱贫攻坚与乡村振兴的三大逻辑关系，梳理了甘肃脱贫攻坚取得的七项历史性成就，分析了甘肃脱贫攻坚与乡村振兴有效衔接面临的六个主要问题，从做好脱贫攻坚与乡村振兴的政策衔接、规划衔接、工作衔接，以及新型城镇化与乡村振兴深度融合、农民收入增长与分配机制有效统筹、富民产业培育与乡村产业振兴有机结合、生态产业化与乡村生态振兴有机结合、提升农民自我发展能力与乡村人才振兴有机结合等八个方面提出了政策建议，并从阻断贫困代际传递、逐步解决相对贫困问题、提升

* 本报告是甘肃省哲学社会科学规划重点招标课题“后扶贫时代甘肃省解决相对贫困问题的长效机制研究”（基金编号：20ZD005）的阶段性成果。本文资料来源于甘肃省统计局、国家统计局甘肃调查总队发布的《2021-2022年甘肃省国民经济和社会发展统计公报》。

** 乔德华，甘肃省农业科学院农业经济与信息研究所研究员，国家注册咨询工程师，主要研究方向为农业产业化、区域农业经济及反贫困问题；展宗冰，甘肃省农业科学院小麦研究所所长、副研究员，主要从事农业科技成果管理及转化机制研究。

农民内生发展动力和自我发展能力、加快乡村产业振兴步伐、加强农村基础设施建设等方面指出了开启乡村振兴新篇章的主要路径。

关键词： 脱贫攻坚　乡村振兴　甘肃省

引　言

贫困问题是世界性难题，反贫困是全人类共同发展的历史性任务，实现共同富裕是中国特色社会主义的本质要求。党的十八大以来，以习近平同志为核心的党中央把脱贫攻坚摆在治国理政的突出位置，全面实施精准扶贫方略，到2020年底，我国已彻底解决了农村绝对贫困问题，在全面建成小康社会的历史新阶段，脱贫地区巩固拓展脱贫攻坚成果、全面实施乡村振兴战略具有划时代的现实意义和历史意义。

全面建成小康社会是我国“两个一百年”奋斗目标的重要里程碑，促使农村贫困人口实现了从“求生存”到“求发展”的历史性转变，我国反贫困战略也由“扶贫战略”转向全面提升发展能力、发展水平、发展质量的“高质量发展”战略。党的二十大报告明确指出，“高质量发展是全面建设社会主义现代化强国的首要任务”。在进入“乡村振兴时代”之际，我国农村还面临一些亟须解决的新问题，如部分农民内生发展动力不足、自我发展能力欠缺，稳定脱贫机制尚未完全形成等，因此，巩固拓展脱贫攻坚成果、增强脱贫地区和脱贫群众内生发展动力、全力提高农村发展水平和农民生活品质、有力促进农业农村现代化进程，是乡村振兴时代的新任务和新要求。

经过全省人民的共同努力和社会各界的大力支持，甘肃于2020年底与全国同步迈入小康社会，但由于甘肃存在深度贫困地区自然环境脆弱、历史发展滞后、经济基础薄弱、发展能力不强等问题，在相当长一段时期内仍将处于相对贫困状态。在全面实施乡村振兴战略新征程中，甘肃必须以五大新发展理念为统领，以高质量发展为目标，采取强有力的综合性配套体制机制和政策措施，加快经济发展速度、提升社会发展质量，以解决相对贫困问题为新时期反贫困的着力点，努力缩小与中东部地区的发展差距，实现跨越式发展。

做好脱贫攻坚与乡村振兴的有效衔接，是进一步巩固拓展脱贫攻坚成果、全力推进乡村振兴战略实施的重要基础。习近平总书记《在全国脱贫攻坚总结表彰大会上的讲话》特别强调：要让脱贫基础更加稳固、成效更可持续，对脱贫县要设立过渡期，保持主要帮扶政策总体稳定，这为做好巩固拓展脱贫攻坚成果同乡村振兴有效衔接指明了方向。

一 脱贫攻坚与乡村振兴的逻辑关系

（一）脱贫攻坚与乡村振兴的历史逻辑

从历史发展的阶段性来看，脱贫攻坚与乡村振兴具有发展时间的连续性、工作任务的接续性，是我国“两个一百年”不同历史阶段的奋斗目标。脱贫攻坚属于第一个百年后期阶段的奋斗目标，即到中国共产党成立100年（2021年）时全面建成小康社会；乡村振兴是第二个百年中后期阶段的奋斗目标，即到新中国成立100年（2049年）时建成富强、民主、文明、和谐、美丽的社会主义现代化强国。“两个一百年”奋斗目标，均为实现中华民族伟大复兴“中国梦”的重要组成部分。

（二）脱贫攻坚与乡村振兴的理论逻辑

脱贫攻坚以解决农村绝对贫困问题为基本任务，其终期目标是全面建成小康社会。习近平总书记在庆祝中国共产党成立一百周年大会上庄严宣告：经过全党全国各族人民持续奋斗，我们实现了第一个百年奋斗目标，在中华大地上全面建成了小康社会，历史性地解决了绝对贫困问题，正在意气风发地向着全面建成社会主义现代化强国的第二个百年奋斗目标迈进。民族要复兴，乡村必振兴。乡村振兴以解决农业发展相对滞后、农村农民相对贫困问题为基本任务，其终期目标是实现农业农村现代化。农业农村现代化是中国式现代化不可或缺的重要方面，党的二十大报告特别强调，“全面建设社会主义现代化强国，最艰巨最繁重的任务仍然在农村”。实施乡村振兴战略是实现第二个百年奋斗目标的重要步骤，是针对我国实现社会主义现代化强国进程中“强弱项、补短板”的关键环节，是新时期我国解决“三农”问题的总抓手，是坚持问题导向重点解决我国现阶段城乡发展不平衡、农村发展不充分这个社会基本矛盾的战略措施，是实现中国式现代化的本质要求和必由之路。

（三）脱贫攻坚与乡村振兴的实践逻辑

脱贫攻坚是乡村振兴的基础，乡村振兴是脱贫攻坚的升级。脱贫攻坚的具体任务是解决农村贫困人口“两不愁三保障”和饮水安全问题，以农村贫困人口为主要目标瞄准靶向，重点解决“农民基本生存”问题；乡村振兴的具体任务是实现农村“产业兴旺、生态宜居、乡风文明、治理有效、生活富裕”，以提高农村整体发展水平和农民生活质量、最终实现农业农村现代化为目标瞄准靶向，重点解决“农村持续发展”问题和农民生活品质提升问题。乡村振兴的时间表是：到 2025 年，乡村振兴取得重要进展，制度框架和政策体系基本形成；到 2035 年，乡村振兴取得决定性进展，农业农村现代化基本实现；到 2050 年，乡村全面振兴，农业强、农村美、农民富全面实现。这个时间表与党的十九大、二十大擘画的全面建成社会主义现代化强国的第二个百年奋斗目标时间表基本一致，即以 2020 年全面建成小康社会、实现第一个百年奋斗目标为新的发展基础，到 2035 年基本实现社会主义现代化，到本世纪中叶把我国建成富强、民主、文明、和谐、美丽的社会主义现代化强国。

二　脱贫攻坚战为甘肃乡村振兴奠定了坚实基础

（一）甘肃脱贫攻坚取得历史性成就

甘肃曾是全国脱贫攻坚任务最重的省份。党的十八大以来，习近平总书记先后三次视察甘肃，为全省广大干部群众提供了根本行动指南和强大精神动力。全省上下深入学习贯彻习近平总书记关于扶贫工作的重要论述，坚持把打赢脱贫攻坚战作为首要政治任务，以贫困不除、誓不罢休的豪情壮志，以不获全胜、决不收兵的坚定意志，夺取了脱贫攻坚战的全面胜利。2020年11月，甘肃宣布最后8个贫困县实现脱贫摘帽，同全国一道步入小康社会，现行标准下甘肃省552万农村建档立卡贫困人口全部脱贫，7262个贫困村全部出列，58个国家片区贫困县和17个省定插花型贫困县全部摘帽，历史性地告别了困扰甘肃千百年的绝对贫困问题，依靠产业发展，383.6万人脱贫，带动200多万农户人均收入超过4000元，占脱贫人口的69.5%。经过艰苦卓绝的顽强奋战，人民群众生活条件发生翻天覆地的变化，奠定了全面建成小康社会的决定性基础；脱贫地区发展基础得到前所未有的改善，乡村整体面貌焕然一新；特色富民产业形成遍地开花态势，群众持续增收能力大幅提升；脱贫群众迸发出自立自强干劲，迈向幸福美好新生活的斗志更加昂扬；党群干群关系呈现鱼水情深局面，党在农村的执政基础更加牢固。

（二）农业综合生产能力明显提升

“十二五”以来，甘肃把保障粮食安全作为重要发展基础，在稳定粮食作物播种面积上狠下功夫，目前冬、春小麦总面积稳定在66.67万公顷以上，玉米、马铃薯种植面积分别为100.00万公顷和68.67万公顷，马铃薯面积及产量稳居全国第二。累计建成高标准农田138.45万公顷，农机总动力达到2290万千瓦，主要农作物耕种收综合机械化率达到62%以上，全省粮食总产量连续九年保持在1100万吨以上。2021年，全省粮食作物种植面积 267.68 万公顷，总产量 1231.5 万吨，比上年增加 29 万吨，这是甘肃粮食总产量继上年首次突破 1200 万吨大关基础上再创历史新高；全省玉米制种面积 9.41 万公顷，良种产量 5.8 亿千克，分别占全国制种面积和种子产量的 52%和 33%，均居全国第一；马铃薯原种和一级种薯繁殖面积 3.25 万公顷，种薯产量 9.9 亿千克，生产马铃薯脱毒原原种 13.98 亿粒，居全国前列。全省肉、蛋、奶产量分别为 134.0 万吨、22.3 万吨、66.6 万吨。

（三）农业特色产业发展卓有成效

“十三五”期间，甘肃农业注重绿色发展、高质量发展导向，以现代丝路寒旱特色农业为抓手，依靠科技有力支撑，从战略主导产业、区域优势产业和地方特色产品三个层次，持续推进农业结构调整和特色产业优化升级，农业产业链不断延伸拓展，特色优势产业集约化、集群化发展态势强劲，“甘味”农产品品牌影响力明显提升，形成了一大批绿色化、标准化、规模化种养基地。2021 年，全省蔬菜种植面积 43.4 万公顷、产量 1655.3 万吨，高原夏菜面积、产量居全国第一；中药材种植面积 29.2 万公顷、产量 131.5 万吨，位居全国第二；果园面积 32.8 万公顷、水果产量 539.1 万吨，位居全国第二；年末羊存栏量 2439.5 万只，位居全国第三；牛存栏量 512.8 万头，位居全国第九。2021 年，全省有效期内“三品一标”农产品达 2930 个，其中无公害农产品 924 个、绿色食品 1652 个、有机农产品 222 个、地理标志产品 132 个，构建了“寒旱农业—生态循环—绿色有机—甘味品牌”的新模式，呈现区域特色明显、基地集中连片、产业链条逐步完善的良好发展态势，具有区域竞争优势的特色农业产业体系初步形成，为持续促进农业增产、农民增收发挥了关键作用。

（四）新型农业经营主体培育行之有效

近年来，甘肃采取“自建”“外引”“嫁接”相结合方式，不断健全“企业+基地+合作社（或村集体）+农户”的发展模式，构建地方政府、社会资本、银行信贷和企业自筹的多元投融资机制，推动新型农业经营主体不断发展壮大。“十三五”期间，全省龙头企业发展迅速，2020 年达到 3096 家，销售收入突破 1000 亿元。培育农民专业合作社 91287 家，有入社社员 203.36 万人，带动农户 246.19 万户，占全省农户总数的 60%以上；在全省 31 个县区开展了合作社规范提质试点，创建县级以上示范社 10224 家。培育家庭农场 30576 家，经营土地面积 116.88 万公顷；认定县级以上示范性家庭农场 3759 家。2022 年全省有农业社会化服务组织 18704 个，服务收入 57.1 亿元，服务对象 95.4 万个，其中服务小农户 81 万个，占服务对象的 84.9%。

（五）生态循环农业与绿色有机农业健康发展

近十年来，甘肃坚持把“种养循环、绿色发展”作为农业高质量发展主攻方向，突出循环模式引领，强化项目支撑带动，调整优化种养结构，重点抓好畜禽粪污及农作物秸秆资源化利用，着力推广有机肥替代化肥、水肥一体化、化肥减施等措施，大力开展农作物病虫害绿色防控和专业化统防统治，农业绿色发展成效显著。“十三五”期间，全省畜禽粪污综合利用率达到 78%，推广测土配方技术 368 万公顷，配方专用肥施用面积 160 万公顷，有机肥施用面积 220 万公顷以上。完成“粮改饲”面积 57.3 万公顷，粮改饲实施范围覆盖全省农牧结合区牛羊养殖大县。新建戈壁设施农业产业带 1.5 万公顷，对全省农业新业态培育发挥了重要示范引领作用。探索出了“粮饲兼顾、草畜配套、以种促养、以养带种、良性互动”的发展模式，走上了“草多—畜多—肥多—粮多—钱多”的生态循环新路子。

（六）农村“三变”改革有序推进，农民居住环境明显改善

全面开展农村土地确权和集体产权制度改革，基本完成农村土地确权登记颁证，确权登记承包地 431.63 万公顷，颁发农村土地承包经营权证 444.25 万本，占应颁证农户总数的 97.16%。全力推进农村土地“三权分置”，推动土地经营权有序流转。全省土地流转面积 94.61 万公顷，流转率为 22%。持续深化农村“三变”改革，辐射带动农户 156.3 万户，获得入股分红近 11 亿元。

全省2022年底已成立农村集体经济组织11323个，占行政村总数的70.2%。全面启动实施农村人居环境整治“三大革命”“六大行动”，累计改建新建农村户用卫生厕所113.7万座，行政村卫生公厕覆盖率达到97.8%。全省配备专职、兼职村庄保洁员14.9万名，配备垃圾清运车3.82万辆；创建村庄清洁行动先进县10个、清洁村庄示范村10000个、省级美丽乡村示范村900个、市县级美丽乡村示范村2000个，被国家相关部委命名的各类美丽乡村、生态文明示范村212个。通过农村人居环境整治行动，农村环境面貌得到明显改观，全省大多数村庄达到了干净整洁的基本要求。

（七）农业科技水平明显提升，产业发展方式更加科学

甘肃农业科技工作始终聚焦全省“六大特色产业”培育和农业领域关键技术需求，按照推进农业供给侧结构性改革和转变农业发展方式的要求，着力解决制约甘肃农业现代化发展的科学问题和共性关键技术难题，农业技术供给侧不断得到强化，为全省农业产业化、科技化、现代化发展提供了重要支撑。截至2022年底，全省共建有66家农业科研院所和涉农高等院校，拥有农业类工程技术研究中心54个，培育农业高新技术企业30余家。全省农作物良种覆盖率达95%，良种对粮食增产的贡献率超过了40%。布局建设了一批农业科技园区，截至2022年底有兰州、定西、天水、武威、酒泉、张掖、白银、临夏、甘南、庆阳等10家国家级农业科技园区；创建35家省级农业科技园区，为全省农业产业提质增效、转型升级发挥了科技引领和示范带动作用。

三　甘肃脱贫攻坚与乡村振兴有效衔接面临的主要问题

做好脱贫攻坚与乡村振兴的有效衔接，是巩固拓展脱贫攻坚成果、全力推进乡村振兴战略实施的重要基础。要进一步巩固拓展脱贫攻坚成果，推动脱贫地区持续发展和乡村全面振兴，首先必须弄清甘肃巩固拓展脱贫攻坚成果同乡村振兴有效衔接所面临的问题，以便有的放矢、对症下药。

（一）区域经济基础“薄”，稳定投入机制尚未健全

区域经济基础是实现乡村振兴的重要支撑。目前甘肃经济发展主要指标在全国排名靠后，区域经济对乡村振兴的支撑能力有限。2021 年，甘肃省人均地区生产总值 41046 元，仅为全国人均水平的 50.7%；农村居民人均可支配收入 11433 元，与全国平均水平相差 7498 元。城乡居民人均可支配收入比值为 3.17，与全国平均比值（2.50）差距较大。同时甘肃财政自给率低，从某种程度上说仅是“吃饭”型财政，乡村振兴的稳定资金投入机制尚未建立。

实施乡村振兴需要依赖高强度的财政专项资金投入，而甘肃投入渠道有待拓宽，土地出让金、政府债务资金等用于乡村振兴的比例较低，金融资本和社会资本进入农业农村的意愿不强。激励引领产业发展项目、科技研发项目、人才服务项目等有效支撑乡村振兴的保障政策尚不完善，各部门、各行业推动乡村振兴的政策措施仍有待充分协调，条块项目和行业资金需要进一步整合。

（二）基础设施短板“多”，城乡发展差距仍然明显

目前甘肃脱贫地区许多县区依然无铁路线覆盖、未通高速公路，全省境内国道及二级公路比重相对较低；乡村公路等级偏低、总量不足，“毛细血管发达，主动脉不畅通”的问题比较突出。相当一部分已摘帽的贫困村和非贫困村生态环境脆弱，自然灾害频发，农业基础设施依然薄弱，农民生产生活基础条件较差；农村居民饮水安全率虽然达到 100%，但季节性缺水危机依然存在。

同时城乡发展不平衡仍是最大短板，城乡要素平等交换、公共资源均衡配置的体制机制尚不健全，人才、资金、技术等要素向乡村流动的动力有待释放，城乡基础设施和公共服务的差距仍然明显，尤其是乡村生活垃圾处理、污水处理设施建设严重滞后。

（三）农民收入不够“稳”，收入结构有待持续优化

目前甘肃农民人均可支配收入与全国平均水平和其他省区市相比处于较低水平。全省年人均纯收入在4000~5000元的脱贫不稳定人口还占有一定比例，年人均纯收入在5000~8000元的相对贫困人口占比较大；另外全省还有相当一部分年人均纯收入为4000~8000元，且存在因学、因病、因灾、因结婚、因突发意外等潜在致贫风险的边缘易返贫户。这三类收入相对较低的人群，是甘肃省“十四五”期间巩固提升脱贫成果的重点扶持对象。

从农民收入结构看，甘肃农民家庭经营收入多年均稳定在40%以上；外出务工收入比例曾经与家庭经营收入几乎相近，但近年降至30%以下；转移性收入近年上升到20%以上；财产性收入依然在3%以下。从甘肃农民收入增长潜力及来源渠道分析，家庭经营收入仍有一定增长潜力，但总体增长空间有限；工资性收入下降虽有多种原因，但增长潜力仍然很大；转移性收入进一步增长的潜力较小，财产性收入增长不明显，仍是短板。

（四）自我发展能力“弱”，农民主体作用亟待加强

农民自我发展能力较弱，“造血”功能不足。农民群众在脱贫攻坚战中的主体作用发挥不够，脱贫退出稳定性不够强，思想观念需要进一步转变。许多农民收入增长主要依赖家庭经营性收入和转移性收入，少数群众生活安于现状、不求进取，“等靠要”思想严重，把扶贫帮扶当作“理所当然”；个别群众争当贫困户，认为国家无偿送钱送物是“天经地义”；有些地方在民俗、宗教活动及婚丧嫁娶中互相攀比，由此加重负担，甚至带来返贫。

部分地区农民参与乡村振兴的积极性不高，乡村治理体系亟待完善。一些地方在推动乡村振兴过程中仍存在要项目、等资金、靠上级的思想，“政府干、农民看”等现象依然存在；一些地方农村基层党组织带动能力不强，组织发动群众的方式方法陈旧，干部拍板多、农民参与少，农民主体地位和主战作用发挥不够；一些地方村庄空心化、农户空巢化、农民老

龄化问题日益突出，农业现代化和乡村产业发展缺乏有能力、有热情的带头人，新型经营主体与农民的利益联结机制尚不够紧密，辐射带动农户能力有待提升。

（五）富民产业培育“难”，乡村产业振兴基础仍不牢固

脱贫地区富民产业培育限制因素较多，产业发展质量和水平仍需提升。如东乡县、镇原县近年来分别引进了金银花和万寿菊，但因采摘期劳动力不足，发展规模和产业效益受限；陇南、天水、临夏等地的花椒产业，白银等地的枸杞产业，庆阳等地的黄花菜产业，均因采摘技术落后、人工采摘劳力受限、成本较高，产业发展遇到“瓶颈”；全省设施精细蔬菜生产过程中的整枝、授粉、采摘等环节仍依靠手工操作，机械化、智能化水平总体较低。

同时，甘肃脱贫地区还普遍存在产业规模小、科技含量低、经营成本高、经济效益差等问题。一些特色产业存在“有产品无品牌、有品牌无规模”现象，如白银的枸杞、庆阳的黄花菜等特色产品品牌创建滞后，大部分地区成为外地客商的生产基地；全省“三品一标”农产品培育力度有待加大，涉农商标知名度低，缺乏在全省、全国影响力大的驰名商标、著名品牌。脱贫地区农业市场化程度低，农业结构不优、质量不高，特色优势农产品发展潜力仍待深度挖掘；农畜产品加工业整体发展水平不高、产业链条短、产品附加值低。新型经营主体综合实力和带动能力亟须提升，农业产业化龙头企业数量较少，自身设备改善、生产工艺升级等方面都亟须项目资金支撑；专业合作社“小、弱、散”，组织化、集约化程度低，在农业农村部公布的 2021 年中国农民合作社 500 强排行榜中，甘肃仅有 1 家合作社榜上有名，与其他省区市差距巨大；家庭农场起步晚，发展不充分。乡村旅游、休闲农业、电子商务等新产业新业态还处于培育和起步发展阶段，竞争优势尚不明显，辐射带动群众增收致富的作用有限。农业社会化服务体系尚不健全，生产托管、“土地银行”、冷链物流、信息咨询、技术服务等环节还需进一步完善。

（六）农村科技人才“乏”，乡村人才队伍建设亟待加强

脱贫地区农村幼儿园、中小学师资力量普遍不足，城乡教育资源差距较大；乡村卫生技术人才能力相对较弱，力量配备欠缺，公共卫生服务水平低，重大疾病防控能力弱，与人民群众日益增长的医疗卫生服务需求还有一定差距；乡村农业科技人员工资待遇低、职称晋升困难，而且主要精力放在了地方中心工作方面，农业科技推广服务不到位。脱贫地区农村科技、教育、卫生等方面的人才引进难、留住难的问题同时存在。

人才缺乏是实施乡村振兴战略面临的突出矛盾和主要问题。目前乡村大部分青壮年外出务工，劳动力普遍不足，留守农村的以老人、妇女和儿童为主。脱贫乡村有文化、懂技术、会经营、善管理的高素质新型职业农民数量偏少，具有一定知识、一技之长、一定经济实力的人才不断外流，能够长期扎根农村、从事农业生产的“土专家”“田秀才”“乡村工匠”“文化能人”等十分匮乏。

四　做好脱贫攻坚与乡村振兴有效衔接的主要措施

随着我国反贫困事业从集中打赢脱贫攻坚战的超常规举措逐步转向常态化提升脱贫质量，主要目标瞄准靶向从彻底解决绝对贫困问题转向聚焦相对贫困问题，“三农”工作的重心也已转向乡村振兴。紧扣农业农村高质量发展主题，把巩固拓展脱贫攻坚成果与有效解决相对贫困问题有机结合，将造成相对贫困地区和相对贫困人口的现存条件改善与农民自我发展能力提升有机结合，并在乡村振兴战略框架下统筹推进，建立起适应新减贫阶段、新减贫目标特点的长效机制，这既是实施乡村振兴的重要基础，也是推进乡村振兴的重要抓手。努力推进乡村产业、人才、文化、生态、组织全面振兴，加快解决甘肃城乡发展不平衡、农村发展不充分问题，努力赶上全国现代化建设总体进程，坚持不懈提升全省人民生活品质，让共同富裕更加真实可感，既是全省人民群众的期盼，更是各级政府的重要职责和社会各界的重要任

务。必须充分发挥农民在乡村振兴中的主体作用，进一步巩固拓展脱贫攻坚成果，实现脱贫攻坚与乡村振兴“同频共振”：一是持续培育壮大富民产业，使产业振兴成为乡村振兴的坚强柱石；二是持续改善生态环境质量，使绿水青山成为生态振兴的金山银山；三是持续加强基层组织建设，使组织振兴成为治理有效的重要保障；四是持续提高乡村文明水平，使民族文化成为文化振兴的持久动能；五是持续加强乡村人才培养，使人才振兴成为乡村振兴的内在动力。

（一）做好脱贫攻坚与乡村振兴的政策有效对接

做好脱贫攻坚与乡村振兴的有效衔接，重在政策的无缝对接。2019 年 4 月，习近平总书记在解决“两不愁三保障”突出问题座谈会上发表重要讲话，明确提出了摘帽不摘责任、不摘政策、不摘帮扶、不摘监管的“四个不摘”要求。中共中央、国务院于 2020 年 12 月专门印发了《关于实现巩固拓展脱贫攻坚成果同乡村振兴有效衔接的意见》，就继续做好财政投入、金融服务、土地支持、人才智力支持政策衔接，以及加强领导体制、工作体系、考核机制等有效衔接做出了明确规定。2021 年 2 月，习近平总书记《在全国脱贫攻坚总结表彰大会上的讲话》中特别强调，要坚决守住不发生规模性返贫的底线，对易返贫人口要加强监测，做到早发现、早帮扶；对脱贫地区产业要长期培育和支持，促进内生可持续发展；对易地扶贫搬迁群众要搞好后续扶持，多渠道促进就业；要坚持和完善驻村帮扶、东西部协作、对口支援、社会帮扶等制度。甘肃省委、省政府就实现巩固拓展脱贫攻坚成果同乡村振兴有效衔接制定了专项落实意见，各市州也根据本地实际出台了具体落实措施，重点是充分发挥政策红利，将国家政策、省市政策与本地区具体实际有效结合，将巩固脱贫成果、提高脱贫质量与开启乡村振兴新篇章的宏伟蓝图紧密融合，层层靠实责任、抓好具体落实。

脱贫攻坚与乡村振兴既有目标的一致性与交叉性，又有时间的次序性与政策的差异性，既有内在的紧密联系，又有各自的重点目标和具体措施，做好脱贫攻坚与乡村振兴有效衔接，还需要在体制机制、政策措施等方面进行全面探索。我国已经制定实施了许多促进相对贫困地区快速健康发展的战略措施，如新时期推动西部大开发战略、城乡融合发展战略、东西部协调发展战略、农业农村优先发展战略、新型城镇化发展战略等，乡村振兴时代甘肃必须将解决好农村、农民的相对贫困问题与国家宏观政策有效对接，针对区域、城乡、群体、行业等发展不平衡、发展不充分问题，进行宏观层面的长效发展机制创新、制度设计，使解决相对贫困问题与乡村振兴等国家相关发展战略紧密结合。

（二）做好脱贫攻坚与乡村振兴的规划实施衔接

在国家乡村振兴战略指引下，《甘肃省乡村振兴战略实施规划（2018—2022 年）》的第一个五年奋斗目标即将完成，必须抓紧做好后续规划的制定实施，并从时间节点、发展目标等方面与国家和甘肃省“十四五”规划及中长期发展规划有机衔接，同时将巩固拓展脱贫攻坚成果同乡村振兴有效衔接的重大举措纳入“十四五”规划。目前，甘肃省县级乡村振兴规划的制定进度不一，各市州应将抓好县级规划的制定实施作为实施乡村振兴战略的主要抓手，省、市、县三级乡村振兴规划都应将坚决防止不发生规模性返贫、有效解决农村相对贫困问题的具体措施作为重要内容，使巩固拓展脱贫攻坚成果、解决相对贫困问题与实施乡村振兴战略形成“一张图”“一盘棋”。

乡村振兴战略的具体实施应以市、县为实施责任主体，因此，加强市、县级乡村振兴规划编研工作尤为重要。甘肃省各市（州）、县（区）乡村振兴规划应加强整体谋划、顶层设计，因地制宜、突出重点，统筹兼顾、全面推进，特别是将乡村振兴与解决相对贫困问题的长效机制有机融合，把解决好相对贫困问题的相关举措深度融合到乡村振兴规划的各个方面，使相对贫困地区在乡村振兴战略实施过程中得到充分发展，逐步缩小与相对发达地区的差距。同时应考虑对山区或半山区人口密度较小、生态保护意义较大的行政村或“空心村”进行适当撤并、搬迁。

（三）做好脱贫攻坚与乡村振兴的工作机制衔接

2019年中央一号文件明确提出，“做好脱贫攻坚与乡村振兴的衔接，对摘帽后的贫困县要通过实施乡村振兴战略巩固发展成果，接续推动经济社会发展和群众生活改善”。“四个不摘”既是政策衔接的总方针，更是做好脱贫攻坚与乡村振兴紧密衔接的行动指南。2020年中央一号文件再次强调，“抓紧研究制定脱贫攻坚与实施乡村振兴战略有机衔接的意见”。在2020年决战决胜脱贫攻坚座谈会上，习近平总书记指出，要接续推进全面脱贫与乡村振兴有效衔接，推动减贫战略和工作体系平稳转型，将其统筹纳入乡村振兴战略，建立长短结合、标本兼治的体制机制。

乡村振兴战略的实施应以乡村全面振兴和农民共同富裕为根本宗旨，以全力提升农业农村现代化发展水平为根本任务，将解决好农村相对贫困问题与实施乡村振兴战略密切结合，建立健全“中央统筹、省负总责、市州包片、县区强抓、乡镇落实”的工作机制，实行“规划引领、区域协调、整县推进”，以及省、市、县、乡、村五级联动的责任机制。

（四）做好新型城镇化与乡村振兴的紧密结合

城镇化是国家现代化的重要标志，城镇化既是人口向城镇集中的过程，也是产业向城郊或城市周边聚集的过程。中国特色的新型城镇化是以“人”的城镇化为核心、以“业”的集群化为目标，走以人为本、以城带乡、城乡互促、四化同步的发展之路，推动都市圈、城市带、大中小城市和小城镇协调发展，实现城乡要素资源双向流动、持续协同发展。第七次全国人口普查结果表明，2020年中国城镇常住人口达9.02亿，占63.89%，比1978年末提高45.97个百分点；与2010年第六次全国人口普查相比，城镇人口增加2.36亿人，乡村人口减少1.64亿人，城镇人口比重上升14.21个百分点。2020年中国户籍人口城镇化率仅为45.4%，与常住人口城镇化率相差18.49个百分点。甘肃省2020年、2021年城镇常住人口分别为1306.23万人、1327.93万人，乡村常住人口分别为1162.09万人、1129.44万人，城

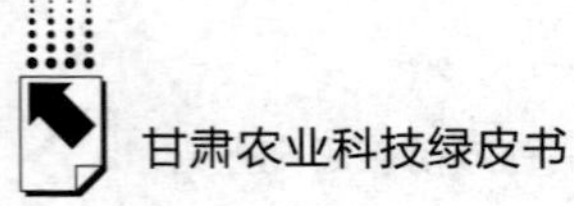

镇化率分别为 52.23%和 53.33%，与全国平均水平差距明显。

有序推进农业转移人口市民化，提高户籍城镇化率，既是推进新型城镇化的需要，也是改善城乡结构、促进乡村振兴、有效解决农村相对贫困问题的必然要求。在乡村振兴的新征程中，甘肃应将新型城镇化与实施乡村振兴两大战略有机融合、统筹推进，促使两者相辅相成、协调发展，将新型城镇化作为有力抓手，培育甘肃省经济社会发展新引擎，即以省会兰州为中心，强力打造“同心圆”式智慧城市圈、“中心辐射”状智慧城市带，形成全省新的增长极；进一步增强兰州市在全省政治、经济、科技、文化、社会发展中的龙头引领作用和辐射带动作用，以兰州主城区为核心，逐步向外拓展，第一层涵盖兰州新区、白银、榆中、永靖、皋兰等地区，形成兰州城市圈核心区；第二层涵盖定西、临洮、临夏、西宁、靖远、会宁，形成兰州城市圈辐射区；第三层分别向东南西北延伸，形成兰州—陇东—西安、兰州—陇南—重庆、兰州—河西—乌鲁木齐、兰州—银川—北京等 4 条城市带拓展区。进一步强化县城和特色小镇建设，突出生产、生活、生态“三生”融合，打造宜业宜居优质生活圈，提高产业集聚、融合发展综合实力，形成点—线—面有机结合、各类人才集聚创新创业、各种要素活力竞相迸发、产城一体化协调推进、以城带乡城乡互动的城乡深度融合发展新格局。

（五）做好农民收入稳定增长与分配调整机制的有效统筹

发展成果由人民共享，实现全体人民共同富裕是中国特色社会主义制度的本质要求，也是解决城乡发展不平衡、区域发展不协调的战略目标。促进脱贫农民经济收入稳定增长是缩小城乡居民收入差距、实现全体人民共同富裕的根本性措施。持续提高农民经济收入水平，一方面，必须依靠自身产业发展、就业创业持续获得稳定收入，而且将其作为收入的主要来源；另一方面，解决相对贫困问题，巩固拓展脱贫攻坚成果，与国家或地区收入分配制度的健全完善密切相关。党的十九届四中全会明确提出：“合理调节城乡、区域、不同群体间分配关系”，这要求通过再分配的制度举措，调节不同地区、不同行业、不同群体的收入差距，做到城乡统筹兼顾，增加农村低收入群体收入，扩大全社会中等收入群体，有效解决相对贫困地区和相对贫困人口的相对贫困问题。收入分配机制调整主要有三条实施途径：一是适当增加脱贫农民的劳动报酬，提高农民工资性收入在初次分配中的比重；二是深化完善税收调节机制、社会保障机制、转移支付机制等再分配调节制度体系；三是积极发展慈善等社会公益事业，充分发挥第三次分配的调节作用。

在持续提高农民收入水平方面，甘肃必须将坚决防止不发生规模性返贫作为约束性红线底线，将持续稳定提高农民收入水平作为预期性发展目标，既要把富民产业培育壮大和促进农民就业创业作为关键措施，又要充分考虑低收入人群的实际情况，在分配调节、社会福利等方面有所作为；将拓宽农民收入来源渠道作为精准发力、持续提高增收能力的着力点和突破口，继续发挥好家庭经营的收入主渠道作用，大力促进农村富余劳动力创业就业；同时强化惠农政策、提升社会保障水平，千方百计盘活土地、住房、宅基地等财产收益，形成多元化收入新格局。

（六）做好富民产业培育与促进乡村产业振兴的有机结合

产业兴旺是解决农村一切问题的前提，产业振兴是乡村振兴的重中之重，是乡村振兴战略实施的切入点和突破口，是人才振兴、组织振兴、文化振兴、生态振兴的重要载体和基础平台，必须将产业振兴放在乡村振兴的突出位置并作为首要任务，以产业振兴为着力点促进乡村全面振兴。在全面实施乡村振兴的新征程中，甘肃必须以后发赶超的勇气和决心，以农业特色优势产业为主要抓手，彻底突破小农经济的旧观念束缚，有效拓展农业新功能、发展新业态，树立农村产业高质量发展新理念，用农村一二三产业融合发展的大视野、区域产业集群发展的大格局，精心谋划农村产业振兴的大文章；坚持把特色富民产业培育壮大作为巩固拓展脱贫成果、有效衔接乡村振兴的关键结合点，作为持续增强农民致富能力的根本措施，紧扣乡村产业振兴和群众持续增收这一核心，立足资源禀赋，以市场为导向，依托科技支撑，坚持绿色发展，优化产业结构，转变发展方式，提高产业市场竞争力。

有力促进甘肃乡村产业振兴，应以特色优势产业和地方特色产品集群化发展为主攻方向，按照“扬优势、锻长板、强弱项、补短板”的思路，突出发展特色种养业、农产品精深加工业、休闲旅游农业，精准培育优势特色产业，增强脱贫地区的“造血功能”。以“牛、羊、菜、果、薯、药”六大特色优势产业为重点，实施优势主导产业转型升级行动；因地制宜发展饲用玉米、紫花苜蓿、饲用甜菜、饲用高粱等生态型“草”产业，为养殖业提供充足的优质饲草料；大力发展百合、花椒、玫瑰、枸杞、黄花菜、文冠果等特色鲜明、优势突出的地方特色产业，实施特色产业提质增效行动；适度发展优质糜谷、食用豆、荞麦、藜麦等特色小杂粮产品，实施甘肃小杂粮产业复兴工程。着力建设现代智慧农牧业和设施农牧业，努力提高农牧业智能化、现代化水平；大力培育绿色食品、有机农产品、地理标志产品，精心培育“甘味”农产品区域公用品牌和企业品牌，不断提升特色农产品品牌影响力，实现农畜产品优质优价；以特色产品优势产业带、优势产业区建设为依托，加快构建“连乡成片”“跨县成带”“集群成链”的现代农牧业发展新格局，努力实现产业质量提升、规模扩大、效益倍增的产业振兴目标。

（七）做好生态保护与产业高质量发展的有机结合

甘肃地处黄土高原、青藏高原和内蒙古高原的交会地带，地形地貌复杂，气候类型多样。2014 年国务院批准实施《甘肃省加快转型发展建设国家生态安全屏障综合试验区总体方案》，将甘肃省国土面积的 88.7%纳入限制开发区和禁止开发区，使甘肃的生态功能定位上升到了国家层面；国务院《六盘山片区区域发展与扶贫攻坚规划（2011-2020 年）》《秦巴山片区区域发展与扶贫攻坚规划（2011-2020 年）》将甘肃 58 个县纳入连片扶贫开发区，占全省总县级区划的 67%，甘肃曾是国家扶贫攻坚的主战场；甘肃也是黄河上游极其重要的水源涵养区和黄土高原生态保护重点区域，生态脆弱自然灾害频繁发生，防灾减灾能力不强，经济增长和社会发展相对滞后，四个国家级生态安全屏障脆弱区与三个集中连片特困区交织重叠，形成特有的“生态贫困”与“生态反贫困”矛盾。

近十年来，甘肃坚持生态保护优先、科学合理开发原则，以现代丝路寒旱特色产业为主攻方向，逐步走上了生态农业发展道路。在乡村振兴时代，甘肃更应深入践行习近平生态文明思想，统筹生态保护与高质量发展，以“生态产业化与产业生态化”有机结合的新理念，正确处理好生态保护与产业发展的辩证关系，坚持山水田林湖草沙系统整治、综合治理，加大生态环境保护、整治、修复力度，大力发展资源节约型、环境友好型、生态保育型农业产业，推广绿色生产技术，培育绿色优质品牌，推行企业循环、产业循环、区域循环、社会循环的“四层次循环经济”发展模式，促进形成经济发展与生态保护相辅相成、相得益彰的良性循环，大力推动绿色发展、循环发展、低碳发展，走出一条绿色化、可持续发展之路。同时充分发挥资源禀赋优势，大力发展休闲农业、乡村旅游业，突出特色化、差异化、多样化特点，使乡村旅游、生态旅游、文化旅游和红色旅游珠联璧合。继续将生态移民搬迁作为重要措施来抓，对地处大山深处、生态环境十分脆弱、乡村振兴实施难度大、“一方水土养不好一方人”的深度贫困村，持续实施有计划、有步骤的生态移民搬迁，并积极探索向新疆跨省区生态移民搬迁的可行性，有序推进相对贫困问题的逐步解决和乡村振兴战略的全面实施。

（八）做好农民自我发展能力提升与促进乡村人才振兴的有机结合

人才振兴是强农兴农、乡村振兴的根本，高素质新型职业农民是未来“种地人”的主要力量。在精准扶贫攻坚战役中，贫困地区农民自我发展能力整体上得到了有效提升，但许多地区主要将工作重点放在“两不愁、三保障”方面，对农民自我发展能力提升重视不够。全面建成小康社会后，提高农民自我发展能力将成为乡村振兴时代解决相对贫困问题的重要任务，必须对农民“扶智”问题给予高度重视，全面实施农民“扶智工程”，并逐步建立农民职业教育、终身教育、素质提升、能力提升等长效机制；加大高素质农民培养力度，鼓励支持返乡农民工及农村青壮年劳动力创业，让高素质职业农民成为农村产业振兴的“领头羊”、乡村全面振兴的生力军。

同时强化人力资源开发工程，健全人才培育机制，为乡村振兴提供强有力的人才支撑。一是坚持实施大学生村官、科技特派员、第一书记、驻村干部选派制度，加大新型农业经营主体带头人、村社干部、“土专家”、“田秀才”等“永久牌”人才培养力度，推行一线工作人员职称评定、工资待遇倾斜制度，实施农民自我发展能力提升和农民技术员职称认定长效激励机制。二是注重发挥返乡退役军人的“军魂作用”，并委以重任。退役军人素质优良、作风硬朗，是农业农村现代化建设中的重要人才资源，在乡村振兴中可担当重任，应当给予高度重视，促其成为乡村振兴的“排头兵、领头雁”。三是启动实施“人才落叶工程”及“服务家乡工程”，充分发挥甘肃籍人才的智库作用。国内外甘肃籍人才是一个巨大的高素质人才资源库。建议由省人社厅牵头，建立甘肃籍人才信息网络平台，实行双向无缝对接，充分发挥甘肃籍优秀人才资源库的潜在社会价值。四是健全人才柔性引进机制，“聚天下英才而用之”。按照“不求所有、但求所用”的原则，广纳各方贤才，通过兼职兼业、项目合作、股份合作、技术咨询、经营顾问、远程指导等多种方式，为甘肃乡村振兴提供有力的人才支援和智力支持。

五　开启甘肃乡村振兴新篇章的主要路径

实施乡村振兴战略是新时期“三农”工作的总抓手，是巩固拓展脱贫攻坚成果、促进农业农村现代化进程，逐步解决城乡发展不平衡、农村发展不充分问题的战略措施。甘肃省开启乡村振兴新篇章应将以下六个方面作为重要着力点。

（一）加强农村基础教育，彻底阻断贫困代际传递

持续加强农村基础教育，将彻底阻断贫困代际传递作为有效解决相对贫困问题的重要长效机制。甘肃省农村儿童学前教育和义务教育整体较弱，有些相对贫困地区特别是少数民族地区，行政村幼儿园不健全，儿童学前教育缺失；乡村中小学师资力量不强，义务教育质量不高，甚至有些少数民族地

区还将“控辍保学”作为重要工作来抓。鉴此，必须进一步加强全托式幼儿园、寄宿制中小学建设，以行政村为单元建立健全日托式或全托式幼儿园，以乡（镇）为单元建立健全寄宿制中小学；强化幼儿园、中小学师资力量配备，弥补农村学前教育缺失短板、补强农村义务教育弱项，使农村儿童受到良好基础教育；同时可在相对贫困地区率先试行农村“幼儿教育+义务教育+高中教育”15年免费教育制度，有效解决农村基础教育质量提升问题，使贫困代际传递现象永远成为历史。

（二）明确重点帮扶对象，逐步解决相对贫困问题

巩固拓展脱贫攻坚成果首先要明确重点巩固群体扶持对象：一是家庭收入刚刚越过绝对贫困线的边缘户、易返贫户、脱贫不稳定户、易地扶贫搬迁户等；二是通过社保兜底实现脱贫的农户，主要是孤寡老人、残疾人、大病和慢性病患者等特殊困难群体；三是因病、因灾、因结婚、因新建住房、因意外事故等收入锐减或支出较大导致基本生活困难、需要临时救助的特殊困难户。这三类群体是乡村振兴过程中解决相对贫困问题应重点帮扶的相对贫困人口，需要给予重点关注，有针对性地采取产业扶持、社会保障、临时救助等措施。

同时，在全面建成小康社会的基础上，为了进一步提高农民生活品质，实现共同富裕，需要将相对贫困问题作为新时代反贫困的主要任务，并与实施乡村振兴战略融为一体，建立健全相对贫困评价指标体系，从不同维度、不同指标更加精准地识别相对贫困人口，充分利用建档立卡信息平台和脱贫攻坚普查数据成果，并加强与相对贫困数据共享和对接，不断提高识别监测对象的准确性、提供帮扶措施的针对性，根据不同群体的相对贫困致贫原因，建立动态监测和精准帮扶机制。解决相对贫困问题的难度、广度、深度及其复杂性、艰巨性、长期性甚至比解决绝对贫困更具有挑战性，必须采取制度性、政策性措施，坚持不懈、久久为功，才能逐步实现这一新的伟大目标。

（三）实施“精神赋能”工程，有效提升农民内生发展动力

将“扶志”作为重要策略，实施“精神赋能工程”，激发农民内生发展动力和致富信心，提振农民追求美好生活的“精气神”，充分发挥农民的主观能动性和乡村振兴中的主体作用。脱贫攻坚战役中，有些地区“输血式”扶贫使部分农民产生了依赖思想，特别是对自然条件较差地区、内生发展动力不足者，必须实施“精神赋能工程”，让驻村干部、村社领导、农村党员、“乡贤”“能人”、致富典型以及新型农业经营主体负责人与其结成“一对一”或“一对多”的帮扶对子，促其树立摆脱社会救济依赖的信心和决心，提振勤劳致富的“精神动力”；同时大力弘扬传统文化，积极推行农户“道德积分制”管理，用身边事教育引导身边人，汇聚起每一位村民的正能量，让他们主动参与到乡村振兴实践中来，使每个村民从旁观者变为参与者，共同为乡村振兴、美丽乡村、生态宜居做出自己的努力。

（四）强化职业技术教育，持续提高农民自我发展能力

将提高脱贫人口自我发展能力作为解决相对贫困问题、实现持久致富的关键措施，以“人人都是人才、人人都能成才”的新理念，强化人才赋能机制；以加强职业教育为主要抓手，大力实施高素质新型职业农民培育工程和全体农民发展能力提升工程，全面提升农民的科技素养和增收致富的技能实力。高度重视农民职业技术教育，强化农民职业教育扶持政策，加强农民职业教育体系建设。目前许多县市职业中学存在“不职业”的问题，更多地承担着弥补部分初中毕业生高中阶段教育缺失职能。建议继续加大职业院校招生范围，职业院校、职业中学应打破年龄界限，采取职业技术教育与短期技术培训相结合的方式面向社会办学；支持本科院校开办职教专业，鼓励社会力量兴办农民职业技术教育；强化各级广播电视学校的职能发挥，加强多媒体远程教育及实时技术服务体系建设。实施因材施教、分类管理措施，对“两后生”（指初中、高中毕业后未能继续升学的学生）以职业院校和职业中学集中教育为主，使其能力素质得到整体提升；加强对村社干部、农村

党员以及新型农业经营主体负责人的针对性职业教育，促其成为乡村振兴的带头人；对青壮年劳动力主要采用短期培训、技术指导、现场观摩，同时灵活运用多媒体远程实时教育的手段，使其真正学到致富技能；高度重视农村妇女特别是“留守妇女”的职业教育，让她们更好地承担起农业生产和子女教育的职责和义务。

（五）加快产业振兴步伐，努力提高农业现代化水平

党的二十大报告明确指出，高质量发展是全面建设社会主义现代化国家的首要任务。推动甘肃乡村全面振兴，必须以产业高质量发展为重要抓手和关键措施，努力提高农业现代化水平。一是以特色优势产业为现代农业发展的主攻方向，突出特色、发挥优势，做大做强优势产业、做优做精特色产业，提升农产品精深加工能力，积极开拓国内外销售市场，促使甘肃从特色农业大省向特色农业强省转变；二是加快构建优势产业集群化发展的大格局，充分发挥产业集群的规模优势和集聚效应，有效提升特色优势产业的整体竞争能力，有力促进农村一二三产业深度融合及乡村产业振兴；三是着力构建特色优势产业标准化运行机制，充分发挥标准化作为基础性技术措施和重要经济管理手段的双重效能，用标准化生产促进品牌化建设，大力提升品牌价值，努力实现优质优价；四是大力培育农业产业化龙头企业，着力提升农民专业合作社发展质量，加大对家庭农场、供销合作社的扶持力度，促使新型农业经营主体成为乡村产业振兴的主力军；五是强化新型经营主体联农带农利益联结机制，明确各类主体的职能定位，优化联农带农组织形式和利益联结方式，更好地发挥新型经营主体的辐射带动作用；六是有效拓展农业新功能、努力开发农业新业态，以休闲旅游农业、智慧农业、创意农业、丝路寒旱农业等为主要方式，深度开发和广度拓展农业的多种功能，着力促进农业产业转型升级；七是实施“科技强产”战略，按照“产业科技化”的思路，以科技创新为引擎，将科技渗透到生产技术标准、产品质量标准中，通过强化科技支撑，大力提升产业效益，走内涵式特色农业发展道路。

（六）加强农村基础设施建设，为乡村振兴提供重要支撑

经过扶贫攻坚战的艰苦努力，甘肃脱贫地区基础设施建设得到长足发展。但因甘肃农村基础设施历史欠账较多，城乡公共基础服务均等化的差距依然明显存在，农村公共基础设施建设相对滞后仍是乡村振兴过程中不可忽视的短板问题，有力推进甘肃乡村全面振兴，必先抓好农村基础设施“硬件”建设。一是大力加强农村公共基础设施建设，逐步缩小城乡公共服务均等化差距。主要包括乡村道路、产业道路建设与运营维护，人饮工程升级改造与应急管理，全托式幼儿园、寄宿制学校建设，农田灌溉与高标准农田建设，电力电信工程升级改造，农村养老院建设及运营管理，农村公墓区建设及综合管理等，进一步补齐农村基础设施短板，全面提升农村公共基础服务能力，为乡村振兴奠定良好基础。二是继续强化产业基础设施建设，为乡村产业振兴提供良好条件支撑。主要包括产业集群、产业示范园建设，规模化种、养产业基地建设，农产品仓储物流、精深加工体系建设，农产品销售市场、电商平台建设，标准宣贯及质量追溯体系建设，品牌推介及贸易平台建设，农业信息化和农村数字化建设等，全面夯实产业发展基础，强化产业支撑体系，有效促进产业提质增效和转型升级。

参考文献

习近平：《高举中国特色社会主义伟大旗帜 为全面建设社会主义现代化国家而团结奋斗——在中国共产党第二十次全国代表大会上的报告》，人民出版社，2022。

习近平：《在全国脱贫攻坚总结表彰大会上的讲话》，《人民日报》2021 年 2 月 26 日。

中共中央、国务院：《关于实现巩固拓展脱贫攻坚成果同乡村振兴有效衔接的意见》，《光明日报》2021 年 3 月 23 日。

万广华、史清华等著：《中国扶贫理论研究》，中国农业出版社，2019。

〔印度〕阿比吉特·班纳吉、〔法〕埃斯特·迪弗洛著，景芳译：《贫困的本质（修订版）：我们为什么摆脱不了贫穷》，中信出版集团，2018。

李迎生：《构建一体化的反贫困制度体系》，《理论导报》2020 年第 7 期。

李小云、苑军军、于乐荣：《论 2020 后农村减贫战略与政策：从“扶贫”向“防贫”的转变》，《农业经济问题》2020 年第 2 期。

叶兴庆、殷浩栋：《从消除绝对贫困到缓解相对贫困：中国减贫历程与 2020 年后的减贫战略》，《改革》2019 年第 12 期。

张奇：《构建解决相对贫困长效机制的基本原则与实践路径》，《学校党建与思想教育》2021 年第 3 期。

陆汉文、杨永伟：《从脱贫攻坚到相对贫困治理：变化与创新》，《新疆师范大学学报》（哲学社会科学版）2020 年第 5 期。

高强、刘同山、沈贵银：《2020 年后中国的减贫战略思路与政策转型》，《中州学刊》2019 年第 5 期。

魏后凯：《2020 年后中国减贫的新战略》，《中州学刊》2018 年第 9 期。

汪三贵、刘明月：《从绝对贫困到相对贫困：理论关系、战略转变与政策重点》，《社会科学文摘》2020 年第 12 期。

高强：《脱贫攻坚与乡村振兴有机衔接的逻辑关系及政策安排》，《南京农业大学学报》（社会科学版）2019 年第 5 期。

黄祖辉：《实施乡村振兴战略须厘清四个关系》，《农民日报》2018 年 8 月 18 日。

G.2

甘肃省乡村振兴评价报告*

张东伟　张丽丽　芦霁嘉**

摘　要： 本报告基于甘肃省乡村振兴战略目标，从乡村产业、乡村生态、乡村治理、乡村生活等多个维度构建了乡村振兴评价指标体系，采用层次分析法确定指标权重，利用多指标综合测度法分析了甘肃省各市州乡村振兴发展状况。结果表明，嘉峪关、酒泉、张掖、金昌四市乡村振兴发展水平较好，兰州、武威、平凉、白银、临夏、陇南六市州居中，天水、甘南、庆阳、定西四市州乡村振兴发展较为滞后。在此基础上，本报告提出了构建现代产业体系，实现产业兴旺；构建绿色生态体系，实现生态宜居；切实增加农民收入，实现生活富裕；补齐设施与服务短板，实现乡村善治；积极探索新经验，创新乡村振兴模式等促进全省乡村振兴的政策建议。

关键词： 乡村振兴　层次分析法　评价指标体系　甘肃省

乡村振兴是破解“三农”问题的总抓手，是促进农业农村现代化的必然途径，也是实现中华民族伟大复兴的重要举措。乡村振兴涵盖产业、人才、文化、生态和组织振兴五大方面，是关乎我国乡村治理、乡村建设与乡村发展的战略性部署。2020 年我国取得脱贫攻坚决定性胜利后，巩固拓展

---

* 本报告是中国工程院战略研究与咨询品牌项目“西部地区乡村全面振兴路径研究”（基金项目：2023-PP-03）子项目“产业促进西部地区乡村振兴路径研究”的阶段性成果。

** 张东伟，博士，研究员，甘肃省农业科学院农业经济与信息研究所副所长，主要研究方向为农业经济管理和生态经济学；张丽丽，甘肃农业大学财经学院在读硕士；芦霁嘉，甘肃农业大学财经学院在读硕士。

脱贫攻坚成果、有效衔接乡村振兴成为促进我国高质量发展的战略性部署。开展乡村振兴发展水平评价，对于寻找发展短板、弥补发展差距、促进共同富裕具有基础性意义，在欠发达的甘肃省尤其具有重要的现实意义。

一　我国乡村振兴研究进展

随着乡村振兴发展，国内学者对乡村振兴的相关研究也日益丰富。目前，关于乡村振兴的研究主要集中在理论阐述和指标体系构建与评价两大类。在实施乡村振兴战略理论阐释方面，许多学者认为乡村振兴战略是在新的历史背景下对“三农”问题认识的“深化”与“创新”。廖彩荣等①认为乡村产业振兴是从“一产”向“接二连三”延伸、向功能多样的大农业转变，乡土人才从“远走高飞”向“回流”的转变。魏后凯②围绕中央对乡村振兴战略的决策部署，阐述了乡村振兴规律，提出了坚持农业农村优先发展、重塑城乡关系的发展路径。在乡村振兴的评价指标构建上，学者们基于不同的研究对象分别对全国、省域和县域等展开了较多研究，同时多数学者基于不同时期不同阶段，将多种维度乡村振兴与乡村发展的其他角度相联系构建了评价指标体系。在目前已有文献中，学者们对一级指标的分类大致集中于产业振兴、人才振兴、文化振兴、生态振兴、组织振兴五个方面，因为空间格局与区域发展存在差异，具体指标选取则各有侧重。

国家层面的评价。吕承超、崔悦③基于乡村振兴五大内涵采用时空极差熵值法，构建了包括 45 项指标的评价体系。徐维祥等④从空间格局将全国

① 廖彩荣等：《乡村振兴战略：“五个振兴”、制度创新与国际经验——“乡村振兴专题论坛”综述》，《农林经济管理学报》2018 年第 5 期。

② 魏后凯：《把握乡村振兴战略的丰富内涵》，《农村·农业·农民》（B 版）2019 年第 3 期。

③ 吕承超、崔悦：《乡村振兴发展：指标评价体系、地区差距与空间极化》，《农业经济问题》2021 年第 5 期。

④ 徐维祥等：《乡村振兴与新型城镇化耦合协调的动态演进及其驱动机制》，《自然资源学报》2020 年第 9 期。

分为四大区域，分别对其乡村发展进行评价。闫周府等[①]对全国 30 个省份乡村振兴发展水平进行了测度，需要特别指出的是，该研究显示甘肃省乡村振兴水平排名在全国靠后，其乡村振兴指数得分远低于全国平均水平。

区域层面的评价，主要是对部分省区市的评价研究。例如高静等[②]通过采集凉山地区相关数据，构建乡村振兴与脱贫攻坚指标并测度二者耦合程度；也有针对某一省份的研究，例如对辽宁、广东、甘肃等省份的研究[③]。

部分学者将乡村振兴与特定方向联系展开关联评价。例如涂丽等[④]从乡村建设理论入手，综合考虑多维度影响因素，构建了乡村发展指标体系。钟真等、申云等[⑤]基于农业普查数据，分别从农产品、农业多功能、农业支撑三方面构建乡村振兴指标体系，外来投资和乡村振兴程度带来的外来优势与本地优势产生的挤出效应，以及对休闲农业和乡村旅游的影响，为全国各省区市乡村振兴发展水平评价提供了借鉴。

梳理已有文献发现，学者们在乡村振兴理论和评价指标体系构建等方面进行了大量研究，但由于考察维度不同，在乡村振兴评价指标的遴选上各有侧重，没能较好地体现出乡村振兴战略的内涵；在实际研究过程中，由于部分指标数据的可获得性较难，一定程度上影响了乡村振兴评价研究。此外，现有文献多集中于对全国省域乡村振兴状况研究，但对具体市州的研究和分

---

① 闫周府、吴方卫：《从二元分割走向融合发展——乡村振兴评价指标体系研究》，《经济学家》2019 年第 6 期。

② 高静等：《深度贫困地区脱贫攻坚与乡村振兴统筹衔接路径研究：凉山彝族自治州的数据》，《农业经济问题》2020 年第 3 期。

③ 张雪等：《乡村振兴战略实施现状的评价及路径优化——基于辽宁省调研数据》，《农业经济问题》2020 年第 2 期；易小燕等：《县域乡村振兴指标体系构建及其评价——以广东德庆县为例》，《中国农业资源与区划》2020 年第 8 期；毛锦凰：《乡村振兴评价指标体系构建方法的改进及其实证研究》，《兰州大学学报》2021 年第 3 期。

④ 涂丽、乐章：《城镇化与中国乡村振兴：基于乡村建设理论视角的实证分析》，《农业经济问题》2018 年第 11 期。

⑤ 钟真等：《乡村振兴背景下的休闲农业和乡村旅游：外来投资重要吗?》，《中国农村经济》2019 年第 7 期；申云等：《乡村产业振兴评价指标体系构建与实证分析》，《世界农业》2020 年第 2 期。

析较少。基于此，本文在现有评价指标的基础上，着眼于甘肃省各市州乡村产业、乡村生态、乡村治理和乡村生活，对全省各市州乡村振兴进行评价研究。

二　甘肃省各市州乡村振兴评价指标体系与模型构建

（一）甘肃省各市州乡村振兴评价指标体系构建

1. 指标体系构建

本项研究根据乡村振兴的基本内涵和甘肃省乡村振兴发展状况，遵循指标设计的科学性、导向性、可操作性和相关性原则，从乡村产业、乡村生态、乡村治理和乡村生活四个方面设置 19 个二级指标，建立了甘肃省各市州乡村振兴指标评价体系，多维度体现各市州乡村振兴发展现状。

2. 权重的确定

本研究通过层次分析法确定各项指标权重，利用专家对发展现状的认识，使评价结果的导向性更符合实际情况。首先，将问题分解为不同的组成因素，按照各因素间相互关联程度和隶属关系进行层次聚集组合，构建多层次分析结构模型，从而对其进行重要性排序与等级评价。其次，通过重要性标度定量赋值对每一层指标进行打分，构造判断矩阵，通过一致性检验后得到各指标权重值。研究过程中邀请 5 位从事相关研究的专家对指标进行评价和打分，计算结果见表 1。

表 1　甘肃省各市州乡村振兴评价指标体系

目标层 A	一级指标 B	权重	二级指标 C	权重
甘肃省各市州乡村振兴	乡村产业(B1)	0. 2709	粮食单产水平(B11)	0. 0257
			单位耕地农业机械动力(B12)	0. 0345
			农林牧渔服务业占比(B13)	0. 0494
			农业土地产出率(B14)	0. 0699
			农业劳动生产率(B15)	0. 0914

续表

目标层 A	一级指标 B	权重	二级指标 C	权重
甘肃省各市州乡村振兴	乡村生态(B2)	0.2211	农村绿化覆盖率(B21)	0.0210
			禽畜养殖粪污资源化利用率(B22)	0.0281
			农村卫生厕所普及率(B23)	0.0403
			农村生活垃圾和污水综合处理率(B24)	0.0570
			乡村四级及以下公路密度(B25)	0.0746
	乡村治理(B3)	0.1859	农林水事务公共预算支出占比(B31)	0.0238
			每万人刑事案件发生数(B32)	0.0287
			乡村中学生高考升学率(B33)	0.0358
			宽带入户比例(B34)	0.0444
			单位人口农村医疗卫生机构床位(B35)	0.0532
	乡村生活(B4)	0.3221	城镇化率(B41)	0.0599
			农村居民人均生活消费支出(B42)	0.0714
			农村居民家庭恩格尔系数(B43)	0.0873
			农村居民人均可支配收入(B44)	0.1035

3. 指标含义及计算方法

本项研究基础数据主要来源于2022年甘肃省14市州国民经济与社会发展统计公报。部分数据，如单位耕地农业机械动力、农业劳动生产率、农林牧渔服务业占比、农林水事务公共预算支出占比等来源于《甘肃发展年鉴2021》《甘肃农村年鉴2021》；乡村中学生高考升学率、每万人刑事案件发生数和农村绿化覆盖率等基础数据来源于网络报道，再通过相关计算得到标准值。

（1）粮食单产水平是粮食总产量/粮食作物实际播种面积，反映了一个地区粮食收获程度。

（2）单位耕地农业机械动力是农业机械总动力/耕地面积，是反映耕地利用集约化程度和现代化水平的重要指标。

（3）农林牧渔服务业占比为农林牧渔业及辅助性活动总产值/农林牧渔业总产值，反映了各种科学和专业技术服务活动的重要程度。

（4）农业土地产出率是第一产业生产总值/播种面积，反映了一个地区农业生产中土地的生产能力和效率。

（5）农业劳动生产率即第一产业生产总值/乡村就业人员数，反映了农业生产者的生产能力与效率。

（6）农村绿化覆盖率为村庄绿化面积/村庄面积，是有效且直观地表明农村生态环境的重要指标。

（7）禽畜养殖粪污资源化利用率，代表将农业废弃物“变污为净”“变废为宝”的利用程度。

（8）农村卫生厕所普及率，是反映农村人居环境改善的重要指标。

（9）农村生活垃圾处理率和污水综合处理率的均值，表明村庄环境面貌和生态宜居的改善程度。

（10）乡村四级及以下公路密度是四级及以下公路里程/乡村土地面积，交通不仅是经济发展的命脉，更是百姓生活幸福的重要条件。

（11）农林水事务公共预算支出占比为农林水事务公共预算支出/财政预算支出，反映了政府对农业的投入水平和支持力度，表明财政职能的效率。

（12）每万人刑事案件发生数是刑事案件发生数/万人口数量，反映了一个地区的社会治安综合治理状况。

（13）乡村中学生高考升学率为高考录取人数/乡村常住人口，反映了某一时间段内该地区教育发展水平。

（14）宽带入户比例为宽带用户数/总户数，是反映数字经济时代农业农村现代化发展程度的重要指标。

（15）单位人口农村医疗卫生机构床位是农村医疗卫生机构床位/乡村常住人口，反映了一个地区乡村医疗卫生服务保障体系和基础设施建设程度。

（16）城镇化率为城镇人口/城镇常住人口，是反映一个地区经济发展、社会组织程度以及管理水平的重要指标。

（17）农村居民人均生活消费支出，是指农村居民家庭用于日常生活的全部开支，反映了农民家庭实际生活消费水平的高低程度。

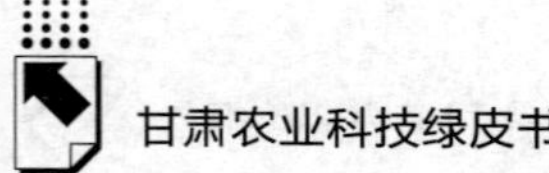

（18）农村居民家庭恩格尔系数为农村居民家庭人均食品消费支出/农村居民家庭人均消费支出，是衡量一个家庭富裕程度的重要指标，该系数越低，表明收入较高，反之亦然。

（19）农村居民人均可支配收入，反映了农村居民获得且可以自由支配收入的水平。

（二）甘肃省各市州乡村振兴评价模型构建

1. 数据标准化

由于多指标数据性质和度量方式不同，数据差异较大，为了消除量纲影响，本文采用比重法进行数据标准化，计算公式如下：

$$\text{对于正向指标}: X = \frac{\text{ì}_{\text{最优值}}}{\text{ì}_{\text{实际值}}}(\text{正指标}, 0 < X < 1)$$

$$\text{对于负向指标}: X = \frac{\text{ì}_{\text{实际值}}}{\text{ì}_{\text{最优值}}}(\text{负指标}, 0 < X < 1)$$

其中，X 代表某一指标经过无量纲化处理后的标准化值。

2. 评价模型

通过数据标准化后，建立综合指标评价模型对乡村振兴各指标层和准则层进行评价，评价内容主要包括计算各市州乡村振兴准则层得分与排名和总体得分与排名。本文运用的综合评价模型为多指标综合测度法，数学表达式为：

（1）乡村振兴准则层的评价模型

$$B_I = \sum_{j=1}^{i} w_{ij} B_{ij} (i = 1,2,3,4,5)$$

（2）乡村振兴综合评价模型

$$A = \sum_{i=1}^{4} w_i B_I$$

其中，B_I为准则层指数；B_{ij}为标准化值；w_{ij}为第 ij 个二级指标权重；w_i为第 i 个一级指标权重；A 为乡村振兴综合得分值。

三 甘肃省各市州乡村振兴综合评价结果与分析

本文运用层次分析法，以2021年甘肃省各市州相关数据为基础，对全省各市州乡村振兴发展水平进行定量评价，评价结果及分析如下。

（一）乡村振兴子系统评价结果与分析

为进一步测度甘肃省各市州乡村振兴发展状况，本文通过已构建的评价指标体系进行具体要素分析，测算结果见表2。

表2 2021年甘肃省14个市州乡村振兴子系统得分与排名

市州	乡村产业得分	排名	乡村生态得分	排名	乡村治理得分	排名	乡村生活得分	排名
兰州市	0.0934	8	0.1652	4	0.1155	2	0.2420	5
嘉峪关市	0.2228	1	0.1767	2	0.0899	11	0.3129	1
金昌市	0.1638	3	0.1515	8	0.0964	9	0.2573	3
白银市	0.0894	9	0.1457	9	0.0996	7	0.1963	8
天水市	0.0642	12	0.1580	5	0.0882	13	0.1941	9
武威市	0.1493	5	0.1352	11	0.0981	8	0.2146	6
张掖市	0.1631	4	0.1695	3	0.1005	6	0.2513	4
平凉市	0.0763	10	0.1532	7	0.1160	1	0.1997	7
酒泉市	0.2057	2	0.1550	6	0.1043	4	0.2778	2
庆阳市	0.0633	13	0.1145	14	0.1069	3	0.1895	10
定西市	0.0565	14	0.1322	12	0.0907	10	0.1759	11
陇南市	0.0649	11	0.1796	1	0.0895	12	0.1745	12
临夏州	0.0996	7	0.1376	10	0.1032	5	0.1701	13
甘南州	0.1245	6	0.1214	13	0.0805	14	0.1595	14

从乡村产业维度看，2021年排名前三的市州分别为嘉峪关、酒泉、金昌，通过具体指标测算数据可知，这3个市的粮食单产水平、农业土地产出率和农业劳动生产率等三项正向指标的分值相比其他市州较高。其中，酒泉和金昌在乡村产业和乡村生活两项中都排在第2、第3名，说明乡村生态和

乡村治理是其发展和提高的重点。排名最后的 3 个市州为天水、庆阳和定西，其单位耕地农业机械动力和农业土地产出率分值相对较低，尤其是定西的单位耕地农业机械动力和农业土地产出率都排在最后，说明该市在产业集约化和现代化方面的投入力度较小，没有高效发挥出土地的生产能力，而这直接影响其乡村产业的发展。

在乡村生态方面，排名前三的是陇南、嘉峪关、张掖，其农村绿化覆盖率和乡村四级及以下公路密度的分值都较高，特别是陇南，在农村绿化覆盖率和乡村四级及以下公路密度方面排名第一，但其畜禽养殖粪污资源化利用率和农村卫生厕所普及率分值较低，说明陇南在资源利用和改善人居环境方面需要进一步提高。定西、甘南和庆阳 3 市州排名相对靠后，其中庆阳除了农村绿化覆盖率和卫生厕所普及率外，在乡村生态子系统中得分都比其他市州低，所以其乡村振兴综合评价靠后主要在于乡村生态较差。

在乡村治理方面，平凉、兰州和庆阳排名前三，其中兰州作为省会城市，其治安、教育以及医疗卫生等基础保障都高于其他市州。平凉在乡村治理子系统中各指标得分虽然不是最高的，但是相较于其他市州其每项指标都处于平均水平，所以乡村治理得分较高，排名第一。排名最为靠后的 3 个市州是陇南、天水、甘南，其单位人口农村医疗卫生机构床位和宽带入户比例得分最低，因此医疗卫生和信息化对乡村治理影响较大。

从乡村生活维度来看，嘉峪关、酒泉、金昌排名前三，其农村居民家庭可支配收入得分比其他子系统的分值高。排名滞后的 3 个市州分别为陇南、临夏、甘南，其中甘南州的农村居民家庭恩格尔系数和陇南市的城镇化率在整个乡村生活子系统中得分最低，由此可知，农村居民家庭恩格尔系数和城市化率对乡村生活有一定影响。而临夏州排名滞后主要是因为农村居民人均生活消费支出和农村居民人均可支配收入得分最低，因此，农村人均生活消费支出和可支配收入是当前临夏州乡村生活发展的主要短板。

（二）甘肃省各市州乡村振兴综合评价结果与分析

为了从整体上分析甘肃省乡村振兴发展水平，本文对甘肃省 14 个市州的乡村振兴综合测度水平进行计算，计算结果如表3所示，且通过频数分析将其按照乡村振兴强度和代表性分为三个梯次，分类结果见表4，以上操作借助SPSS 17.0完成。其中，第一梯次均为得分在0.66以上的城市，从高到低依次为嘉峪关、酒泉、张掖、金昌；第二梯次为分值在0.505~0.66的市州，包括兰州、武威、平凉、白银、临夏、陇南；将分值0.505以下的市州划为第三梯次，分别为天水、甘南、庆阳、定西。

表3　2021年甘肃省14个市州乡村振兴综合得分与排名

市州	得分	排名	市州	得分	排名
兰州市	0.6161	5	平凉市	0.5451	7
嘉峪关市	0.8023	1	酒泉市	0.7429	2
金昌市	0.6690	4	庆阳市	0.4743	13
白银市	0.5310	8	定西市	0.4553	14
天水市	0.5045	11	陇南市	0.5085	10
武威市	0.5973	6	临夏州	0.5106	9
张掖市	0.6844	3	甘南州	0.4859	12

表4　甘肃省乡村振兴综合水平分类

分类	分值范围	市州
第一梯次	0.66以上	嘉峪关、酒泉、张掖、金昌
第二梯次	0.505~0.66	兰州、武威、平凉、白银、临夏、陇南
第三梯次	0.505以下	天水、甘南、庆阳、定西

通过乡村振兴强度分类，可以看出第一梯次的4个市州都分布于河西走廊地区，该区域生态地位突出，以绿洲农业著称，由于独特的通道地位和多民族交融汇聚，不仅是“一带一路”建设的重要节段，而且拥有大量的文化遗产和旅游资源，因此在乡村振兴发展过程中拥有独特优势。嘉峪关和酒泉两市在乡村建设发展中围绕戈壁生态农业构建特色小镇、乡村旅游、田园综合体，因此乡村产业生产效率较高、乡村生活富裕，稳居前两位。金昌与张掖两市积极调整产业结构，发展特色农业，尤其在绿色蔬菜基地建设、草畜产业集群发展以及丝路水乡生态农业和现代丝路寒旱农业中大显身手，乡

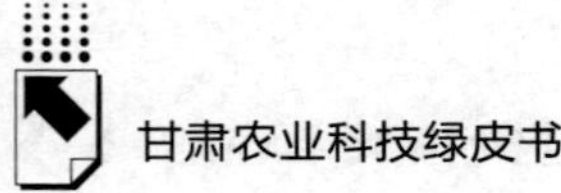

村产业振兴取得显著成效。

在处于全省乡村振兴发展水平第二梯次的6个市州中，兰州、平凉、白银、临夏4个市州属于陇东陇中黄土高原区域，因自然条件匮乏、生态环境脆弱等劣势，其乡村产业和乡村生态排名居中或靠后，但在乡村治理，即教育、医疗卫生、治安等人为改善社会环境方面排名靠前，分别排在第二、一、七、五位，综合来看，以上4个市州的乡村振兴水平比较居中。综合排名第六的是武威市，与河西走廊其他4个市州相比，其乡村生态中农村生活垃圾与污水综合处理率指标较低，所以改善人居环境是提高其综合水平的关键。陇南市在乡村振兴综合水平得分中排名较低，虽然其具有自然资源丰富、植被茂密、气候宜人等先天优势，在乡村生态中排名第一，但在乡村产业、治理与生活方面排名较为靠后，不过陇南目前仍然具有较大的发展空间。

在第三梯次的4个市州中，天水市相比于其他市州在乡村产业与乡村治理排名滞后，制约要素主要为农林牧渔服务业占比与单位人口农村医疗卫生机构床位两项指标。根据已得数据测算，定西市与庆阳市与其他市州除乡村治理发展水平相差较大之外，还在乡村产业、生态与生活方面发展水平总体较弱。相较于其他市州，甘南的粮食单产水平、宽带入户比例、单位人口农村医疗卫生机构床位和农村居民家庭恩格尔系数的得分最低，均排在最后一位，这表明在乡村振兴发展中，甘南在社会性基础设施方面的投入较为薄弱。但其较高的农业劳动生产率和土地产出率，使得乡村产业排名第6，在与其他市州的比较中具有一定优势。

四　评价结论及对策建议

（一）综合评价结论

本文围绕乡村振兴目标与甘肃省乡村振兴发展现状，以2021年数据为基础，从乡村产业、生态、治理与生活四个维度构建了包括19个二级指标的甘肃省各市州乡村振兴综合评价体系。研究发现，位于河西走廊的嘉峪关、酒泉、张掖、金昌等4市，借助相对优越的自然条件，发展戈壁特色农业的同时在振兴乡村社会环境中也发挥了带头和引领作用。其中，嘉峪关虽然在乡村振兴综合水平测度中排名第一，但由于其属于小型工业城市，城镇化率较高，因此农林水事务公共预算支出占比最低，乡村治理排名靠后。兰州、武威、平凉、白银、临夏、陇南6个市州乡村振兴发展水平居中。在乡村振兴综合水平测度中，兰州虽然排名第五，但是由于其农业生产基础条件薄弱，农业土地产出率较低，所以乡村产业发展相较于其他维度排名滞后。天水、甘南、庆阳、定西4个市州排名靠后，其劣势主要在于单位耕地农业机械动力不足、单位人口农村医疗卫生机构床位稀少、农村居民人均生活消费支出偏低，严重制约农业现代化和基本公共服务的发展，也使得居民生活水平差异较大。

通过上述实证分析，针对乡村振兴发展的突出问题和地区差异，各市州要结合实践经验，因地制宜，依据自身区位优势和资源禀赋有效实施乡村振兴战略；尤其要以缩小收入差距为目标，注重收入、消费、文化生活与设施条件等方面的关联性与整体性，有效实现共同富裕。对甘肃省各市州来说，在有效补齐各项短板的同时也要对比分析，及时跟踪与评估自身发展成效，总结与借鉴优秀发展成果，促进全面均衡发展。

（二）促进乡村全面振兴的对策建议

面对甘肃省农业生态条件相对恶劣、地理区位相对偏僻、基础设施相对薄弱、经济发展相对滞后的现实，甘肃迫切需要在国家乡村振兴战略的总体部署中找准定位，按照省委“一核三带”的区域发展布局要求，突出发展特色优势农业，实现陇原乡村产业强、农村美、农民富的美好愿景。

第一，构建现代产业体系，实现产业兴旺。从甘肃现有的产业基础来看，特别需要深化农业供给侧结构性改革，打造彰显甘肃本省优势的现代产业体系。一是实施质量兴农战略，从战略层面推进甘肃质量兴农，通过动力机制创新加快质量兴农的发展。二是通过“强科技”行动，充分发挥现代科技与专业化服务对农业的支撑引领作用，提升智慧农业水平和综合生产能力，加快农业生产体系的迭代升级。三是培育本土特色农业和优势产业，壮大新兴产业，挖掘上下游相关产业，促进农村一、二、三产业融合发展，延伸产业链和提升价值链。四是鼓励农村小农户通过合作社、互助社深度融入现代农业产业体系。

第二，构建绿色生态体系，实现生态宜居。甘肃气候条件较恶劣，生态环境较脆弱，生态自我修复能力较差，所以要更加注重践行绿色发展理念，统筹发展绿色产业。一是统筹山水林田湖草沙等系统的治理工程，防止原本脆弱的生态系统进一步恶化。二是加速发展绿色循环经济和循环农业，利用现有条件，在不破坏原有生态的基础上开发建设。三是完善绿色生态建设制度，建立生态保护机制、生态修复机制、生态开发机制、生态补偿机制和生态补救机制，通过制度刚性合理利用生态系统。四是以改善村容村貌为着力点，提升居民宜居条件。

第三，切实增加农民收入，实现生活富裕。实施乡村振兴战略的落脚点和总要求之一就是要实现农民生活富裕。要通过多方面手段增加农民的收入，包括提升农业生产的产业链附加值，通过“三变”改革盘活农民资产，提高农民的资产性收入，以及通过劳务技能培训提升农民务工水平，增加工资性收入等。同时，通过加大财政转移支付力度，增加农民的转移性收入，推动实现共同富裕。

第四，补齐设施与服务短板，实现乡村善治。各市州应通过改善基础设施和提升农村教育、医疗、养老等保障水平，持续优化社会基本公共服务。统筹发展农村职业教育与培训，提高农民高等职业教育水平和农村人才培养能力；借鉴“村超”“村 BA”等经验，开展丰富多彩的文化体育活动，提高农民的生活质量和福利水平，提高农民的文化素质和幸福感。

第五，积极探索新经验，创新乡村振兴模式。实施乡村振兴战略，模式创新是捷径。从甘肃实际出发，对各地区域经济发展进行理论模式梳理和实践经验探索，从中寻找有利于各地优势发挥的经验模式来为乡村振兴战略提供模式遵循。一是开展理论模式的梳理和总结。主要从资源禀赋引领型、生产要素引领型、区位优势引领型、主导产业驱动型、所有制结构驱动型以及政策制度推动型等模式去研究探索。二是开展实践模式的探索和创新。比较有借鉴意义的实践模式如敦煌的文化旅游模式、陇西的特色产业引领模式、成县的“互联网+”模式、康乐的养殖加工模式、静宁的特色农产品加工模式、金塔的重点项目驱动模式、康县的乡村旅游模式等。三是注重模式的创新性推广。充分挖掘脱贫攻坚中涌现出的“庄浪模式”“宕昌模式”等成功经验，结合各地发展优势，灵活探索发展道路；同时，充分利用甘肃省“甘味”农产品的大平台，开发区域品牌、企业品牌，形成品牌矩阵，全面提高甘肃农产品品牌知名度和美誉度，促进全省农业的高质量发展。

专题篇

Featured Topics

G.3

甘肃省乡村产业振兴路径研究报告*

李红霞　乔德华**

摘　要： 产业振兴是乡村振兴的重中之重，是促进农民农村共同富裕的重要途径。甘肃省加快构筑具有地方特色的乡村产业体系，形成以“牛羊菜果薯药”六大产业为主导、地方特色农产品为补充的农业产业新格局，农业特色产业向优势区快速集中，培育壮大了一批特色优质农产品，持续提升特色产业规模、质量和效益。但仍然存在短板弱项：乡村产业整体发展水平较低，新型经营主体整体实力较弱，技术、人才、资金、土地等要素供给不足。为加快乡村产业发展，提出如下建议：强化现代农业体系，引领乡村产业振兴；突出区域特色优势，推动产业集群发展；聚集强链补链措

* 本报告是甘肃省科学技术厅软科学项目（基金项目：22JR4ZA106）、甘肃省哲学社会科学规划重点招标课题“后扶贫时代甘肃省解决相对贫困问题的长效机制研究”（基金项目：20ZD005）的阶段性成果。

** 李红霞，甘肃省农业科学院农业经济与信息研究所副研究员，咨询工程师（投资），主要研究方向为农业经济、农村发展及农业工程咨询；乔德华，甘肃省农业科学院农业经济与信息研究所研究员，咨询工程师（投资），主要研究方向为农业产业化、区域农业经济及反贫困。

施，促进产业转型升级；壮大新型经营主体，完善联农带农机制；拓展乡村产业职能，大力发展乡村旅游；实施品牌发展战略，实现产业效益倍增；加大政策支持力度，激发产业发展动力。

关键词： 乡村振兴　乡村产业　产业振兴　甘肃省

前　言

目前，我国已全面建成小康社会，历史性地解决了绝对贫困问题，“三农”工作的重心正在转向全面推进乡村振兴的历史性转移。党的十九大报告中，习近平总书记向全党全国人民发出了实施乡村振兴战略的动员令；党的二十大进一步明确要求“加快农业强国建设，全面推进乡村振兴”。推进乡村产业振兴是实施乡村振兴战略的首要任务，也是促进农民农村共同富裕的重要途径。乡村产业是乡村范围内所有产业的总称，是乡村多重功能价值的凝聚核，构建以农业和乡村特色资源开发为根，以促进农民农村共同富裕为本，以统筹激发乡村生产、生活、生态、文化、安全等多重功能价值为魂，是农民参与、融合发展的乡村产业体系，为推动农业高质高效、乡村宜居宜业、农民富裕富足提供强劲支撑，有效拓宽乡村产业振兴、加快农业农村现代化的发展空间。为全面推进乡村振兴、全力抓好乡村产业振兴工作，甘肃立足省情农情，突出区域特色，抓好发展机遇，直面存在问题，陆续出台了一系列政策文件，以促进乡村产业振兴为切入点和突破口，以建设农业强省为关键抓手，全面推进乡村振兴战略实施，全力加快农业农村现代化建设步伐。

一　甘肃省乡村产业发展成就

甘肃省紧紧围绕各地乡村特色资源禀赋，让资源转换产业、以存量激活增量、使特色形成优势，积极优化调整产品结构、生产结构、种养结构、产

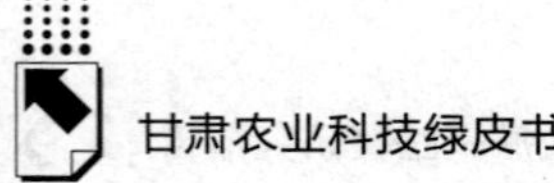

业结构。尤其是党的十八大以来，全省抓住农业产业发展进入优化结构、提升效益、转型升级窗口期的大好机遇，聚焦产业促进乡村发展，用工业思维谋划农业，推动养殖业做大规模、提升质量，多措并举做大做强农产品精深加工，优化农业组织形式，打造特色农产品品牌，促进农业增效、农民增收。通过持续加大乡村特色优势产业扶持和培育力度，大力发展“小而特、小而优、小而精、小而美”的特色农产品，从建基地、强龙头、延链条、聚集群、培园区、促融合、创品牌等方面多点发力，加快构筑具有甘肃特色的乡村产业体系，形成以“牛羊菜果薯药”六大产业为主导、地方特色农产品为补充的农业产业新格局，培育了一批“好中优”“特别特”“独一份”“错峰头”的特色优质农产品，农业特色产业向优势区快速集中，已走上“跨乡成片、跨县成带、集群成链、品牌营销”的规模化、集约化、产业化发展路子，持续提升特色产业规模、质量和效益，促进乡村产业全面振兴，带动农业农村现代化发展驶入“快车道”。

（一）加强规划先行引领，强化制度保障促发展

《甘肃省乡村振兴战略实施规划（2018—2022年）》对全省实施乡村振兴战略作出阶段性谋划；《甘肃省“十四五”推进农业农村现代化规划》，对全省“十四五”时期乡村产业高质量发展和加快农业强省建设进行了系统部署；相继出台了《甘肃省人民政府关于促进乡村产业振兴的实施意见》《甘肃省乡村振兴促进条例》《甘肃省特色农产品及食品加工产业链建设实施方案》《甘肃省人民政府关于加快推进农业机械化和农机装备产业转型升级的实施意见》《甘肃省绿色农产品标准化生产基地创建与管理办法》《关于进一步加强两个“三品一标”建设打造“甘味”知名农产品品牌实施方案（2019—2023年）》《甘肃省人民政府办公厅关于提高农村劳动力技能培训实效的意见》《甘肃省关于实施农村一二三产业融合发展推进行动工作方案》《甘肃省人民政府办公厅关于加快乡村旅游发展的意见》等，在政策引导、项目规划、资金扶持、金融服务、人才培育、组织保障等方面提供了强有力的政策支持，助推乡村产业快速可持续发展；

结合市县国土空间规划，完成1920个“多规合一”的实用型村庄规划编制。

（二）优势特色产业蓬勃发展，品质效益实现新跨越

甘肃省立足独特资源禀赋，大力发展现代丝路寒旱农业，围绕“牛羊菜果薯药”，着力培育特色优势产业，品质效益显著提升。通过省、市、县三级政府分抓，培育特色产业核心示范片带，并辐射形成跨县区产业带，最终形成集群成链的特色产业发展格局。截至2022年，通过创建国家“甘味肉羊产业集群”、“甘味平凉红牛”、设施蔬菜和道地中药材等优势特色产业集群，已经建成种养示范基地786个，绿色标准化种植基地面积达到61.67万公顷，全省有效期内“三品一标”产品达到2930个，打造产业大县14个、国家乡村振兴示范县7个、“一村一品”示范村镇117个、亿元村及十亿元镇9个，创建国家农业科技园区10个、国家现代农业产业园7个、全国产业强镇35个和国家产业集群4个，各类项目建设进展良好、产业效益逐步显现。通过做强做大特色规模，主导产业集群发展，建成了3个千万只肉羊产业带、3个百万头肉牛产业带、陇东南苹果产业带、河西戈壁设施蔬菜及高原夏菜产业带、以定西为核心的黄土高原马铃薯产业集群和以定西、陇南为核心的高寒阴湿区中药材产业带。“厚道甘肃、地道甘味”叫响全国，累计培育了区域公用品牌60个、企业商标品牌500个，“甘味”品牌已成为全国具有影响力的省级农产品区域公用品牌。同时，甘肃省实施省级现代农业产业园创建行动，累计达到61个，基本实现“一县一园”全覆盖，产业集群优势凸显。

（三）农产品加工业转型升级，链条质态再上新水平

近年来，甘肃省以绿色食品加工业为主攻方向，推动农产品加工业快速发展，2020年全省规模以上农副产品加工企业有205家，营业收入242.75亿元，集中打造了马铃薯加工业、中药材加工业、肉制品及乳制品加工业、特色果蔬加工业、百合加工业、油橄榄加工业、旅游商品制造业、特色小杂

粮加工业等8个集种养殖、加工、销售于一体的农副产品加工产业基地，有效带动了乡村产业振兴。2021年，全省有农业产业化龙头企业3315家，营业收入亿元以上有150家，全省特色优势产业全产业链产值3897亿元，其中加工产值1562亿元，全省农产品加工转化率达到56%，农产品加工业质量效益和竞争力不断提升。2022年，甘肃省乘势而上，颁布《特色农产品及食品加工产业链实施方案》，以及肉牛、肉羊、蔬菜、苹果、马铃薯、生猪、鸡、乳产业和区域性特色林果、藜麦等9个特色优势产业实施方案，引培链主企业、创建工作机制、谋划重点项目，以特色农产品加工业为重点，前伸后延纵向延伸产业链，打造农业全产业链。以农产品加工业为牵引带动特色农业产业链价值链升级、促进三产融合，实施全省特色农产品及食品加工业“链长制”“链主制”，以链主企业为龙头、骨干企业为支撑，坚持“引培”两手发力，实施龙头企业“2512”提升行动，加快推进农产品加工业转型升级。

（四）乡村休闲旅游快速成长，乡村消费开创新局面

甘肃省横向拓宽产业链，大力发展休闲观光农业和乡村旅游，从实施休闲农业和乡村旅游精品工程，到打造“陇上乡遇”乡村旅游品牌，再到开展“旅游+”和“+旅游”产品体系建设工程，产业朝广度拓展、向深度发力，2022年甘肃乡村旅游游客8938.34万人次，收入265亿元，乡村旅游已进入持续发展的快车道，成为引领甘肃文旅产业发展的重要推手。目前，已培育4个全国休闲农业重点县、创建43个中国美丽休闲乡村、2个全国休闲农业和乡村旅游示范县（秦州区、凉州区）、推介16条中国美丽乡村休闲旅游行精品景点线路，成功打造省级乡村旅游示范村310个、全国乡村旅游重点村38个、全国乡村旅游重点乡镇3个、田园综合体10个、乡村旅游精品线路60条，培育乡村旅游合作社381个、农（牧）家乐19165户、全国首批甲级旅游民宿2家。开通“陇上乡遇”视频号，开发全省乡村旅游电子地图，群策群力讲好乡村旅游故事，全方位展示甘肃乡村旅游文化和资源，提升乡村旅游品牌知名度、社会认知度和产业影响力。

（五）乡村产业融合日益深入，平台载体有了新提高

近年来，甘肃省积极推进农村产业融合，创建了一批拥有绿色生态模式、优势特色突出、主导产业明显、规模集中连片的产业融合发展示范区，农村产业融合发展总体水平明显提升，农业与加工流通、电子商务、休闲农业、科普教育、文旅养生等产业进一步融合，农民收入持续增加，为农业农村经济发展提供了新动能。先后组织创建民乐县、临夏县、凉州区、安定区、靖远县、武都区、肃州区、天祝县、永登县、静宁县、临泽县、渭源县等 12 个国家农村产业融合发展示范园；创建肃州区、高台县、麦积区、武威市国际陆港 4 个全国农村产业融合发展先导区；创建安定区、甘州区、康县和靖远县 4 个全国农村产业融合发展“百县千乡万村”试点示范县；创建国家级电子商务进农村综合示范县 80 个。培育了一批融合发展样板，探索形成了产业集聚型、产业链延伸型、农业多功能拓展型、技术渗透型和产业循环型等典型融合模式，强力助推乡村产业兴旺。大力扶持新型经营主体，培育国家级龙头企业 34 家、省级 748 家，农民专业合作社 9.1 万家，家庭农场达到 5.04 万家，农业社会化服务组织 1.9 万个，成立 52 家农业产业化联合体，联合农民合作社、家庭农场、专业大户组团发展，形成了多元主体合作生产机制和多类资源要素优配机制。

（六）农村创业持续推进，乡村活力得到新激发

甘肃省优化县域创业环境，吸引各类人才返乡创业创新，农村创新创业蓬勃发展，涌现出一批先进典型。举办了五届“农行杯”全国农村创业创新项目创意大赛，在全省范围遴选出一批创新性强、适用面广、成功率高、示范性好的项目，培育选拔一批优秀创业创新人才、宣传推介一批优秀项目和企业，让有点子、有创意、能励志的新农民和创业人士唱主角、展风采，鼓励更多创业创新人才发展农村新产业新业态新模式。创建 30 个全国农村创业园区（基地）、20 个全国农村创业创新优秀带头人典型案例和 7 个典型县。依托乡村产业振兴带头人培育“头雁”项目、新型职业农民培育工程、

“万名农民合作社带头人”培训计划、农村实用人才带头人和大学生村官示范培训等项目，有针对性地开展创业创新人才培训，积极为农村创业创新提供人才支撑。

二　甘肃省乡村产业振兴面临的机遇与挑战

（一）面临的发展机遇

甘肃已经迈上全力巩固拓展脱贫攻坚成果、全面推进乡村振兴的新发展征程。进入新发展阶段，贯彻新发展理念，党中央作出构建以国内大循环为主体、国内国际双循环相互促进的新发展格局战略部署，甘肃乡村产业发展迎来了多重发展机遇叠加期。新开放格局推动甘肃更深层次参与共建“一带一路”，持续拓展对内对外开放空间，加快形成内外兼顾、陆海联动、向西为主、多向并进的开放新局面，打造新时代的“河西走廊”，为乡村产业发展提供辽阔的对外开放空间；抢抓新一轮西部大开发机遇，打造以西陇海兰新线为主轴，以兰州为中心、其他地级市城区为支撑、多个经济强县城区为节点的新型城镇化发展格局，壮大乡村产业发展经济增长极。贯彻新发展格局需进一步落实农业农村优先发展方针，大力发展现代丝路寒旱农业，推动资源要素持续向农业农村集聚；加快城乡融合发展，完善融合发展政策制度体系，城乡要素平等交换、双向流动和公共资源合理配置，乡村产业发展环境持续优化；持续推动创业创新，乡村产业创新、产业跨界叠加、智慧乡村建设、全产业链升级等，进一步拓展乡村创业就业空间；乡村产业发展的市场空间巨大，随着城乡居民收入和生活水平提高，消费需求呈现高品质、多样化、个性化特点，休闲农业、文旅康养消费渐成趋势，城乡消费持续升级。为主动融入新发展格局，甘肃省委、省政府明确提出，把加快发展乡村产业作为推动乡村全面振兴落地见效的首要任务，充分利用乡村广阔的发展空间，创新推动乡村产业融合，打开空间、拓展功能、激发潜力，加快提升农业农村现代化水平，构建乡村产业体系，促进农业高质高效、乡村宜居宜业、农民富裕富足。

（二）存在的问题和挑战

站在新的历史起点上，正视新发展阶段甘肃省乡村产业发展的实际情况，成效令人鼓舞，但短板弱项也不容忽视。

从产业本身看，乡村产业发展速度缓慢，产业整体发展水平较低。特色产业集群、现代农业产业园等发展处于起步阶段，现代化水平较低，公共基础设施建设滞后，公共服务能力水平不高，激励机制和政策支持需进一步建立完善，发展增速较发达省份相对较慢。

从产业链水平看，链条延伸不充分，产业融合层次较低。纵向产业链延伸不够，第一产业以原材料供应为主，向后端延伸不到位；第二产业连接两头不紧密，加工产业层次低、规模小，加工转化率较低，精深加工产品少；休闲农业与乡村旅游业融合进程较为缓慢，对乡村文化内涵挖掘不够深入，经营特色不明显。

从经营主体看，新型农业经营主体整体实力较弱，带动农民增收能力不够突出。大品牌、大企业不多，农业龙头企业数量较少，发展后劲不足。大部分涉农企业和农民专业合作社投资规模小、组织化程度低、管理较为粗放、经营产品结构单一。农产品加工企业“少、小、弱”，产业链条“短、细、散”，产业融合“浅、单、松”，精深加工及创新能力不足，高技术、高回报和高附加值产品少，宣传、组织和带动农户增收能力较弱。

从发展要素看，资金、土地、技术、人才等要素供给不足。乡村产业支持政策的针对性和有效性亟待加强，金融支持乡村产业精准性、针对性和实效性不够，发展“用地贵、用地难”问题仍然存在，新型经营主体在企业经营管理、科技创新、市场经济等方面的能力和水平还亟待提高，农民科技文化素质和技能水平不高，专业型和复合型人才缺乏，持续发展后劲不足。

面对乡村产业发展中的这些弱项短板，甘肃省必须完整准确地将新发展理念贯穿乡村产业发展始终，切实扬优势、锻长板、强弱项、补短板，有效促进乡村产业实现高质量发展。

三 推动甘肃乡村产业高质量发展的对策建议

新阶段赋予新使命，“十四五”乃至较长一段时期，甘肃省乡村产业发展的指导思想是构建以现代产业体系、生产体系、经营体系为引领，以“牛羊菜果薯药”六大特色产业为支撑，以“五小”产业为补充的乡村产业体系，以产业深度融合发展为基本路径，实现乡村全产业链“五链共进”（即延长农业产业链、保障产业供给链、提升产业价值链、完善产业利益链、拓展产业生态链同步发展），农产品加工转化率达到60%以上，“甘味”品牌市场影响力和知名度大幅提升，乡村产业振兴取得重要进展。

（一）强化现代农业体系，引领乡村产业振兴

以现代农业产业体系建设为抓手，构建现代农业生产体系、产业体系、经营体系，明确目标任务，推动乡村产业振兴各项措施落地见效，有力推动产业振兴目标的实现。甘肃省现代农业产业体系构建，可按照“厚植粮食生产根基、锻造主导产业长板、弘扬特色产业优势、壮大经营主体实力、强化产品加工弱项、补齐品牌经营短板、延长农业产业链条、推进资源高效利用、促进产城融合发展、推动乡村全面振兴”的总体思路，通过强化设施装备、调优种养结构、促进科技创新、建设标准基地等措施构建现代农业生产体系；通过基地规模化、服务社会化、营销品牌化、经营产业化、主体多元化等手段构建现代农业经营体系；通过大产业、大市场、大流通、大贸易、双循环的产业融合发展方式构建现代农业产业体系，加快乡村产业现代化发展进程，实现乡村产业振兴目标。

同时，加强现代产业体系配套工程建设。一是加强农村现代物流体系建设。完善县、乡、村三级农村物流节点，提升覆盖率，形成“一点多能、一网多用”的农村现代物流体系；鼓励“互联网+”农村物流新业态发展，让更多“甘味”农产品走出乡村、走向全国。二是厚植电子商务发展优势。发挥好县、乡、村三级电子商务服务体系作用，完善功能配套，开设网上原

产地旗舰店、优品馆和线下体验店；鼓励实体商超以分销商形式融入电商平台供应链，扩大网上消费规模。三是大力推进同城配送。探索发展同城配送新模式，构建电商同城配送体系，提高同城配送销售比例，丰富居民消费需求。四是大力发展中央厨房。持续打造配送辐射区域适当、布局合理的中央厨房企业，促进供应网点布局与物流服务业、餐饮业相融合，形成新的消费增长点。五是塑造专业特色市场优势。围绕“牛羊菜果薯药”等优势产业高质量发展和花椒、百合等特色产业品牌提升，在主产区采取新建一批、扩建一批、功能调整一批等方式，改造提升一批产地专业市场，大力推进商产融合。六是加快构建“三级”产业园体系，加快构建以国家级产业园为龙头、省级产业园为骨干、市县级产业园为基础的现代农业产业园体系，推动企业、项目、要素向产业园集中，充分发挥产业融合的乘数效应，在全省创建 10 个百亿级产业大县、100 个省级现代农业产业园，实现所有县（区）园区全覆盖，进一步促进主导产业做大做强。

（二）突出区域特色优势，推动产业集群发展

甘肃乡村产业的资源禀赋在寒旱、优势在特色，做足特色文章，构建以现代丝路寒旱特色产业为引领、以六大特色产业为支撑、以“五小”产业为补充的乡村产业体系，以养殖业推动农业产业结构转型升级，以农产品精深加工业带动乡村产业价值链提升，以三产融合拓展乡村产业多重功能价值，培育一批“甘味”特色品牌；同时加强农机研发，强化现代信息集成、装备设施和农业技术融合发展，依靠科技提升产业核心竞争力和质量效益，建设现代化乡村产业，推进农业农村现代化发展，实现乡村产业振兴、农民生活富裕，助力农业大省向农业强省转变。

甘肃省地域特色鲜明、乡村产业特色优势明显，发展潜力巨大，应重点围绕 4 个国家产业集群和 7 个国家现代农业产业园建设，着力提升品质、产能、效益，打造乡村经济战略支点和区域增长极，构建乡村产业发展高地。一是建设一批特色产业强镇。根据乡镇特色产业资源禀赋和发展优势，每个县区培育打造 2~3 个特色产业强镇，辐射带动其他乡镇特色优势产业全面

发展。二是发展一批优势特色产业带。鼓励支持产业基础好的县区，建设百万亩（百万头只）产业带、万亩（万头只）示范片、千亩（千头只）示范点，重点建设陇东地区、中部沿黄、河西走廊等3个千万只肉羊产业带，高端型平凉红牛、大众型河西肉牛、绿色型甘南牦牛等3个百万头肉牛产业带，以及河西走廊50万头奶牛产业带；建设一批产业大县，形成特色优势产业带。三是打造主导优势产业集群。优化调整六大产业布局，推动要素向优势区集聚，以特色优势产业带为基础，倾力打造主导优势产业集群。以定西为核心打造中部地区马铃薯产业集群，以河西走廊戈壁设施蔬菜产业带、中部沿黄蔬菜产业带为基础，打造高原夏菜产业集群；以陇东南苹果产业带为基础，打造黄土高原苹果产业集群；以定西、陇南高寒阴湿区中药材产业带为核心，打造陇原道地中药材产业集群。通过产业强镇、产业带、产业集群建设，做大优势产业规模，做强经营主体实力，做出优质产品品牌，逐步形成“点—线—面”有机衔接，连乡成片、跨县成带、集群成链的优势特色产业发展新格局。

（三）聚焦强链补链措施，促进产业转型升级

针对甘肃省农产品精深加工业发展的短板，突出产业强链，全力打造创新能力强、产业链条全、绿色底色足、安全可控制、联农带农紧的特色优势农业产业链，把延伸产业链、强化加工链、健全供应链、提升价值链作为关键措施，强化多样化初加工、精准化精加工、高端化深加工，改造提升信息化、自动化、冷链物流等配套设施，补齐加工短板，推动产业链强筋壮骨。突出抓龙头、建园区促进三产融合，实现社会、生态、经济效益“三效共赢”和生产、生活、生态“三生融合”，推动全省乡村产业更好地融入国家产业链供应链发展大格局。采取有效措施促进农业农村经济多元化、综合化、融合化发展，在鼓励培育新产业、新业态、新模式的同时，引导乡村传统业态模式的改造提升，促进传统模式与现代模式深度融合发展，合力带动农民增收致富。

按照打造“寒旱农业—生态循环—绿色产品—甘味品牌”的全产业链

理念，以特色产品、食品加工业为重点，引导一产往后延、二产两头连、三产走前端，以农村一二三产业融合发展的“七化同步”（布局区域化、基地规模化、生产标准化、加工集约化、产品绿色化、营销品牌化、经营产业化）为主要路径，实现延长农业产业链、保障产业供给链、提升产业价值链、完善产业利益链、拓展产业生态链“五大链条”协同发展。一是大力夯实产业链前端，提高种养规模化程度和产业焦距度，持续调优种养结构，推进良种选育、绿色防控、农机农艺融合发展。二是突出做强产业链中端，大力开展龙头企业引培提升行动，重点支持龙头企业开展多样化初加工、精准化精加工、高端化深加工，研发新技术新产品、建设原料基地和人才培养基地，推动农产品加工转型升级。三是努力发展产业链后端，以市场营销、产业融合发展等为重点，构建国内、国际双循环新格局，建设一批专业市场和仓储基地，培育一批大型物流企业，创建一批“甘味”绿色食品加工产品知名品牌，形成市场新卖点，畅通循环链，提升价值链。四是推进农产品加工向优势产区聚集，大力支持产地初加工和仓储冷链物流，促进农产品就地转化增值，推动全产业链减损增效。五是健全完善乡村产业支撑体系，加强品牌培育和现代新型营销体系建设，构建数字农业服务体系，打造产品质量安全体系，加快企业创新体系建设，为甘肃省乡村产业高质量发展提供强有力的支撑。

（四）壮大新型经营主体，完善联农带农机制

培优培强龙头企业，不断提升全产业链现代化水平。深入实施特色农产品加工业及食品工业产业链链长制，创建一批以链主企业和骨干企业为引领、以家庭农场和农民合作社为辅助的农业产业化联合体。通过“培引”两手发力，加快培育骨干企业，引进大型龙头企业，有序跟进配套企业，推动强链补链延链迈出坚实步伐，争取利用 3~5 年时间打造营业收入百亿级龙头企业 2 家、50 亿元以上的龙头企业 10 家、10 亿元以上的龙头企业 50 家、1 亿元以上的龙头企业 200 家，全省农产品加工产值突破 2000 亿元。

实施乡村产业振兴，归根结底是促进农民农村共同富裕。因此，完善乡

村产业发展的利益联结机制至关重要，积极探索不同主体的利益联结机制，保持利益联结的持续性和稳定性，引导农民增强自我发展能力，推进实现小农户与现代农业有机衔接，大力发展“园区+龙头企业+基地+合作社+农户”的合作共赢模式、“企业+农户+订单”的社会化服务模式、“村集体经济（党组织）+社会资本投入合作”的产业带动模式。强化新型经营主体及其与农户之间的“购销联结”“购销联结+风险联结”“购销联结+服务联结”“合作联结”“服务联结”等5种利益联结机制，形成紧密型产业共同体、利益共同体。同时结合全省乡村产业振兴带头人培育“头雁”行动，鼓励龙头骨干企业重点培育农民就业增收的能力、创新创业和参与发展的能力，推动职业农民向乡村产业工人或乡村企业家发展，增强联农带农的内生动力，促进企业与农户合作共赢、协同发展。

（五）拓展乡村产业职能，大力发展乡村旅游

乡村产业的价值不仅体现为经济价值，还体现为生态价值、人文价值、社会价值等。做大做强甘肃省乡村旅游产业，必须充分发挥自然生态多样、特色产业鲜明、区位优势明显、历史悠远厚重、自然资源富集、旅游资源丰富的突出优势，采取点线面有机衔接、多要素聚集优化方式，纵向延伸产业链，横向拓宽产业链，大力推动乡村旅游产业提档升级，由粗放的外延式发展向高效的内涵式提高转变，促进乡村旅游产业的现代化、集约化、产业化、品质化发展迅速提高；培育“陇上乡遇”乡村旅游品牌，努力走出一条具有家国情怀本色、田园牧歌底色、民营民富亮色、人间烟火气色的乡村旅游发展路子。

“十四五”时期，甘肃省乡村旅游产业发展应在进一步明确产业发展目标、优化旅游产业布局、深化旅游主题定位、改进运营模式、强化品牌形象、提升营销策略等方面做文章，以实施乡村旅游产品的开发培育工程为关键措施，以创建乡村旅游示范县、重点乡（镇）、样板村为重要抓手，在全省创建乡村旅游示范县（区）10个以上、文旅产业振兴样板村80个以上，争取使更多的乡镇入选全国乡村旅游重点乡镇、更多的村入选全国乡村旅游

重点村名录、更多的民宿创建为全国甲级旅游民宿；同时加大宣传培训力度，开发“陇上乡遇”乡村旅游视频号和电子地图，加强乡村旅游产业经营者的运营管理培训，激发群众创业信心和发展热情，促使乡村旅游产业成为乡村振兴的重要业态和持久动能。

（六）实施品牌发展战略，实现产业效益倍增

深入实施农业品牌战略，赋能区域公用品牌、企业商标品牌建设。建立健全品牌培育标准体系，建立特色农产品生产技术标准化体系、营养品质监测评价体系、产地环境监测评价体系和质量安全追溯监管体系，将标准化作为品牌化的基础措施；聚焦名牌产品、地理标志产品、老字号等开展自主品牌培育，形成一批拥有核心竞争力和自主知识产权的品牌企业、品牌工程和品牌产品；加强绿色食品、有机农产品、地理标志产品的认证和管理，提升农产品质量安全水平；加强“甘味”品牌推介宣传，深入挖掘特色农产品文化内涵，创新品牌表达形式，加强文创产品的研发设计，强化市场辨识度，提高认知度，塑造“甘味”农产品品牌形象；健全品牌发展机制，构建品牌保护体系，完善品牌诚信体系。

充分发挥产业园区集聚作用和龙头企业带动作用，将品牌建设作为提升农业综合效益和乡村产业竞争力的重要抓手，以打造“独一份”“特别特”“好中优”特色农产品为目标，建设规模化、标准化、集约化生产基地，推动农产品精深加工业和食品工业加快发展，有力提升农业产业集群化、品牌化水平，打造区域品牌、企业品牌、特色农产品“甘味”品牌体系，持续增强核心竞争力和市场影响力，充分发挥品牌效应，实现特色优势农产品加工增值和农业产业价值链提升，推动地方经济发展，带动农民增收致富，助力乡村产业振兴。

（七）加大政策支持力度，激发产业发展动力

强化乡村产业发展奖补政策。一是对于优势产业大县（如粮食生产大县、制种大县、苹果大县、养羊大县、养牛大县、蔬菜大县、马铃薯大县、

中药材大县等）、特色产业强镇分别给予专项奖励；二是对于被纳入国家产业园区、产业集群以及省级产业园区建设的县区加大奖补支持力度；三是对龙头企业的支持政策重点从扶大扶强转向鼓励其增强对乡村产业链、产业集群、产业区和中小微企业发展的辐射带动作用上，对在延链补链强链中发挥引领作用的龙头企业和带动农户增收效果显著的农民合作社给予专项奖补；四是完善落实农机购置补贴政策，优化补贴兑付方式；五是确保各类涉农整合资金和推进乡村振兴专项补助资金的50%以上用于支持特色优势产业发展，并逐年提高资金占比。

强化金融服务，助力乡村产业振兴。加强对乡村企业发展的资金支持，设立乡村产业贷款风险补偿基金和发展专项资金；实行差异化信贷政策，积极探索“一业一策”“一企一策”，开发符合民营企业经营特征、生产周期和产业特点的个性化、定制化信贷产品，加强对乡村企业的中长期信贷支持；推动金融产品创新发展，创新开展知识产权、动产、股权、保单、林地、农业设施、农村承包土地经营权等抵质押贷款业务，推进订单融资、存货融资、应收账款融资等融资服务，适时推出“小微企业互助贷”“电商e贷”“富民产业贷”“兴陇合作贷”等针对性强的专属信贷产品；积极构建政金企协同合作平台，建立政金企对接机制，确保支持民营经济发展的政策措施落到实处。切实抓好乡村产业发展用地政策落实，并保持一定弹性，鼓励在乡村企业用地优先实施混合型用地供应方式和弹性化用地制度，夯实乡村产业发展的用地保障。

参考文献

本刊编辑部：《农业农村取得历史性成就 发生历史性变革——农业农村部副部长邓小刚在中宣部“中国这十年”新闻发布会上答记者问》，《农业工程技术》2022年第18期。

姜长云：《关于构建乡村产业体系的思考》，《山西师大学报》（社会科学版）2022年第2期。

朱新华：《加快构建具有江苏特点的现代乡村产业体系》，《江苏农村经济》2021 年第 5 期。

本刊编辑部：《发展特色农业 推进乡村振兴——甘肃省现代寒旱农业发展持续向好》，《甘肃农业》2022 年第 9 期。

王朝霞：《奋力书写现代寒旱特色农业新篇章》，《甘肃日报》2022 年 8 月 22 日。

李红霞等：《推进甘肃省农村一二三产业融合发展的思考》，《甘肃农业科技》2020 年第 1 期。

国家税务总局甘肃省税务局课题组等：《甘肃文旅产业高质量发展的短板及助推对策》，《财会研究》2023 年第 8 期。

宋洪远等：《农业强国的内涵特征、重点任务和关键举措》，《农业经济问题》2023 年第 6 期。

李红霞等：《甘肃省农村产业融合发展模式及对策研究》，《农业科技管理》2019 年第 6 期。

杨迎军：《甘肃省乡村振兴县域典型经验分类研究》，《产业创新研究》2022 年第 1 期。

刘建勋：《打造千亿级路衍产业集群 当好甘肃经济的开路先锋》，《中国公路》2022 年第 12 期。

靳瑶等：《天水市建设区域消费中心城市的问题与对策》，《天水行政学院学报》2022 年第 6 期。

王朝霞等：《扎实推进乡村振兴取得新进展 奋力开创农业农村工作新局面》，《甘肃日报》2022 年 3 月 18 日。

姜长云：《新发展格局、共同富裕与乡村产业振兴》，《南京农业大学学报》（社会科学版）2022 年第 1 期。

施秀萍等：《乡村旅游高质量发展的“甘肃道路”》，《甘肃日报》2022 年 5 月 11 日。

赵万山等：《我省推进兰州和天水跨境电子商务综合试验区加快发展》，《兰州日报》2022 年 6 月 2 日。

姜长云：《乡村企业的特殊性及其发展思考》，《山西师大学报》（社会科学版）2020 年第 6 期。

G.4

甘肃省乡村人才队伍建设研究报告

丁文广　张艳荣　姜雪花*

摘　要： 乡村要振兴，人才必先行。近年来，甘肃省对农业农村发展和乡村人才队伍建设进行了一系列探索与实践，取得了一定成效。然而，现阶段甘肃省乡村人才队伍建设与实施乡村振兴战略的人才需求之间依然存在较大差距。本文通过对甘肃省乡村人才队伍的现状进行研究，对甘肃省乡村振兴人才建设存在的问题进行了剖析，提出了七个方面的对策建议：制定引才留才优惠政策，吸引外流人才；优化乡村村民职业教育，造就更多乡土人才；创新乡村村民培训模式，扎实推进乡村实用人才培育；探索学历教育与职业培训融合模式，促进农民整体素质提升；深化农民职称制度改革，不断发掘专业技术人才；深入推行科技特派员制度，壮大农村科技人才队伍；发挥社会组织平台作用，大力培养乡村公共服务人才。

关键词： 农村实用人才　乡村人才队伍　乡村振兴　甘肃省

民族要复兴，乡村必振兴。党的十八大以来，我们党带领全国人民，打赢了人类历史上规模空前、力度最大、惠及人口最多的脱贫攻坚战，启动实施乡村振兴战略，推动农业农村发展取得历史性成就、发生历史性变革。脱

---

* 丁文广，兰州大学资源环境学院教授、博士生导师，主要研究方向为环境社会学、社会发展及公益项目的研究和实践；张艳荣，甘肃慧谷科技咨询有限公司项目官员；姜雪花，甘肃慧谷科技咨询有限公司总经理。

贫攻坚战全面胜利后，广大农民对获得公平发展机会、共享发展成果、提升生活品质抱有了更高期待，全面推进乡村振兴面临的任务更加繁重、挑战更加艰巨。

按照党的十九大提出的决胜全面建成小康社会、分两个阶段实现第二个百年奋斗目标的战略安排，2017 年中央农村工作会议明确了实施乡村振兴战略的目标任务：2020 年，乡村振兴取得重要进展，制度框架和政策体系基本形成；2035 年，乡村振兴取得决定性进展，农业农村现代化基本实现；2050 年，乡村全面振兴，农业强、农村美、农民富全面实现。

党的二十大明确提出，要全面推进乡村振兴，坚持农业农村优先发展，巩固拓展脱贫攻坚成果，加快建设农业强国，扎实推动乡村产业、人才、文化、生态、组织振兴。

甘肃省加快推进社会主义现代化进程，最艰巨最繁重的任务在农村，最广泛最深厚的基础在农村。应对国际国内各种风险挑战，迫切需要稳住农业基本盘，起好压舱石作用。然而，农村经济社会发展，归根结底，关键在人，人才振兴是乡村振兴的关键因素。乡村人才振兴既是乡村振兴战略的核心，也是乡村振兴的落脚点和强有力支撑。正确认识和解决人才问题是推动农业全面升级、农村全面进步、农民全面发展的内在和必然要求，是一项十分重要的工作。

一 甘肃省乡村人才队伍建设及发展现状

国家统计局公布的第七次全国人口普查数据显示，2020 年甘肃总人口 25019831 人，2010 年和 2020 年甘肃省人口占全国总人口比重分别为 1.91% 和 1.77%。在全国 31 个省份中，有 25 个省份人口增加，6 个省份人口负增长。甘肃是 6 个人口负增长省份之一，也是西北唯一人口负增长的省份，相比 2010 年的第六次全国人口普查数据，甘肃省 10 年时间人口减少 55 万人。第七次全国人口普查数据显示：一方面，甘肃省 0～14 岁人口比重为 19.40%（全国平均为 17.95%），15～59 岁人口比重为 63.57%（全国平均为63.35%)，60岁及以上人口比重为17.03%（全国平均为18.7%），表明甘肃省的人口出生率是正常增长的；另一方面，甘肃省每10万人中学历为大学及以上的有14506人（全国平均为15467人），高中（含中专）有12937人（全国平均为15088人），初中27423人（全国平均为34507人），小学29808人（全国平均为24767人），说明甘肃省人口受教育程度明显偏低。

不难发现，减少的55万人基本上是各行各业的“人才”，他们通过不同渠道外流到了经济发达、条件优越的省份或者城市。人才外流的主要原因有以下几个方面。

第一，农民“走西口”。随着新疆的开发建设，一批又一批的“田秀才”在政策和亲朋好友的吸引带动下迁到了新疆，他乡变成了家乡，新疆因机械化种植及百亩、千亩良田的收获而成为成千上万甘肃人的向往之地。

第二，大学生“东南飞”。甘肃省每年有20多万名学子通过高考实现了“知识改变命运”，毕业后大多数都谋求在东南沿海城市找工作、安家落户，原因是甘肃省大中型厂矿企业少，小微企业发展不充分，行政事业单位大部分满员，就业压力不比发达城市小，竞争一样激烈，大考小考，百里挑一，工资不高，房价却不低。

第三，高层次创新人才净调出。人才外流对甘肃高校来说犹如“抽血”，甚至对部分学科来说简直就是“伤筋动骨”。据统计，近年来甘肃省高校教育人才的流失率是流入率的2倍。甘肃某高校教师队伍中35岁以下的青年教师占教师总数的近一半，50岁以上的占1/3，45岁左右的仅占9%。人才流失年轻化，对加快建设创新型省份、打造西部创新驱动发展新高地形成巨大挑战。

第四，企业人才外流。甘肃省企业，特别是中小型企业人才流失数量呈现逐步增长的趋势，近几年表现尤为突出。一是熟练工人流失。甘肃省经济落后，待遇水平较低，且中小企业经常扣发工资，导致这些熟练的技术工人转移到其他地区。二是技术人才流失。甘肃省现有的产业结构和工作环境很难满足一大批技术工人的要求，而发达地区优惠的条件吸引他们向这些区域流动。三是管理人才流失。这一现象主要存在于甘肃家族企业中，而且尤其严重。

甘肃省 2010 年人才规模综合指标在全国居第 24 位，科学家和工程师人数居第 21 位，科技研发人员居第 22 位。同期，甘肃省的人口在全国居第 22 位，人均 GDP 居末位。甘肃省人才资源供给不足，加之大量的人才外流，难以满足乡村振兴和重点领域发展的需求。

为深入推进人才强省战略，加强人才培养引进工作，更好地服务全省各项事业发展，甘肃省近年来相继出台了《甘肃省中长期人才发展规划（2010—2020 年）》《中共甘肃省委关于深化人才发展体制机制改革的实施意见》《关于加强新时代人才培养引进工作的实施意见》《关于鼓励引导人才向艰苦边远地区和基层一线流动的实施意见》《关于充分发挥市场作用促进人才顺畅有序流动的实施意见》等一系列政策措施，在人才问题上做出了巨大努力，但收效甚微。

二　甘肃乡村人才队伍建设面临的问题

近年来，甘肃乡村人才队伍建设和农业农村发展取得了一定成效。但是，现阶段甘肃省乡村人才队伍在素质、结构、效能等方面与发达地区仍存在较大的差距，尤其是乡村人才队伍建设方面还存在诸多问题。

（一）甘肃省乡村人才干事创业的环境差

乡村是最需要人才的地方，但是乡村条件艰苦，人才流失多、引进难一直是困扰全省乡村发展的难题，而且现有的人才综合素质不高。以具有光荣传统的革命老区庆阳为例，2017 年以来先后有 2516 名各级干部和普通党员被查处，其中村级及普通党员就达 1760 人，占比高达 70%。2020 年 10 月以来，村（社区）“两委”换届工作中，全省对 5. 94 万名村（社区）党组织委员换届候选人进行了资格联审，有 1669 人不符合提名条件。在十大行业专项整治行动中，排查出 68 个村的“两委”成员受到过刑事处罚、3 个村存在黑恶势力和“村霸”、2个村有宗族黑恶势力干扰基层政权。尽管农村经过“精准扶贫”战略及一系列乡村治理措施的实施，基础设施不断完善、民生条件显著改善，但传统的温情的生活样式、行为准则和生存价值渐行渐远，加之传统乡贤文化的断裂和消失，以血缘、乡愁为纽带的乡情正在慢慢淡化。这种乡村环境对吸引人才构成了巨大挑战。

（二）乡村实用人才总量不足、结构失衡

2020年末，甘肃省乡村人口为1195.25万人，占比47.77%，远高于全国36.11%的比例。截至2021年初，全省共有农村实用人才49.2万人，占同期全省乡村人口的3.6%，远低于全国平均4.1%的比例。其中生产型人才27.5万人、经营型人才7.2万人、社会服务型人才4.1万人、技能服务型人才5.3万人、技能带动型人才5.1万人。从受教育程度看，初中及以下学历的普通型人才占75.5%，高中和中专学历的技能型人才占20.4%，大专及以上学历的创新型高层次人才仅占4.1%。而且乡村人才大部分集中于生产型行业，占55.8%，从事技术服务型行业的相对较少，占19.2%，从事社会服务型行业的只有8.4%，特别是在创新创业、社会服务、公共发展以及乡村治理等领域核心人才严重匮乏，服务于农村的专业技术人才更是短缺，全省仅为2.02万人，占乡村人口的0.15%，也远低于全国0.6%的平均水平。2019年末，甘肃省农村实用人才中46岁以上的占46.5%，中老年人占近一半，35岁及以下的只占18.3%，乡村中青年人才短缺，导致创业兴业能力不强，不能满足乡村振兴所需劳动力与智力支持的要求。同时，在现代城市文化的吸引下，越来越多的农村精英进入了城市、留在了城市，在造就了城市繁荣的同时，也加剧了农村的“老龄化”和“空心化”，新农村的发展成了无源之水、无本之木。

（三）乡村人才队伍建设面临诸多困境

1. 缺乏就地就近创业、吸引人才的产业链

产业振兴是基础，人才振兴是关键。但甘肃省乡村产业振兴基础仍不牢

固，农业有产品无品牌、有品牌无规模，普遍存在生产规模小、科技含量低、经营成本高、经济效益差等问题。乡村旅游、休闲农业、农产品电商等新产业新业态还处于培育和起步发展阶段，而且大多是工商资本创办，与农民之间的利益联结不紧密。农业科技创新能力不强，科技成果转化不快。社会化服务体系发展不充分，仓储、冷链、物流、信息咨询等服务较为缺乏；乡村产业发展的融资机制不完善，乡村产业项目的融资非常困难，而且尚未形成较为完善的乡村发展产业链，无法做大产业规模和提升产业附加值。乡村产业发展的激励机制、保障机制等有待进一步完善。受产业振兴滞后的掣肘，甘肃省农村每年有500多万农民外出打工，而且绝大部分出省打工，造成产业不兴、人才难留的局面。

2. 培训方式不能完全适应乡村人才振兴的需求

当前甘肃省乡村人才培训的形式基本都是通过聘请农技方面的专家进行集中讲座，培训形式以“以会代训”“专家授课农民听课”为主，实训基地实操训练比例较低，许多县（市、区）的培训机构缺乏针对农民培训的专业化能力，其培训缺乏统筹、科学合理的安排，教学的方法和内容缺乏针对性和实用性，对乡村人才的培训多集中在种养技术、经营管理等方面，而对企业运营、市场营销、乡村经纪人、新技术新业态等方面的培训不够，没有建立科学的培训课程体系和形成具有针对性、实用性、前瞻性强的地方特色教材，培训的质量不高。在农村新产业、新业态层出不穷，三产加速融合，生产经营模式不断创新的大背景下，培训内容的更新跟不上发展需求的变化，乡村人才的培养滞后于乡村经济社会发展的需要。

3. 乡村人才评价机制不能有效破解高素质专业技术人才缺乏的瓶颈

目前，甘肃省乡村人才队伍建设激励保障制度、人才评价制度尚不完善，人才待遇与业绩、贡献不相称，人才价值体现不充分。乡村人才认定和考核的标准与实际的联系还不够紧密，没有将解决农业生产经营中的实际问题、对农业产业和社会事业发展的实际贡献、农民群众的满意程度作为人才评价认定考核的主要依据，导致获得专业技术职务评定的比例较低，2019年全省乡村专业技术人才中，具有高级专业技术职称的专家数量只占乡村专业技术人才的13.2%，具备正高职称的人员只占专业技术人才的2.8%。在专业技术人才学历结构中，研究生学历只有4.2%，本科学历占48.9%，大专及以下学历占46.9%，现有乡村人才队伍中高学历、高职称、高素质的专业技术人才偏少。

三 甘肃省扩大乡村人才队伍规模、发挥各类人才作用建议

乡村振兴，关键在人。为进一步夯实甘肃省乡村振兴的人才基础，更好地服务于实现农业高质高效、乡村宜居宜业、农民富裕富足，本书提出如下建议。

（一）牢固确立人才引领发展的战略地位，加快构建具有较强竞争力的育才引才用才政策体系

党的十八大以来，习近平总书记站在党和国家事业发展全局的战略高度，对人才工作提出一系列重要论述，极大地丰富了中国特色社会主义人才理论内涵，为人才事业发展指明了努力方向、提供了根本遵循。“国家发展靠人才，民族振兴靠人才。”2021年9月28日，习近平总书记在中央人才工作会议上，就进一步做好人才工作必须坚持正确政治方向、加快形成人才发展战略布局、坚持深化人才发展体制机制改革，下大气力全方位培养、引进、用好人才等发表重要讲话，这是指导新时代人才工作的纲领性指示。建议全省上下要掀起认真学习领会、抓好贯彻落实的新高潮，切实把总书记关于人才工作重要思想转化为推动乡村人才工作高质量发展的强大动力，结合甘肃省乡村人才工作实际，牢固确立人才引领发展的战略地位，推动构建良好人才生态，提出更多具有系统性、前瞻性、突破性的人才政策与创新举措。

（二）着力打造乡村人才振兴综合服务平台，为加快推进农业农村现代化提供强有力的人才支撑

高度重视、正确认识当前甘肃省乡村人才振兴面临的形势，紧紧围绕巩

固拓展脱贫攻坚成果与乡村振兴相衔接，尽快研究出台《关于加快推进乡村人才振兴的实施意见》以及相关配套政策，健全政策体系，打造乡村人才振兴综合服务平台。继续实施实用人才带头人素质提升和高素质农民培育计划，发挥培训基地培养、吸引和集聚人才作用。加强农业农村经营管理、信息统计、农机化管理、农田建设、农村发展规划等农业农村公共服务人才队伍建设。加强农业科技人才推荐培养，发掘推介一批乡村特色能工巧匠。同时为鼓励各类人才到乡村创新创业，需加强农村创新创业服务平台载体建设，创建一批功能完善、环境良好的农村创新创业孵化实训基地，通过实习实训搭建人才发现、激励平台。依托项目平台，选拔农业领域高级专家，培育高层次农业科技人才。

（三）以留住用好现有人才为基础引育并重，实行更积极、更开放、更有效的涉农人才政策和乡村人才队伍建设措施

1. 制定引才留才优惠政策，吸引外流人才

就乡村人才编制、安居、流动、激励和创业资助等方面做出具体规定，构建人才安心乡村、扎根乡村的长效机制。在引才政策上，建立“定位清晰、对接精准”的聚才平台和设立人才专项编制，重点引进急需紧缺人才和专业技术型人才，简化引进流程，边远山区的可以考虑取消户籍、性别限制，通过建立专业技术岗位购买制度，从在外人才中聘用一批真正懂农业的专业技术型人才。在留才政策上，建议建立乡村创业创新基地，加大落实国家对乡村人才培育的政策扶持力度，将人才培育纳入财政预算，设立专项资金，建立长效投入机制，根据乡村的发展和需要建设生产型、经营型和服务型乡村人才培育平台。

2. 优化乡村村民职业教育，造就更多乡土人才

将乡村振兴战略渗透到职业院校课程体系，因地制宜培养更多新型职业农民。进一步鼓励全省职业院校和优秀社会组织发挥自身优势，在对口帮扶县建立科技试验站或试验点，培养一批取得突出业绩的新型职业农民，建设知识型、技能型、创新型农业劳动者大军；鼓励高等院校、中等职业院校和

技工院校灵活设置专业，为乡村振兴培养一批乡村工匠、经纪人、文化能人、农业职业经理人、农业科技明白人、非遗传承人，造就更多乡土人才；指导职业院校和优秀社会组织结合实际，积极对接人社、民政、妇联等部门承接各类培训，大力开展农村创新创业带头人培养计划、农村电商人才培育工程、高素质农民队伍培训计划、家庭农场经营者与农民合作者带头人培育工作等。

3. 创新乡村村民培训模式，扎实推进乡村实用人才培育

以“带头人”培训为引领，以示范培训为手段，以创新模式为抓手，以提升能力为核心，开展“田间地头式”“线上线下相结合”“农村是课堂，农民是教师，现场是教材”等全新模式的培训。在培训方式上，建议依托实用人才培养实训基地，鼓励退休教授、研究机构专家深入乡村，组织农村技术指导员进村入户，深入田间地头，开展现场教学、案例教学、科技下乡以及深度互动等行之有效的培训。在培训内容上，建议将培训与农村经济发展实际相结合，深入推进特色农作物种植、畜牧养殖及经济作物高产培植，创新拓展手工编制、家政服务、驾驶员、农机修理、家电维修等就业技能，进一步壮大全省农村实用人才队伍。

4. 探索学历教育与职业培训融合模式，促进农民整体素质提升

通过促进学历提升教育与职业培训结合，将农民培训与中、高职教育有机衔接，加快形成培训与教育的新模式。科学制订农民素质培养计划，在培养对象的选择、融合培养课程、组织构建和评定考核等方面做好有效衔接。尽快建立农民素质提升教学规范和成效考核的定量标准，健全评定制度，推进农民职业素质和学历水平的同步提升。同时鼓励农民积极参加学历提升班，进一步提升自身学历层次。地方农广校等单位也要加强与涉农院校的深度联合，通过实行弹性学制、课程融合、学分互用、学费互惠等方式，实现学历提升教育与职业培训的有机衔接。在职业培训中，鼓励有条件、有资质的地方开展农民函授本科教育，从而培养更高层级的高素质农业人才。

5. 深化农民职称制度改革，不断发掘专业技术人才

深化甘肃省农业技术人员职称制度改革，完善甘肃省乡村人才发展的

农民职务聘任制度，推进职称制度与职业资格、职业技能等级制度有效衔接。加大“三农”领域职称评审力度，制定农村实用技术人才评价和职业资格认定标准，把对推进农业农村现代化的实际贡献作为衡量人才的基本标准，对不同类型和层次的人才实行分类分级评价，加大乡村人才薪酬待遇和职称晋升政策改革力度，放宽乡村人才专业技术职称的评定标准和数额限制，通过完善的评审制度，挖掘专业技术人才，推进农业农村现代化进程。最后建议对致力于乡村振兴事业的实用型、科技型、创业型人才在用地住房、税减免、金融服务等方面给予扶持，不断培养和发掘基层急需的专业技术人才。

6. 深入推行科技特派员制度，壮大农村科技人才队伍

完善科技特派员工作机制，优化科技特派员扶持激励政策，持续加大对科技特派员工作支持力度。结合甘肃省“牛羊菜果薯药”优势特色产业，鼓励全省科研院所、高等院校、企业等单位选派甘肃省省级科技特派员下乡创新创业，支持科技特派员领办、创办、协办农民合作社、专业技术协会和农业企业。同时建议派驻研究生深入农村开展实用技术研究和推广服务工作，引导科研院所、高等学校专家服务基层，把先进农业科技成果和现代理念带给农民，把资金、技术、信息等创新要素注入农村，促进科技创新和农民的“零距离”对接，引导农村先进实用科技成果入乡转化，进一步推动农村科技人才队伍发展壮大。

7. 发挥社会组织平台作用，大力培养乡村公共服务人才

在全省建立乡村人才振兴试点及乡村振兴人才培育基地，联合全省优秀社会组织（例如甘肃一山一水环境与社会发展中心）搭建社会工作和乡村建设志愿服务平台，构建以乡镇社工站为主体的农村社会工作服务体系，充分发挥社会组织作为公共平台和公益平台的作用，凡是有益于乡村产业发展的资金、技术、人才、信息、情怀、爱心等，都可以聚集在这个平台上。同时乡村应培育公共服务人才，建立本土化的公共服务人才队伍，定期开展农村社会工作者的培训、督导和继续教育，鼓励优秀社会组织服务乡村振兴，进行驻村培训，坚持集中培训与上门服务相结合，量身定做“菜单”，通过

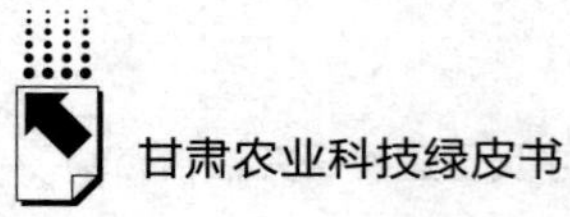

“送培训下乡”、“培训大篷车”和“手把手教学”等方式在乡镇村社、田间地头开展培训，实现按需提供技能培训。

参考文献

刘养卉、何晓琴：《乡村振兴战略背景下乡村人才振兴困境及其路径研究——基于甘肃省的调查研究》，《生产力研究》2022 年第 2 期。

邹新勇：《乡村振兴背景下加快甘肃省新型职业农民培育的思考》，《甘肃农业》2019 年第 11 期。

王彦飞：《甘肃省乡村振兴人才引育路径——以天水市为例》，《天水行政学院学报》2020 年第 5 期。

王志成：《杭州市富阳区农村实用人才队伍建设现状、存在的问题及对策研究》，浙江大学硕士学位论文，2015。

周悦：《乡村振兴背景下花溪区石板镇农村实用人才培育机制优化研究》，贵州大学硕士学位论文，2021。

涂孟梅：《乡村振兴战略下乡村人才队伍建设研究——以四川省 A 县为例》，西华师范大学硕士学位论文，2020。

赵子健：《乡村振兴战略下河北省农民素质提升研究》，河北农业大学硕士学位论文，2020。

G.5

甘肃乡村文化振兴研究报告*

任　慧**

摘　要： 乡村文化振兴是实施乡村振兴战略的智慧源泉和内生动力，明确新阶段乡村文化振兴的现状、问题与发展路径对乡村发展意义重大。甘肃乡村文化资源丰富，历史文化底蕴深厚，乡村文化振兴在文化、经济、生态融合发展及乡村文化旅游、乡风文明建设等方面取得了一定成就，同时在乡土文化的传承与发展、乡村文化振兴的主体、客体、认知和价值判断等方面存在一系列问题，针对相关问题，笔者研究提出了继承和发扬乡土文化、培育与引进人才、构建现代乡村文化价值体系、大力发展乡村文化产业等具体路径措施。

关键词： 乡村文化　乡风文明　乡村振兴　文化振兴　甘肃省

一　引言

乡村文化振兴是对中华优秀传统文化的传承与弘扬，是全面实施乡村振兴的题中之义和发展之基。当前，我国底蕴深厚的传统文化在一些地方未能得到很好的传承，文化的灵魂作用在乡村全面振兴中未能得到充分发挥，文化贫乏成为部分脱贫乡村发展的重要制约因素，如何积极应对乡村

* 本报告是基金项目“甘肃省科学技术厅软科学专项（22JR4ZA106）”的阶段性成果。

** 任慧，甘肃省农业科学院农业经济与信息研究所助理研究员，主要研究方向为人文地理学、农业经济。

文化的滑坡现象成为亟待解决的难题，党中央多次出台支持乡村文化发展的文件，党的十九大明确提出了乡村振兴的五大总要求，之后，习近平总书记进一步强调指出“文化振兴”的重要内容，2018 年中央一号文件提出“文化建设”是乡村振兴战略必不可少的一部分，2021 年、2022 年中央一号文件就加强新时代农村精神文明建设的具体内容和方式方法做了全面部署，甘肃省“十四五”规划提出了促进社会文明程度进一步提高的总要求，即以习近平新时代中国特色社会主义思想、核心价值观为中心建设乡村文化体系，使公共文化服务体系和文化产业体系更加健全。甘肃省第十四次党代会报告指出，深入实施乡村建设行动，提出传承文脉，留住乡愁；完善基础设施，培育文明乡风、加快推进乡村治理体系和治理能力现代化等具体要求。

学者们对乡村文化的定义提出了各自的观点，大多学者认为乡村文化是根植于乡村而形成的生产生活方式和观念，具有稳定性、持续性和地域性等特征，具体包含物态文化、行为文化、制度文化、精神文化等方面，在乡村全面建设中有着举足轻重的作用，但是目前乡村文化发展比较滞后，结合乡村文化的特性及发展现状进行乡村文化振兴势在必行。同时乡村文化振兴也是实施乡村振兴战略的重要内容与灵魂指引，是促进乡村文明建设的关键举措。

二　乡村文化及文化振兴研究综述

近年来，乡村文化的研究主要集中在乡村文化的含义与传承创新、乡风文明建设、乡村文化实证分析、乡村文化振兴的路径选择等方面。

（一）乡村文化的内涵与传承创新

乡村文化内涵深厚，其根植于农业传统社会，乡土气息浓郁，乡土、乡景、乡情、乡音等是乡村文化的基本内核。费孝通先生提出中国社会的乡土性、差序格局、“礼治”观念、社会性质的变迁、文化“人为”“为人”的特点等深刻解读了乡村文化的根基与源头。从基层上看去，中国社会是乡土性的，“基层”“社会”“乡土”构成乡土本色；在乡土社会，独特的“私”，造就了独特的“差序格局”，是私人关系网络的增加，这网络的每一个结都附着一种道德要素。费孝通首创的“礼治”观念深入人心，人们的社会关系依靠“礼”来规范，乡土社会即礼治社会。礼是社会公认合适的行为规范，人们用“礼”进行道德的判断与约束，逾礼就意味着逾规；文化有“人为”“为人”的功能，文化来源于生产实践，又用于指导实践，不断创造新的文化。随着社会历史的变迁，乡村文化赖以生存和发展的客观环境发生了重大变化，导致乡村聚落、乡村建筑、民族民间技艺、节庆活动与组织方式、乡规民约、价值观念等一系列文化形态的变迁；乡村文化主体的文化认知与自信受到冲击，差序格局、“礼治”观念等日益淡化，传统风俗习惯逐渐淡忘。针对一系列乡村文化的重大变迁，学者们提出了各自的应对措施，乡村文化的振兴要“取其精华，去其糟粕”，传承与创新并举，充分挖掘、整理、继承与弘扬中国传统优秀乡土文化，以传统文化营造文明乡风，采用增强乡村文化保护利用意识、搭建交流平台、拓展传播渠道等方式推动优秀传统文化的传承与发展。范建华、秦会朵研究指出，要弘扬中国乡土社会、乡土文化，并以社会主义核心价值观为引领，构建中国特色社会主义乡村文化体系。①

（二）乡风文明问题研究进展

乡风文明是乡村文化振兴战略的重中之重。目前，乡风文明建设问题较多，学者们指出，乡风文明建设主体逐渐懈怠，乡风文明意识逐渐淡化，婚丧寿庆活动盲目攀比，人情消费持续攀升；农村文化娱乐设施不足，精神文化生活贫乏，道德滑坡等问题在农村地区不同程度的存在，乡风文明建设的紧迫性显而易见。针对乡风文明建设出现的问题，学者们从不同侧面提出了加强乡风文明建设的发力点，如普及家规家训，加强孝文化教育，建设良好

① 范建华、秦会朵：《关于乡村文化振兴的若干思考》，《思想战线》2019 年第 4 期。

家风、和谐邻里，从而形成淳朴乡风；健全乡土文化教育体系，培育乡风文明建设人才，发展乡风文明建设精英主体，从而巩固乡风文明的发展根基；制定村规民约，发挥其在移风易俗中的作用；加强基层党组织建设，通过党建来培育良好的政治文化，凝心聚力，使农村基层党组织成为乡村文化建设的中坚力量。

（三）乡村文化振兴的路径研究

韩鹏云认为，要推动传统乡村文化价值与现代乡村文化价值的“双向涵化”，寻求乡村公共文化服务与乡土文化的“接点治理”，着力提升基层治理和“社区营造”能力，真正确立起农民和农村的文化主体性；[①] 龙文军等提出了包括注入文化元素、推进移风易俗、教化乡村居民、保护村落遗产、开展文明评选、挖掘民间手艺、活跃民俗节日等实现文化振兴的路径选择；[②] 聂继凯、周柏春指出，中国特色乡村文化振兴道路具有理论、历史和实践逻辑等内在机理，提出要在政策、党建、农民主体、产业带动等方面推进乡村文化建设，提高文化产业意识、制定发展规划、加强政策扶持、促进科技与文化融合等[③]；乡村文化振兴应该同时激活内生动力与外在活力[④]，解决优秀乡村传统文化传承乏力、竞争力不足以及受关注度不够等现实难题，在主体维度合理调动内生动力和外在活力，培育挖掘乡土文化人才，在客体维度积极消解传统与现代、经济与文化的矛盾，推进乡村文化现代化建设[⑤]。

---

① 韩鹏云：《乡村文化的历史转型与振兴路径》，《华南农业大学学报》（社会科学版）2020年第4期。

② 龙文军、张灿强、张莹、郭金秀：《乡村文化振兴的路径探索》，中国农业出版社，2022。

③ 聂继凯：《三力驱动：复合型乡村文化振兴路径研究—基于鲁中L村的案例分析》，《西南民族大学学报（人文社会科学版）》2020年第12期；周柏春：《中国特色乡村文化振兴道路的内在机理与推进策略》，《学术交流》2021年第7期。

④ 顾海燕：《乡村文化振兴的内生动力与外在激活力——日常生活方式的文化治理视角》，《云南民族大学学报》（哲学社会科学版）2020年第1期。

⑤ 夏小华、雷志佳：《乡村文化振兴：现实困境与实践超越》，《中州学刊》2021年第2期。

三　甘肃省乡村文化振兴的现状与问题

（一）甘肃乡村文化资源丰富

甘肃乡村文化丰富多彩、根植于农耕农化，具有多样性、民族性等特色。在漫长的农业耕作实践中，创造了灿烂辉煌的农耕文化，并代代积累传承，几千年农业和农村生产生活实践，形成包括物质、技术和理念等在内的独特生活方式总则，“应时、取宜、守则、和谐”的生产和生活理念与技术是生态农业、休闲农业、生态宜居和美丽乡村的重要基础，符合人类生活追求自然与和谐、安详与宁静的本质。甘肃乡村地域辽阔，地貌地形多样，多种自然景观中赋予了文化元素。甘肃深居内陆，地处黄土高原、青藏高原和内蒙古高原三大高原文化地带，乡村较为封闭，乡村文化的外部冲击与干扰较小，保持了民风民俗等乡村文化原有的特色。甘肃被称为“民族走廊”，民族众多，习俗各异，民族文化绚丽多彩，有民歌、民间舞蹈、民间戏曲、手工艺等乡村文化类型，同时拥有历史悠久的石窟文化，如敦煌、麦积山、炳灵寺石窟等。

（二）甘肃乡村文化底蕴深厚

甘肃省有深厚的历史文化底蕴，历史文化资源丰富，伏羲文化、李氏文化、齐家文化、女娲传说以及古丝绸之路沿途分布的石窟、山丹军马场等都是宗教、文化、艺术的结晶，同时甘肃省具有文化底蕴深厚的国家级、省级文化名镇、名村及乡村旅游示范村等。

甘肃历史文化是我国早期文明的起源中心与考古佐证，大地湾文化是研究黄河上游新石器时代文化、甘肃彩陶文化和宫殿式建筑的重要资源；伏羲文化在中国历法、礼乐、哲学思想、文字起源以及在政治、经济、生活规则等方面影响深远；针灸文化享誉中外，甘肃是针灸医学的起源地之一，在我国针灸医学上具有很高的地位；丝路文化历史悠久，在各国文化交流、民族融合、经济发展等方面发挥着重要作用，在丝路文化的基础上敦煌文化应运而生，是研究文字、壁画与雕塑等宝贵的文化资源，为人类文明的发展奠定了基础。

甘肃民族较多，有汉、藏、回等多个民族，特有民族有保安族、东乡族和裕固族，民族文化形式多样，民族文化遗存、民族风情、民族习俗、民族建筑、民族服饰、生产生活方式等形成了甘肃形式多样的民族文化资源。民俗文化特色鲜明，有民歌花儿、面具舞和太平鼓等民间歌舞、藏戏、陇剧和秦腔等民间戏曲，剪纸和刺绣等手工艺，形式多样，内容丰富。民族的多样性为宗教信仰的多样化奠定了基础，甘肃宗教文化众多，宗教信仰多样化并存，除佛教、道教、伊斯兰教三大主教外，还有基督教和天主教。佛教的信徒主要是藏族和蒙古族等，道教的信徒存于多数民族中，崆峒山很早就有道学家居住，道教历史悠久，在药学、艺术、哲学、文学、建筑等方面产生了深远的影响；伊斯兰教信徒以回族、东乡族等为主。在宗教文化中，藏传文化影响深远，活佛转世的传说、寺庙的神圣不可侵犯、祈求庇佑的虔诚等宗教文化魅力独特，目前拉卜楞寺成为藏传佛教文化的中心，保留有全国最好的藏传佛教教学体系。

甘肃石窟文化研究价值极高，著名的有敦煌莫高窟、炳灵寺、麦积山、水帘洞、王母宫等石窟众多，被称为“石窟之乡”，尤其是敦煌莫高窟堪称“石窟走廊”，在国内外都具有很高的声誉，是敦煌文化的集中体现，也是文化旅游的重要资源。

甘肃红色文化发展迅速，红色文化资源在全国占据优势地位，建有会宁红军会师旧址、甘谷红军长征纪念馆、腊子口战役纪念馆等多处红色文化基地，是了解革命根据地、红军会师等红色文化的重要资源，也是红色文化旅游的重要载体和党史文化等教育基地。

目前，甘肃省有 2 个国家级历史文化名村，分别为麦积区麦积镇街亭村、麦积区麦积镇胡家大庄村，街亭一带出土的秦人墓葬数量众多，文物丰富。街亭村主街道为明清建筑风格，是一处保存较为完整的明清古民居建筑群；有 7 个省级历史文化名镇，永登县红城镇现有全国重点文物保护单位红城感恩寺等珍贵不可移动文物，甘南藏族自治州碌曲县郎木寺镇多年来一直是海外游客尤其是西欧国家游客青睐的旅游胜地，在国际也拥有一定的知名度，通渭县榜罗镇是一个具有悠久历史和光荣革命传统的历史名镇，榜罗镇现有全国重点文物保护单位榜罗镇会议旧址，平凉市灵台县朝那镇为陇东重要商品集散地，曾是军事要冲，华池县南梁镇为国家级爱国主义教育基地，武山县滩歌镇为地方文化品牌聚集地，文县碧口镇具有浓郁的商业文化；有8个省级历史文化名村，平凉市静宁县界石铺镇继红村为爱国主义教育基地，庆阳市宁县中村镇政平村有众多仰韶文化、齐家文化和周文化遗址，正宁县永和镇罗川村不可移动文物众多，天水市秦安县兴国镇凤山村有大量的历史建筑和文化遗产，具有很高的历史、艺术和研究价值，秦安县五营镇邵店村有全国重点文物保护单位大地湾遗址等多处珍贵不可移动文物，具有很高的研究价值，白银市靖远县双龙乡仁和村是考证丝绸之路的有力佐证，白银市景泰县寺滩乡永泰村中西式建筑保存完整，具有极高的历史、科学、社会、艺术价值，陇南市两当县杨店乡杨店村对研究甘肃东南部地区民居古建有着十分重要的科学、艺术、历史价值；有乡村旅游示范村310个，其中兰州市22个、嘉峪关市6个、金昌市10个、酒泉市21个、张掖市32个、武威市20个、白银市17个、天水市21个、平凉市24个、庆阳市17个、定西市24个、陇南市51个、临夏州23个、甘南州22个。这些历史文化名镇、名村及旅游示范村是研究乡村文化的重要资源。

（三）甘肃乡村文化振兴的成就及典型案例

特殊的自然资源禀赋和经济社会发展水平，造就了甘肃乡村文化发展的自然环境与人文环境，利用现有文化资源，甘肃省在促进文化社会协调发展、乡村文化旅游建设、乡风文明建设、乡村田园综合体构建等方面加强乡村文化振兴，如甘肃酒泉银达镇、天水秦州区、定西通渭县、张掖民乐县等。

1. 促进文化、经济、社会协调发展

振兴地方文化，大力发展文化产业，使其优秀的乡村文化与地方经济、社会协调有序发展，通过文化的发展和延续来发展经济，用市场的规律来推动文化的传承，根据自身优势与劣势，尊重自然规律，坚持分类指导原则、因地制宜培育壮大符合乡村生产实际的特色产业，以市场为导向形成自己的特色优势，最终达到收益最大化，同时不断壮大人才队伍和完善公共文化服务网络体系以促进乡村文化发展。在乡村地区选择发展文化产业，有着发展资本循环周期短、投资回报率高、产业带动性强、能源消耗低等优势，加上乡村长久以来良好的资源优势、先天的人才条件、已有的一定地理规模和经济基础，乡村能够调整传统产业的单一结构模式，以此拉动村民就业，实现乡村经济的发展，有利于乡村文化的保护、传承与发展。其典型案例为银达镇银达村。银达村结合地方优势，发展特色产业，有力地促进了地方经济的良好发展。在严格保留乡村文化传统基因和底蕴的基础上发展文化产业，树立了文化产业意识，促进乡村社会经济文化协调发展。

培育乡村文化、经济协调发展建设精英。首先，在管理体制方面，建立了党委、政府统一领导，部门分工负责，社会团体积极参与的管理体制和工作机制，保障了乡村基层文化队伍建设的责任落实。其次，在物质保障方面，设立专项发展基金，对地方文化团体、乡村舞台等均投资相应的发展基金，为人才队伍的建设创造良好的物质保障。最后，在人才建设方面建立人才数据库，以期扩大传承人队伍。在当前阶段，乡村文化正处在传统缺失、现代文化结构仍在建立的过程中，推进乡村文化建设一定要紧密围绕农民的实际需求来开展。银达村在推进各种乡村文化建设的时候，尊重农民群众的文化需求，充分调动农民群众的积极性和主动性，建设成一支真正以农民群众为主体的乡村人才队伍。

2. 大力发展乡村文化旅游

近年来，甘肃省重点发展乡村旅游产业，以文化产业为支撑，推进乡村文化振兴。以“生态+旅游”“文化+旅游+互联网”为发展模式，聚合人文、自然、产业等资源要素，以特色产业为依托，构建农事体验、文化旅游、田园观光等多业态产业体系，实现村庄美、产业兴、农民富、环境优。

秦州区坚持政府引导、企业参与、市场化运作，大力发展乡村文化旅游，促进乡村文化振兴。一是在政策上重点支持全区文体广电旅游等产业，从文化旅游发展专项资金、文化旅游重点项目建设、文化旅游基础设施建设等方面大力推进乡村文化旅游建设。二是整合特色文化资源，加强文化建设，以文艺汇演、电影放映等形式丰富群众文化文艺活动。并加强文化体育旅游活动，提倡全民健身活动。

3. 加强乡风文明建设

加强移风易俗建设，以社会主义核心价值观为核心，推动移风易俗提升乡风文明建设，针对当前出现的高价彩礼、道德失范、大操大办、炫富比阔、铺张浪费等一系列问题，制定村规村约，强化制度约束，制定奖罚分明的具体约束条例，树立婚丧嫁娶新风尚，加强思想品德建设。发挥乡贤文化功用，注重乡贤人士的示范引领作用，将乡贤能人选入村级组织队伍，建立移风易俗服务中心提供村级治理、文化活动等服务，提高村级组织理论水平，辐射带动村民树立新观念，坚持教化规劝、强化宣传教育，充分发挥榜样与约束作用。改善农村基础条件和发展特色经济，加强公共设施基础建设。典型案例如庆阳市合水县店子村、全国文明村镇敦煌市转渠口镇、定西通渭县等。店子村结合当地苹果、金银花、肉牛奶山羊养殖特色产业，通过招商引资等方式大力发展特色经济，形成一定的产业发展基础，在实现产业兴、百姓富的基础上提出移风易俗的“五字”箴言，“评”先进、“晒”新风、“劝”和睦、“引”发展、“帮”实事，开展道德模范、乡贤人士、婚丧嫁娶新风典范、好人好事、孝老爱亲、励志奋斗等先进评选；“晒”新风活动主要采用开设“凡人明星漫画墙”、打造最美人物风景线、推出移风易俗主题示范长廊等方式，以身边新风微故事为原型，将美德善行上墙展示；“劝”和睦以转变村风民风为主，创新开展了懒汉思想乡贤劝、不孝老人长者劝、户不整洁邻里劝、陈规陋习党员劝的四劝活动；“引”发展指引领村民自觉抵制铺张浪费、攀比之风和享乐主义，让好家风支撑起好村风、好民风；“帮”实事实施见难就解、见弱就帮、见脏就清、见争议就化解的“四见”工作。敦煌市转渠口镇是全国文明村镇，先后荣获两届国家卫生乡镇、“中华诗词先进单位”和“第六届全国文明村镇”荣誉称号，该镇加强公共文化服务设施建设，奠定乡风文明建设基础，把中华优秀传统文化和乡村特色文化结合起来重塑乡村文化生态，鼓励支持自乐班、演艺中心等乡村特色文化产业发展，同时强化典型示范，评选表彰“五星级文明户”、“好婆婆巧媳妇”、最美妇联干部、先进工作者等典型，不断深化乡风文明建设，提升文明村镇创建水平。通渭县把乡村传统文化与社会主义核心观融为一体，在戏曲、秧歌、乡间小调、民间文化等乡村文化活动中宣扬社会主义核心观，婚丧嫁娶事宜一切从简，杜绝铺张浪费，开展道德讲堂、文化礼堂教化行动，提倡社会文明行动。

4. 构建乡村田园综合体

利用乡村现有自然资源与文化资源，开展一系列乡村田园体验活动，比较典型的如甘肃张掖民乐县。作为乡村振兴示范区之一的民乐现代丝路田园综合体示范区，协调推进农业产业区、休闲聚集区、文化景观区、生活居住区、综合服务区“五大板块”建设，将农业生产、休闲观光、文化艺术等有机融合，弘扬传统与现代文化，将“西北兰花”“丝路文化”“河西风情”等文化融入田园综合体建设，给休闲农业、生态农业等现代化农业增添文化底蕴，同时吸引各类资源加快向乡村流动，整合乡村现有资源，深刻改变乡村农业生产和生活方式，全面振兴乡村文化建设。榆中县李家庄村着力建设特色文化小镇，大力发展休闲观光农业、智慧农业等特色农业，田园综合体初具规模，促进了当地经济的发展，为建设文化强镇打下坚实的基础。

（四）甘肃推进乡村文化振兴的困境

1. 乡土文化的传承与发展陷入困境

随着社会经济的发展，传统的乡村生产生活方式发生了深刻的变化，传统乡土文化受到前所未有的冲击，乡土文化呈现一定程度的衰落迹象，乡村社会的乡土性、差序格局以及深入人心的“礼治”观念逐渐淡化，乡村古建筑以及附着在这些景观上的乡村文脉逐渐被淡忘，以乡村社会道德规范和民间信仰为基础的传统乡村社会村规民约对村民行为的约束力逐渐弱化，因而乡村社会处于相对无序化状态。同时对于现代文化的价值缺乏正确的判断，有价值的现代文化未能与传统乡土文化有机结合，新的文化生态系统尚未完全形成，乡村社会的价值观缺乏系统优秀文化的支撑，乡土文化的传承与创新发展陷入困境。

2. 乡村文化建设人才队伍缺乏

目前，乡村文化主体的文化自信与自觉意识缺失、文化情感淡化，随着城乡融合的进一步发展，乡村人口流失严重，乡村文化的建设者逐渐减少，乡村人口老龄化日渐严重，从数量上来看，乡村人口减少，从农村转向城市；从结构上来看，乡村人口的年龄、性别、素质均发生了显著变化，青年农民进城务工，乡村劳动力大量流失。乡村文化建设主体对乡村文化的价值判断模糊不清，在与异质文化的相互比较中逐渐失去文化自信与认同，失落与挫败感不言而喻，文化自觉意识、文化情感逐渐淡化，因而转变乡村文化建设主体思想观念、增强文化自觉与文化自信是乡村文化振兴的核心问题。

3. 现代乡村文化价值体系尚未建立

首先，优秀传统文化的人文精神、哲学思维等思想精华未得到充分接续传承，优秀的文脉没有融入新时代文化内涵，乡村文化的文化底蕴、本土的人文优势没有融入现代文化当中。其次，优秀乡村传统文化在多元文化碰撞中竞争力不足，乡村文化价值体系面临危机，传统节日逐渐淡化，以差序格局为基础形成的乡村社会格局逐渐涣散，淳朴的乡俗民风逐渐消失，乡村传统文化价值体系受到由内到外的冲击，城市文化体系中的一些外来低俗文化逐步侵蚀渗透更加剧了乡村文化价值体系的涣散，低俗网络文化、视频文化、赌博等非健康文化腐蚀乡村，农家书屋、文化馆、图书馆、乡镇综合文化室、文化体育设施、远程教育设施利用率不高，公共文化娱乐设施缺乏，中青年参与公共文化娱乐活动较少，乡村凋敝现象频繁发生。面对乡村文化日益衰落的现象，针对乡村文化如何振兴尚未达到统一的认识，在认知与价值判断上出现偏差，缺乏对传统优秀文化的深刻理解和鉴别，没有去其糟粕、取其精华。最后，随着文化属性中的经济属性日益凸显，乡村文化被认为是“落后”“过时”“无用”的文化，出现了城市文化优等观。现代化是经济社会发展的必然，传统乡村文化只有跟上时代的步伐才能在竞争中发展繁荣，构建现代乡村文化价值体系势在必行。

4. 文化、经济、社会系统发展不协调

乡村文化的传承与发展及其与经济社会的协调发展，是全面推进乡村社会协调发展的必然选择。目前，在乡村文化产业开发利用方面还存在许多问题，乡村文化产业发展滞后，对物态文化、农耕文化、历史文化、民族文化、文化特色品牌等丰富的文化资源开发利用率较低，资源配置不合理，文化产品特色不明显，缺乏经验，经济效益低，没有成为农民收入的主要来源，文化产业发展缺乏人才、资金、政策等支持，发展十分缓慢，发展后劲不足。文化、经济、社会一体化发展，形成文化、经济、社会的互促大系统，才能提高乡村文化建设质量、提高经济效益和社会效益，目前，甘肃省部分区域乡村文化产业发展与经济社会建设脱节，没有形成推动乡村经济社会繁荣发展的强大动力。

四　推进甘肃乡村文化振兴的主要路径

（一）有选择地继承和发扬乡土文化

乡土文化是不可替代的无价之宝，在乡村文化振兴中，注重对乡土文化的保护、传承与发扬，积极地全方位延承，将优秀传统乡土文化与先进的现代文化相结合，促进乡村文化振兴。加强对传统村落、传统建筑、文物古迹等文化景观的保护；加强对乡村优秀传统戏曲、技艺、民族民间歌舞、节庆、体育的保护、传承和发展，加强对传统乡村文化的传承与创新，取其精华、去其糟粕，将其与现代文化要素结合起来，赋予其新的时代内涵，促使婚姻文化、丧葬礼仪文化、寿诞生辰文化、节日文化、民俗风情等乡村文化文明发展。具体来讲，首先，组织文化活动，应当充分挖掘乡土文化资源，组织乡土故事会、民间艺术比赛、乡土文艺展示等文化活动，提升村民的文化参与感与认同感；其次，构建道德舆论，通过乡土“好人好事”评选、本地历史人物事迹宣传等方式构建乡土道德评价机制，规范个体行为，形成文化自觉；最后，促进文化生产，鼓励乡土文化能人积极将社会正向文化融入乡土文化再生产，通过组建民间艺术团、乡土秧歌队等文化组织生产健康向上的文化内容，创建文化繁荣的良好氛围。同时，对于乡土文化中的落后文化必须予以舍弃。

（二）培育高质量的乡村文化建设主体

培育与引进高素质文化人才投身乡村文化建设，提升乡村文化软实力。制定相应的激励政策，探索柔性引进机制，吸引创新意识强、专业文化水平高的各层级文化人才参与乡村文化发展，选派优秀文化人才积极投身乡村文化研究、传承与创新。建设高素质的村民文化骨干队伍，重点建设一批乡村文化人才培训基地，形成以县级培训基地为中心，辐射乡、村的文化人才培训网络，采取分层次培训的方式，为乡村的专业艺术人员、乡村民间文化艺人、文艺爱好者提供培训，培育新乡贤文化，探寻新乡贤依法参与乡村治理的工作机制，鼓励乡贤人士投身乡村文化建设，树立新乡贤的标杆，弘扬优秀乡贤精神，让新乡贤与乡村社会有效对接，为乡村振兴出资、出力、出智，将经验、学识、专长、技艺以及文化修养、文化道德力量用于教化乡民、泽被乡里、温暖故土，对凝聚人心、促进和谐、重构乡村传统文化大有裨益。健全乡村文化人才发展体制机制，完善和创新乡村文化人才培养、引进、管理、使用等机制体制，建立健全文化人才管理激励竞争机制、教育培训机制和选拔聘任等机制，建立人才调查、人才预测机制和乡村文化人才信息库，实现市、县、乡、村四级文化人才信息资源共享，分级分类动态化管理，不断改善和优化乡村文化人才队伍的发展环境，激发积极性和主动性。

（三）构建现代乡村文化价值体系

树立正确的乡村文化价值观，培育乡村文化的自觉与自信，在继承优秀传统文化的基础上，以社会主义核心价值为指导重构乡村文化价值，创新载体，确立价值导向，顺应传统乡村文化结合时代特征和人民群众对美好生活的需要，主动与社会主义核心价值观相融合，发展出更多的时代性文化元素，推进传统与现代、文化与经济的协同发展，创建具有传统文化底蕴、紧跟时代步伐的现代乡村文化，提高现代乡村文化的综合竞争实力。推进移风易俗，促进乡风文明建设，制定村规村约，健全组织机构，规范并监督乡村文化的一系列活动，规范约束在优秀农耕文化传承过程中出现的盲目攀比，婚丧嫁娶的铺张浪费、孝道式微等不良社会风气，保证乡村礼治的合法化，倡导婚丧嫁娶、节庆礼仪等活动的科学节约操办，倡导文明乡风淳朴民风，发掘并树立典型，弘扬向善向上的正气。营造崇德向善、孝老爱亲、见贤思齐的良好氛围，不断提高村民的道德践行能力。加强乡村现代公共文化服务体系标准化均等化建设，重视对乡村文化活动场所、体育锻炼设施、图书阅览场所等现代化文化活动设施的建设与维护，增强乡村社会公共文化服务的针对性和有效性。

（四）积极推动乡村文化产业发展

大力推动乡村文化、经济和社会的融合发展，依托丰富的农耕文化、历史文化、民族文化、物态文化等乡村特色文化资源，构建具有鲜明区域特色的乡村文化产业体系，促进乡村文化经济多样化、差异化和高端化发展。学习和借鉴国内乡村文化产业发展的成功经验和长效机制，促进文化旅游产业、文化演艺产业、民间工艺、曲艺产业、民俗文化体验活动、文化节日与特色产业的发展，促进文化创意与特色农业融合发展。积极搭建平台，连接市场，打通乡村文化消费渠道，实施品牌战略、创新营销模式。支持乡镇、村落探索文化、旅游与生态融合发展，加强文化产业强镇建设，对乡村优质文化资源、人力资源加以整合开发，推动乡村文化产业成为促进剩余劳动力就业、村民群众增收致富的一条切实可行的路径。

参考文献

费孝通：《乡土中国》，青岛出版社，2019。

费孝通：《乡土重建》，湖南人民出版社，2022。

魏胜文、李有发、孙占鳌、乔德华：《文化新村》，社会科学文献出版社，2019。

龙文军、张莹、王佳星：《乡村文化振兴的现实解释与路径选择》，《农业经济问题》2019 年第 12 期。

吴理财、解胜利：《文化治理视角下的乡村文化振兴：价值耦合与体系建构》，《华中农业大学学报》（社会科学版）2019 年第 1 期。

吕宾：《文化自信视角下乡村文化振兴：实践困境与应对策略》，《湖湘论坛》2021 年第 4 期。

曹立、石以涛：《乡村文化振兴内涵及其价值探析》，《南京农业大学学报》（社会科学版）2021 年第 6 期。

李少惠、张玉强：《乡村公共文化振兴的基本样态与实践路径》，《图书馆论坛》2021 年第 3 期。

G.6

甘肃乡村生态振兴研究报告*

王建连**

摘　要：　乡村是生态涵养的根据地，生态是乡村发展的潜在优势。新发展时期，甘肃全面贯彻新发展理念，深入推进乡村振兴战略，通过体制机制改革、农业绿色转型发展、乡村文化创新、生态生活环境治理等途径，促进乡村生态振兴，努力构建美丽乡村新发展格局。目前，甘肃乡村生态振兴过程中仍然存在体制机制运行不畅、产业技术创新不够、综合治理能力不足、主体参与意识不强等现实困境，还需要从优化制度体系、激活资源潜能、创新建设理念、强化修护治理等方面共同发力，推进农业农村高质量发展，构建人与自然和谐共生的现代乡村发展新格局。

关键词：　乡村振兴　生态振兴　乡村生态价值　农业绿色发展　甘肃省

新时代中国特色社会主义事业蓬勃发展，工业化、城镇化水平不断提升，但资源约束加剧，城乡发展不均衡矛盾凸显，生态环境短板突出，人与自然和谐共生面临挑战。党的十九大报告提出实施“乡村振兴战略”的重大决策，明确了“产业兴旺、生态宜居、乡风文明、治理有效、生活富裕”的目标要求；2018 年全国两会期间，习近平总书记参加山东代表团审议时提出乡村产业、人才、生态、文化、组织“五大振兴”的科学论断；党的

* 本报告是甘肃省农业科学院重点研发计划项目（基金项目：2022GAAS30）的阶段性成果。

** 王建连，甘肃省农业科学院农业经济与信息研究所高级经济师，主要研究方向为区域经济及特色产业发展。

二十大报告明确提出要“推动绿色发展，促进人与自然和谐共生”，并强调“要推进美丽中国建设，坚持山水林田湖草沙一体化保护和系统治理，推进生态优先、节约集约、绿色低碳发展”；2023 年中央一号文件明确提出要“建设宜居宜业和美乡村”。

在人类历史发展进程中，乡村区域长期发展形成的自然环境和历史演变积淀的生态智慧，综合作用于人们的生产生活，逐渐形成了一种区别于城市的完整的复合生态系统，该系统通过环境的作用推动了物质与能量的循环，为人们养老、养生、休闲提供了理想场所，其所具备的生态价值是构建生态宜居新乡村的精髓。新发展形势下，甘肃省立足西部生态安全屏障的地理优势，以振兴乡村生态为主要突破口，把政策红利转化为发展动力，协调处理经济发展与生态保护的关系，将生态环境短板转化为接续推进美丽乡村建设的“潜力板”，努力让“美丽甘肃建设”成为甘肃乡村振兴的支撑点、乡村经济的增长点、农业现代化建设的发力点。

一　乡村生态振兴的价值逻辑与现实意义

乡村振兴战略的实质是既要推进乡村经济全面发展，更要努力构建一种新型的城乡协调发展关系，实施乡村振兴战略是建设美丽中国的科学构想和重要举措。新时代新形势下，我国社会主要矛盾已发生转变，人民美好生活需要对经济社会发展提出了创造更多物质精神财富及提供更多优质生态产品的双重要求，也对如何协调社会经济发展与生态安全的关系提出了新命题。乡村作为完整的复合生态系统，其生态价值的内涵集中于宜居的自然村落环境和深厚的文化底蕴，体现于推进人与自然和谐共生的发展智慧、维系生物多样性的自给性的消费方式，以及充满烟火气息的低碳慢节奏的生活传统过程中。乡村特有的村落形态、自然风光、文化环境、生产方式以及乡民的生活习性也逐步融合成为乡村经济发展的重要资源。振兴乡村生态，就是要以生态资源作为资本主体，妥善处理经济效益与生态效益之间的关系，改变以牺牲生态环境为代价的单向索取的传统发展方式，向绿水青山多重效益的绿色高质量发展方式转型，在经济价值与生态环境价值之间做出平衡，强化对生态环境的保护与治理，打造乡村生态优势，激发乡村发展的内生动力，培育创造更多的经济“增长点”，补齐乡村发展短板，推进城乡融合发展，实现生活富裕与良好生态环境的统一。

乡村生态振兴是乡村振兴战略全局的重要基础。乡村生态振兴的本质是处理好生态环境保护与乡村经济发展的关系，解决乡村发展过程中人与自然关系失衡的矛盾，实现乡村富与环境美相统一、人与大自然和谐共生的现代化。乡村生态振兴是实现乡村全面振兴的关键前提和实践保障。推进乡村生态振兴，就是要通过科学统筹谋划、整治生态系统、有效遏制环境污染、推行绿色发展方式等措施，维持乡村生态系统平衡稳定、改善生态环境、推进乡村经济转型发展，为乡村全面振兴铺就生态底色。乡村生态振兴是促进乡村生态实现从传统向现代全面复兴的过程，推进乡村生态振兴，可以为乡村产业业态的绿色转型发展提供原料基础，可为乡村宣传生态发展理念、重塑生态生活方式提供传播空间，可为塑造优良的生态空间、打造优美的生态基础提供建设平台，可为解决生态问题、改善生态环境提供组织保障。乡村生态振兴是推进生态文明建设的实践路径，推进乡村生态振兴，既要避免乡村生态环境的恶化，还要有效协调生态文明建设与经济发展的辩证关系，统筹山水林田湖草沙系统治理，严守生态保护红线，以绿色发展引领乡村振兴，推进农业农村高质量发展，构建人与自然和谐共生的现代乡村发展新格局。

二　甘肃乡村生态振兴的实践路径及成效

在新发展理念引领的高质量发展时期，乡村价值正在被重新审视，“乡村不再是单一从事农业的地方，还有重要的生态涵养功能、令人向往的休闲观光功能，独具魅力的文化体验功能”。甘肃是国家重要的能源资源产业基地和西部生态安全屏障，也是全国自然生态类型最为复杂和脆弱的地区之一。新发展阶段，甘肃省严格遵循国家战略部署，全面贯彻新发展理念，在协调社会经济发展和自然生态环境保护的前提下，通过体制机制改革、农业绿色转型发展、乡村文化创新、生态生活环境治理等途径，对乡村管理机制、生产生态环境、文化生态环境、生活生态环境等进行改造、治理、优化，打造出一批产业发展型、自然生态型、旅游休闲型、文化传承型等各具特色的生态乡村，为进一步实现乡村生产美、环境美、生活美的目标，推进人与自然和谐共存，建设美好新甘肃奠定了坚实的政治、经济、自然生态基础。

（一）以制度保障促乡村生态振兴

“制度是理念践行的工具，是生态实践活动有序化、连续化进行的载体。”国家《乡村振兴战略规划（2018—2022年）》提出了生态宜居是建设美丽乡村的总要求；《中华人民共和国乡村振兴促进法》确立了乡村生态治理与保护的原则与制度；《农业农村污染治理攻坚战行动方案（2021—2025年）》为加强农村生态文明建设、实现乡村生态振兴提供了有力支撑。甘肃省充分衔接国家政策要求，先后制定了《关于构建生态产业体系推动绿色发展崛起的决定》《甘肃省推进绿色生态产业发展规划》《甘肃省乡村振兴战略实施规划（2018—2022年）》《甘肃省人民政府关于促进乡村产业振兴的实施意见》《甘肃省黄河流域生态保护和高质量发展规划》等规划纲要，修订了《甘肃省大气污染防治条例》《甘肃省水污染防治条例》《甘肃省环境保护条例》《甘肃省辐射污染防治条例》《甘肃省自然保护区条例》《甘肃省土壤污染防治条例》等条例规定，出台了《关于构建现代环境治理体系的若干措施》《甘肃省生态环境保护督察工作实施细则》《甘肃省省级有关部门和单位生态环境保护责任清单》《甘肃省人民政府关于实施“三线一单”生态环境分区管控的意见》等责任清单，并于2021年12月31日在全国率先出台《甘肃省关于促进乡村生态振兴的实施意见》，从优化乡村生态空间布局、做好巩固拓展生态脱贫成果与生态振兴有效衔接、推进农村环境整治、加强农村生态保护与修复、强化农业绿色发展、保障农村生态环境安全、积极开展示范引领等方面对甘肃省促进乡村生态振兴的重点工作进行了细化分解，建立了“省负总责、市县抓落实、乡村抓具体”的工作推进机制，将促进乡村生态振兴工作纳入乡村振兴战略考核体系，切实保障了乡村生态振兴重点工作任务的顺利实施。

（二）以农业绿色发展拓展乡村生产生态空间

农业绿色发展是乡村生态振兴的“助推器”。近年来，甘肃省牢固树立“绿水青山就是金山银山”的发展理念，坚持“生态优先、绿色发展，固本守源、和山睦水，因地制宜、精准施策，突出重点、统筹推进，多元联动、全民参与”的基本原则，以马铃薯、草食畜、设施蔬菜、优质林果、中药材、现代种业等特色优势产业为抓手，建设绿色生态示范产业园，实施绿色生态示范重大工程，加快传统农业向智能化、数字化、清洁化、绿色化转型发展；启动实施现代丝路寒旱农业优势特色产业三年倍增行动计划，抢抓黄河流域生态保护和高质量发展战略机遇，建设以兰白地区为重点的中部绿色生态产业示范区、河西走廊和陇东南绿色生态产业经济带，大力发展节能环保、低碳循环、数据信息、产业融合、清洁生产的生态农业产业；严格落实“藏粮于地、藏粮于技”战略，将高标准农田建设与农机农艺技术集成应用、节水工程灌溉技术相结合，建设平整肥沃、节水高效、设施配套、道路畅通的现代高标准农田。2021 年建成绿色标准化种养示范基地 786 个，绿色标准化种养基地面积达 61.7 万公顷；打造 14 个产业大县，新增 139 家农业龙头企业，引进培育农业产业化龙头企业总数达 3235 家，认定家庭农场 5.04 万家；新启动 61 个省级现代农业产业园，民乐县、凉州区、临夏县、肃州区、永登县、天祝县 6 个农村产业融合发展示范园得到国家认证；积极打造陇西中药材、安定马铃薯、静宁苹果等 10 个县级百亿级产业，大力推进“三品一标”建设，全省有效期内“三品一标”产品达 2930 个；建成高标准农田 25.1 万公顷，其中高效节水灌溉面积 10.47 万公顷，戈壁生态农业建设面积 2.2 万公顷，粮改饲面积 24 万公顷。

甘肃省大力发展旱作农业、高效节水农业、设施农业、特色农业，构建发展活力足、竞争能力强、特色鲜明的生态产业体系，构建以临夏州、兰州市和白银市为主的沿黄农业产业带，以酒泉市、张掖市、金昌市和武威市等

4 市为主的河西农产品主产区，以平凉市、庆阳市为主的陇东农产品主产区，以定西市及白银市会宁县、天水市北部、临夏州（沿黄灌区除外）为主的中部重点旱作农业区，以陇南及天水南部为主的山地特色农业区，以甘南州及祁连山等为主的高寒牧区，即“一带五区”现代农业发展格局，努力走产出高效、产品安全、资源节约、环境友好的甘肃特色农业现代化发展之路，打造乡村“生产生态空间”，推进农业产业绿色崛起。

（三）以意识提升塑造乡村文化生态空间

中国传统文化根植于农耕文明，是人们在创造物质财富活动的基础上产生的精神财富，由此生成的生态文化，体现了人与自然和谐共生的思想精髓。乡村文化是民族凝聚的基础，潜移默化地影响着人的心理和行为，通过意识提升，塑造乡村文化生态空间，深入挖掘乡村传统文化的思想精髓和人文精神，汲取乡村生态智慧，赋予乡村文化以新的时代内涵，为乡村经济可持续发展开辟重要的增长空间，是乡村振兴战略的应有之义。

甘肃是华夏文明的重要发祥地之一，也是农耕文化、游牧文化、中原文化、西部文化、华夏文化、外来文化的交会地。乡村村落是融合物质文化遗产和非物质文化遗产的独特文化区域，甘肃是个多民族聚居的省份，各具特色的民族村落承载着自然风光、农耕文化、地域文化、传统文化、民族文化等灿若星河的优秀文化。近年来，甘肃充分发挥乡村特色文化优势，将文化传承与美丽乡村建设相结合，一方面，依托华夏文明传承创新区建设等平台，强化农村基础设施、古宅、老街等古迹、古建筑，以及传统建筑组群的维护修复，保护文化遗产、传承文化根脉、做强文化产业，增强乡村特色文化传承和生态文化建设意识，打造文化生态空间；另一方面，借助丝绸之路（敦煌）国际文化博览会、各民族的习俗节会等契机，创新文化理念、开展文化交流，提升村容村貌、改善人居环境，探索融合文化文创、乡村生态旅游等元素的“美丽乡村+”模式。2021 年，创建乡村旅游示范县 8 个、文旅振兴乡村样板村 60 个，新培育乡村旅游合作社 80 家，敦煌阳关镇等 3 个乡镇入选全国首批乡村旅游重点乡镇、榆中浪街村等 6 个村入选第三批全国乡村旅游重点村名录；打造全国乡村旅游重点村 38 个、全国乡村旅游重点乡镇 3 个、省级乡村旅游示范村 310 个、乡村旅游专业村 1270 个、乡村旅游合作社 381 个、农（牧）家乐 21500 户，为全面推进文化传承与生态旅游融合发展、乡村经济建设和生态文化繁荣奠定了坚实的基础。

（四）以环境治理打造乡村生活生态空间

良好生态环境是最普惠的民生福祉。改善人居环境，建设美丽乡村，是实施乡村振兴战略的一项重要任务，也是乡村生态振兴的重要内容。近年来，甘肃省坚持守护青山、厚植绿色，全力推进实施黄河流域生态保护和高质量发展重点战略部署，深入推动农村人居环境整治攻坚，建设生态宜居的美丽家园。

2021 年，坚持以“5155”乡村建设示范行动为抓手，完成投资 159.98 亿元，基本建设完成 500 个省级示范村，实施改建新建农村户用卫生厕所 50 万座，全省行政村卫生公厕覆盖率达到 97%，累计清理农村生活垃圾 138.12 万吨、村内水塘 2.26 万处、村内沟渠 11.75 万公里、畜禽养殖粪污等农业生产废弃物 93.02 万吨，推动实施 185 个行政村农村环境治理任务，460 多万群众参与村庄清洁行动，农村污水治理率达 21.8%，农村黑臭水体治理率达 60.3%，90%的行政村生活垃圾得到有效治理，卓尼县被评为全国农村人居环境整治成效明显激励县，两当、临泽、卓尼县被评为全国村庄清洁行动先行县，共创建村庄清洁行动先进县 10 个、清洁村庄示范村 10000 个、省级美丽乡村示范村 900 个、市县级美丽乡村示范村 2000 个；持续加强畜禽粪污资源化和秸秆综合利用，实施农膜回收行动，推进化肥农药减量增效，开展农作物重点病虫害绿色防控和专业化统防，畜禽粪污综合利用率达 79%，秸秆资源化利用率达 87.8%，废旧地膜回收率达 83.6%，尾菜处理利用率为 51.09%，化肥、农药使用量减少 4 万吨，兽用抗菌药减少 20%，完成农作物病虫害绿色防控面积 88 万公顷次，完成主要农作物重点病虫害专业化统防统治 13.7 万公顷次。截至 2022 年底，全省已初步建成覆盖空气监测、水环境监测、土壤环境监测等要素的“天地空”一体化生态环境质量监测网络，积极推进生态环境监测监察执法垂直管理制度改革，成立了省、市、县三个层级的生态环境保护委员会，理顺了市县生态环境机构管理体制，完善了生态环境保护督察体系，调整了生态环境监测管理体制，完善行政执法与刑事司法衔接机制，建立生态环境执法正面清单，构建以排污许可制为核心的固定污染源监管模式，生态环境治理实现了常态化、制度化、持续化。

三　推进甘肃乡村生态振兴的现实困境

现阶段甘肃省全面推进乡村生态振兴，仍然存在体制机制运行不畅、产业技术创新不够、综合治理能力不足、主体参与意识不强等现实困境，在生态价值体现、生产方式转型、生态环境治理、主体意识转变、生态补偿落实等方面还存在一些具体问题，这些困境问题严重制约了乡村生态振兴目标的顺利实现。

（一）体制机制短板

一是创新实用的法律法规及政策机制缺乏。现有部分政策“不接地气”，缺乏针对性的部署和细化要求，甚至存在“照抄照搬”现象，“看似正确，十分无用”的宏观政策难以满足不同区域生态振兴的现实需求。二是政策落实的监管、考核机制不健全。乡村生态振兴政策监管力量薄弱，考核机制不健全，政策执行过程中存在各自为政、打擦边球、地方分割、责任不清、手段滞后、敷衍塞责等现象，有效政策难以得到充分贯彻落实。三是政策推进、环境改善和资源优化的协同性不够。推进乡村生态振兴的相关法律法规不健全，政策激励不足，政策设计缺乏对各地实际情况的充分了解和推动相关产业的协同，难以实现政策落实与环境改善和资源优化的有效衔接。

（二）产业转型困境

一是技术应用和创新能力不足。乡村产业的技术应用和创新能力存在局限性，生态产业化与产业生态化有机结合的理论基础与实践路径研究探索不够，缺乏针对新技术的应用和前沿研究，导致产业发展的速度较慢，难以适应市场的发展和需求。二是产业规模和效益不足。甘肃大多数乡村生态产业依赖劳动密集型和小规模经营，缺乏现代化的生产工艺和生产线，加之资本投入少、人才引进难等问题制约，产业规模化程度低、效益不高。三是缺乏人才支撑。甘肃乡村教育资源和人才培养的集聚性不强，乡村与城市的薪酬待遇和工作环境差距较大，引进、留住人才难度较大。四是信息化手段缺乏。部分乡村基础设施落后，网络覆盖不充分，信息化程度低，产业发展信息闭塞，产业融合发展的平台小、渠道窄，产业链优势难以发挥。

（三）主体意识困境

一是“留守”心态影响。随着城镇化进程的加快，乡村居民外出务工或选择在城市落户的现象普遍发生，部分乡村居民受固有的生长环境和生活习惯限制，加之认知局限及“留守”心态影响，对环境污染危害的认识不够，参与乡村生态振兴的主动性和积极性不足。二是传统观念束缚。由于大部分乡村居民习惯于传统的生产和生活方式，对新兴产业和技术相对陌生，缺乏接受新思想和新知识的动力，主动参与改造传统生产生活方式的意识不强，难以快速形成有效的行为认知和价值导向。三是政府过度主导。政府部门单向决策作用过强，参与主体过多地依赖政府的资金和政策，导致主体认知缺失，进而民间创造力下降，削减了参与主体对乡村生态振兴的认同感和自主性。

（四）环境治理困境

一是高污染的传统农业生产方式普遍存在。受乡村社会经济条件、农业生产条件、环保意识及传统生产方式所限，过量使用农药、化肥等化学品来提高农作物产量的现象短时期内较难改观。二是乡村环境治理的多元主体责任缺失。地方政府、新型经营主体、非政府组织、地方居民等利益相关主体生态环境治理意识不强，责任不明确，污染治理合力不足，农业生产面源污染、农户生活污染、企业生产污染、各种转移污染错综复杂，乡村环境治理效果不佳。三是乡村环境治理能力不足。甘肃大部分乡村空心化、老龄化问题严重，生态治理中坚力量流失缺位，监管力量薄弱，“重建轻管”的现象较为常见，加之财政支持不足，生态保护与经济发展矛盾突出，基础建设落后，治理措施不强，治理难度增加。

四　持续推进甘肃乡村生态振兴的对策建议

甘肃地处青藏高原、黄土高原、北方防沙带等三大生态屏障交会处，拥有黄河天然生态廊道和甘南黄河上游、祁连山、陇中陇东黄土高原、渭河源等多个重要生态功能区域，山地、高原、平川、河谷、草地、沙漠、戈壁等自然地貌复杂多样，素有“生态奇观的博物馆”和“自然风貌的大观园”之称，生态资源特色优势明显，社会经济发展与生态保护矛盾突出，迫切需要优化制度体系、激活资源潜能、创新建设理念、强化修护治理，协调处理好经济发展与生态保护的关系，推进产业与生态的有机融合，实现经济效益、社会效益和生态效益的协调发展。

（一）优化体制机制，构建乡村发展新格局

第一，完善政策监管机制。根据甘肃乡村多元化的民族特色和地域特征，加快构建权责清晰、多元参与、激励与约束并重、系统完整的乡村生态振兴制度体系，实行岗位到人的乡村生态保护责任制；建立有效的监管体系，健全和落实资源有偿使用和生态补偿机制；严格执行生态环境损害赔偿制度和损害责任终身追究制，建立环境违法行为有奖举报制度，健全统计考核体系，完善落实环境保护党政同责、一岗双责、生态环保“一票否决”的考核制度，强化对政策执行机构和人员的管理，确保政策得到有效的贯彻和执行。

第二，健全法治保障机制。在广泛听取意见的基础上，针对不同民族的农业生产、农民生活、自然资源等乡村生态特性，构建完善乡村生态振兴的

法律体系，针对规划设计、项目执行、资金安排、监督管理等方面，制定可操作性的制度细则，建立健全天然林、公益林、沙漠、戈壁、草原、水源等生态系统保护制度，强化生态立法；建立多级层的系统性责任划分机制、多部门协同创新监管机制，完善乡村环境纠纷的行政处理方式，强化重大污染事故的终身责任制，制定完善损害赔偿及惩罚制度，加大执法力度，打击违法行为，维护乡村生态振兴有效推进。

第三，建立多元化的生态补偿机制。一是建议国家层面制定区域生态补偿机制，实施黄河上中下游全流域统筹协调的生态保护与生态补偿责任机制，健全北方地区特别是西北地区防风固沙与生态修复补偿机制；二是要规范和拓展自然资源使用权的获取途径，建章立制，强化管理，扩大自然资源资产使用权交易范围，保障自然资源资产收益；三是要围绕基础设施、产业发展、劳务协作、生态保护等多层面，在综合考虑不同区域的社会经济差异的基础上，按照生态产品价值变化情况，科学构建生态补偿标准，并出台相关政策和激励措施，鼓励民间资本及其他社会力量共同参与，开辟政府、市场、社会多元化的生态补偿渠道。

（二）激活资源潜能，创造乡村生态价值

第一，注重生态产业发展。科学规划，合理布局农田、草地、戈壁、林地、湿地、水体等生态资源要素，依据“牛羊菜果薯药”等特色产业优势，发展有机农业、生态农业、戈壁农业、循环农业，鼓励推行精准养殖、有机种植等生态农业生产模式，减少农药化肥使用量，通过农产品的品牌化和市场化推广，提高农产品的附加值；设计甘肃特色生态发现之旅、生态农业体验等乡村生态文化活动，发展生态服务、生态旅游、生态康养、农副产品精深加工、可再生能源开发利用等与乡村特色和生态资源相关的绿色产业，推进生态和经济协调发展。

第二，挖掘生态文化功能。结合甘肃独特的民族元素和黄河文化、敦煌文化、丝路文化、红色文化等交汇融合的多元文化特质，通过“生态+”模式，推进生态资源与旅游、文化等产业融合，开发具有民族风情、人文特

色、历史特征、民俗特点的甘肃乡村特色旅游产业发展；通过文化旅游、文化产品推广等方式，建设文化艺术村、文化创意产业基地等，发展乡村文化产业，挖掘生态功能，打造特色品牌，保护和传承乡村文化体系，打造具有吸引力的乡村艺术品牌，激活乡村生态资源价值。

第三，建立多元交流合作机制。加强合作交流、合作开发，推进跨地区、跨行业合作，通过部门、企业、组织间交流，形成多元化的乡村合作模式，鼓励村民参与农业合作社、农民专业合作社等新型经营主体组织形式，拓宽农业生产经营的渠道，实现资源优势互补和价值共享；制定相关政策，加强教育培训，提高乡村居民的综合素质和环保意识，通过开发环境友好型的旅游项目、推广低碳出行方式等活动，支持乡村生态资源保护开发，拓展乡村生态效能的发展空间。

（三）创新建设理念，丰富乡村生态功能

第一，营造发展环境。明确乡村生态系统“打基础、管长远、影响全局”的基础地位，树立保护环境、节约资源的核心理念，建立完善乡村生态振兴的评价考核体系，推进乡村生态振兴的长效激励机制，借助政策工具推进乡村自然资源、乡村人居环境、乡村生态系统的协调发展；筑牢乡村生态振兴制度基础，构建城乡融合、经济与生态相协调的发展关系，营造“要素相融相通”的乡村生态建设氛围，改善乡村生态振兴的外部环境，实现甘肃乡村的可持续发展和繁荣，提升乡村居民的生活质量和幸福感。

第二，注重生态意识提升。基层组织要结合区域特色产品优势和传统文化特征，创作富有生态文化内涵的主题产品，强化宣传引导，定期组织培训、交流学习，宣传生态环保理念、推介绿色生态产品，提升环保责任感和生态意识；尊重村民意愿，敞开沟通渠道，落实权益诉求，鼓励村民主动参与生态经济建设、推广生态保护新理念和新知识，调动保护自然资源、维护人居环境的积极性，增强村民生态参与践行度和成就感，提升生态可持续发展的内生动力。

第三，加强人才队伍建设。加强乡村地区的战略科技布局，建立健全

乡村人才评价机制，整合人才资源，构建乡村生态振兴人才储备库，畅通人才回归乡村、服务乡村渠道，为乡村生态振兴打造坚实的复合型人才队伍；引进和激励高端科技人才的流入，逐步改善乡村基础设施和信息化程度，加强产业合理规划，推广可持续发展的生产方式，提高生态产业的转型升级水平；加大乡村科技创新支持力度，引进先进技术装备，应用互联网、物联网等新技术，推进科技创新与生态发展相结合，提升产业发展的效率和质量。

（四）强化修护治理，还原乡村生态本色

第一，加强农业面源污染治理。强化灌溉水源污染治理，大力推广农技农艺结合型高效节水技术，持续推进化肥农药减量增效，探索推广测土配方施肥与畜禽粪肥还田利用、水肥一体有机结合新模式，加大全生物降解农膜替代应用试验示范，加强废旧农膜和肥料农药包装废弃物回收利用，加强秸秆综合利用和田间尾菜就近资源化处理利用，引导支持开展养殖废弃物资源化处理利用；推广生态循环农业和绿色可持续发展模式，减少对土地和水资源的过度开发和污染，保护农田生态系统的稳定性和多样性。

第二，深入推进乡村人居环境整治。以饮用水水源保护区、重点流域、生态环境敏感区、水质改善控制单元范围内的村庄生活污水治理为重点，全面推进乡村生活污水治理；按照分级管理、分类治理、分期推进的原则，统筹布局垃圾焚烧、填埋等处理设施，建立集保洁、收集、转运、处置于一体的垃圾转运处理体系，推进实施村庄清洁行动；以房前屋后河塘沟渠，以及群众反映强烈的区域为重点，采取控源截污、垃圾清理、清淤疏浚、水体净化等综合措施，推动治理乡村人居环境顽疾。

第三，建立乡村生态保护长效机制。建立完善的环境监测体系，强化农村生活污水处理设施建设和监测监管，定期监测乡村生态环境状况；通过以奖代补、先建后补等形式，引导和撬动各类资本参与，拓宽乡村环境治理资金来源渠道；注重环境保护的宣传与教育，鼓励乡村社区居民参与生态修护管理工作，增强环保意识，倡导绿色生活方式，加强对乡村生态修护的认知

和理解；鼓励建立乡村生态修护合作组织或委员会，发挥居民的监督和参与作用，促进社区共同治理乡村生态环境。

参考文献

高平：《用最严格制度、最严密法治守护绿水青山》，《光明日报》2021 年 3 月 11 日。

吴俐霓、华文：《乡村振兴背景下我国农村生态文明建设研究》，《环境工程》2022 年第 3 期。

翟树莹：《乡村振兴背景下农村生态文明建设路径探析》，《智慧农业导刊》2022 年第 23 期。

瞿红霞：《乡村振兴视域下乡村治理问题与对策》，《乡村科技》2019 年第 34 期。

宋继碧、赵曌：《生命共同体理念下乡村生态振兴的法治保障研究》，《成都行政学院学报》2020 年第 6 期。

晋王强、牛学乾、温飞、马婷婷：《甘肃省生态环境保护长效机制建设研究》，《环境保护》2021 年第 9 期。

陈润羊：《甘肃省文化产业高质量发展的路径研究》，《开发研究》2019 年第 3 期。

李娜、赵金科：《生态安全视域下乡村生态振兴论析》，《中南林业科技大学学报》（社会科学版）2020 年第 6 期。

张化楠、接玉梅、葛颜祥：《国家重点生态功能区生态补偿扶贫长效机制研究》，《中国农业资源与区划》2018 年第 12 期。

邓玲、王芳：《乡村振兴背景下农村生态的现代化转型》，《甘肃社会科学》2019 年第 3 期。

涂雨晴、范慧诚：《乡村振兴战略下农村生态文明建设》，《经济研究导刊》2022 年第 22 期。

刘志博、严耕、李飞、魏玲玲：《乡村生态振兴的制约因素与对策分析》，《环境保护》2018 年第 24 期。

G.7

甘肃乡村组织振兴研究报告

梁海燕*

摘　要： 乡村振兴战略包括产业、人才、文化、生态和组织振兴，其中组织振兴是乡村振兴的重要维度和政治保障。乡村组织涵盖党组织、自治组织、经济组织和社会组织，乡村组织振兴的关键在于农村基层党组织的振兴。近年来，甘肃省从多方面推进乡村组织振兴，成效显著，但在基层党组织政治功能发挥、人才建设、集体经济培育、协同治理等方面还存在突出问题和现实困境。在新发展形势下，甘肃要以问题为导向，将乡村组织振兴作为重要抓手，以强化农村基层党组织凝聚力为主线，建构强有力的现代乡村组织体系，为乡村振兴提供坚强有力的组织保障。

关键词： 乡村振兴　组织振兴　甘肃省

党的十九大报告正式提出乡村振兴战略，其内容包括产业振兴、人才振兴、文化振兴、生态振兴和组织振兴，其中组织振兴是“第一工程”，是乡村振兴的重要维度和政治保障。2020 年，随着脱贫攻坚任务的完成，我国开启全面建设社会主义现代化强国新征程，“十四五”时期乡村振兴的重点转向巩固拓展脱贫攻坚成果同乡村振兴有效衔接，党的二十大报告进一步提出全面推进乡村振兴，扎实推动乡村产业、人才、文化、生态、组织振兴。面对新发展形势，甘肃要将组织振兴作为乡村振兴的重要抓手，积极建构现

* 梁海燕，甘肃省社会科学院财政金融研究所副所长、研究员，主要研究方向为地方法治。

代乡村组织体系，重点强化党组织领导核心地位，提升基层党组织凝聚力，健全党领导乡村振兴的制度机制，为乡村产业兴旺、生态宜居、乡风文明和治理有效提供坚强的组织保障。

一　乡村组织振兴的内涵和价值

（一）乡村组织振兴的内涵

组织振兴是乡村振兴战略“五个振兴”之一。乡村组织是乡村社会的基础。我国行政村具有健全的村党支部和村民委员会，同时农村还广泛存在农民专业合作社、村集体经济组织、农产品行业协会、乡贤会等组织，大致可分为党组织、自治组织、经济组织和社会组织四类。这些种类众多的组织构成了乡村社会的基本组织网络，各类组织之间既相互联系，又因利益导向、价值偏好、组织资源与行动逻辑不同而相互制约，乡村组织体系表现为以党组织为中心，多种组织共同作用的“复合体”。

乡村振兴，关键在党；乡村组织振兴，关键在于农村基层党组织的振兴，同时也离不开村民自治组织和村集体经济组织等的繁荣发展。习近平总书记指出：“推动乡村组织振兴，打造千千万万个坚强的农村基层党组织，培养千千万万名优秀的农村基层党组织书记。”组织振兴不同于产业振兴中的资本下乡直接逐利，而是通过“政党下乡”将乡村整合为高度组织化的政治社会，并通过制度创新、效率提高间接推进乡村振兴。

（二）乡村组织振兴的价值

1. 组织振兴是乡村振兴的政治保障

乡村振兴战略中五个振兴是相互联系、相互作用的整体，其中组织振兴是“第一工程”，是其他四个方面振兴的政治保障，“组织兴，则乡村兴”。农村基层党组织是党在农村的战斗堡垒，是党和国家大政方针在农村落实的组织保证和各项工作的领导核心，基层党组织的强弱关系着乡村振兴的成败，乡村振兴离不开基层党组织的引领带动和强力支撑。当前，农村基层党组织面临税改后政治功能弱化、公信力下降、群众需求多样化等多重挑战，亟须基层党组织把好方向，发挥“一核多元”领导体制作用，支持乡村各类经济社会组织依法开展工作，以组织振兴促进乡村振兴。

2. 组织振兴是乡村治理现代化的必然要求

乡村治理是国家治理体系的重要组成。党的十九大报告提出构建“自治、法治、德治”相结合的乡村治理体系，为乡村治理指明了方向。基层党组织作为党在农村的组织基础，是乡村治理的领导者、推动者和实践者，乡村社会利益多元化背景下，需要基层党组织发挥凝聚民心、发动群众、引领发展的作用，克服乡村治理体系的结构性张力，以政治引领调动最广泛的社会力量参与乡村治理，推进乡村治理现代化。

3. 组织振兴是激发乡村发展动力的有效路径

乡村振兴战略实施以来，农村基础设施、人居环境和公共服务体系建设极大改善，但是，农村普遍存在发展活力不足的问题，究其原因在于缺乏发展的内生动力。乡村振兴的主体是农民，乡村振兴必然要调动农民的积极性，引导农民建立共同思想基础。这就需要振兴乡村组织，发挥基层党组织的政治优势和组织优势，激发农民主体作用，引导村民自治，增强乡村治理活力，把农民的积极性和创造性转化成乡村振兴的强大动力。

二 甘肃乡村组织振兴的主要措施及成效

近年来，甘肃省充分发挥基层党组织在乡村振兴中的引领作用，从制度机制、组织机构、基层党组织建设、人才培养、权力监督等方面推进乡村组织建设，乡村组织振兴取得明显成效。

（一）建立健全乡村振兴法规政策体系

乡村振兴战略实施以来，包括国家法、专门法、地方性法规和相关政策互为补充的乡村振兴法律法规体系逐步形成。2021 年 1 月起实施的《中华人民共和国民法典》为乡村振兴战略的有效实施提供了法律保障。民法典赋予农村集体经济组织特别法人地位，确认其市场主体资格，并规定土地承包经营权人有权将土地承包经营权互换、转让，为农村集体土地产权改革和农村集体经济组织发展提供了法律依据。2021 年 6 月实施的《中华人民共和国乡村振兴促进法》是乡村振兴领域的综合性、基础性法律。2019 年修订的《中国共产党党和国家机关基层组织工作条例》对基层党组织的组织设置、党的政治建设、党员队伍建设等作了明确规定。随着国家层面乡村振兴法律体系的不断完善，甘肃省因地制宜制定出台了具有地方特色的法规、规章和规范性文件，乡村振兴法规政策体系不断健全。2018 年 2 月，甘肃省制定出台《中共甘肃省委 甘肃省人民政府关于实施乡村振兴战略的若干意见》；2021 年 6 月，制定出台《中共甘肃省委 甘肃省人民政府关于全面推进乡村振兴 加快农业农村现代化的实施意见》，对“十四五”时期乡村振兴的目标任务、全力巩固拓展脱贫攻坚成果以及加强党对农村工作的全面领导作了具体部署，进一步强化法治保障。《甘肃省乡村振兴促进条例》于 2022 年 11 月 25 日通过，2023 年 1 月 1 日起施行，条例对乡村规划、产业发展、生态保护、扶持措施等作了全面规定，对促进村民委员会、农村集体经济组织等的发展作了明确规定。由此，不断完善的乡村振兴法律规范体系为甘肃乡村组织振兴提供了有力的法治保障。

（二）不断加强乡村振兴组织机构建设

为推动乡村振兴战略实施，2018 年出台的《中共甘肃省委 甘肃省人民政府关于实施乡村振兴战略的若干意见》提出加强各级党委农村工作部门建设，据此甘肃成立了中共甘肃省委农村工作领导小组（甘肃省实施乡村振兴战略领导小组），各市州也相应成立了党政主要领导担任组长的乡村振兴领导小组，并普遍实行基层党组织书记担任村民委员会、集体经济组织和农民合作社负责人的做法。根据甘肃省机构改革方案，2021 年 5 月甘肃省挂牌成立乡村振兴局，为省政府直属机构，由甘肃省农业农村厅统一领导和管理，主要负责抓好农村社会事业、乡村建设、乡村治理，各市县相应成立了乡村振兴局，进一步加强了对乡村振兴的组织领导。脱贫攻坚任务完成以来，甘肃省扎实巩固拓展脱贫攻坚成果同乡村振兴有效衔接，中共甘肃省委农村工作领导小组（甘肃省实施乡村振兴战略领导小组）发挥统筹协调作用，5 个乡村振兴工作专班和 12 个有效衔接专责工作组负责统筹相关领域工作，推动形成党委统一领导、政府负责、党委农村工作部门统筹协调的农村工作领导体制，乡村振兴组织体系不断完善。积极构建省、市、县、乡、村五级书记抓乡村振兴的组织格局，建立乡村振兴实绩考核和五级书记抓乡村振兴的考核机制，省、市、县、乡、村逐级签订巩固拓展脱贫攻坚成果和全面推进乡村振兴重点工作责任书，将考核情况纳入党政领导班子和领导干部年度考核评价，考核结果作为选拔任用干部的重要依据，同时设立“甘肃省乡村振兴奖”“甘肃省乡村振兴先进集体和先进个人”表彰项目强化激励作用。2023 年，国务院机构改革方案提出将乡村振兴相关职责划归农业农村部，省、市、县级乡村振兴机构职责划入同级农业农村部门，这一改革将进一步加强乡村振兴组织机构建设，有利于农业农村部门统筹抓好以乡村振兴为重心的“三农”各项工作，协同推进农业现代化和乡村振兴。

（三）扎实推进农村基层党组织建设

近年来，甘肃省大力加强农村基层党组织建设，推进党支部建设标准化，构建以党组织为核心的乡村振兴组织体系，夯实了基层战斗堡垒作用。主要做法有以下五点。

1. 建强农村基层党组织

农村基层党组织全覆盖是组织振兴的前提。截至 2022 年底，全省 134 个城市街道、1229 个乡镇、1533 个社区（村委会）、15925 个行政村已全部建立基层党组织。各地以强化基层党组织政治功能为重点，加强农村党支部建设标准化，积极推行“村党组织—党小组—党员中心户”的网格化组织体系，全面推广“支部建在产业链、党员聚在产业链、群众富在产业链”的模式，将党组织优势转化为乡村振兴的资源和动力。2022 年，集中整顿软弱涣散基层党组织 675 个。制定甘肃省村级干部管理办法、专职化村党组织书记管理办法、村党组织书记县级备案管理办法等制度，进一步规范村干部管理。

2. 选好带头人，提高基层党组织战斗力

按照《中国共产党农村基层组织工作条例》《中国共产党农村工作条例》的要求，在全省范围全面推行“一肩挑”治理模式，即村党组织书记、村委会主任、村集体经济组织负责人由同一人担任。截至 2021 年 5 月，全省“一肩挑”比例达到 91. 2%。各地以“四抓两整治”为重点，不断优化基层党组织人员结构，并开展“两委”成员资格联审，对有涉刑、涉黑、涉霸、涉黄、涉赌、涉毒行为的人员进行了清理，村“两委”班子素质明显提升。2021 年换届后，全省村级党组织成员平均年龄为 38. 4 岁，比换届前降低了 8. 4 岁；高中及以上学历干部占 98. 2%，比换届前提高 29. 2 个百分点；大专及以上学历干部占 65. 1%，比换届前提高 29. 9 个百分点。2022 年，全省补充招聘专业化管理的村党组织书记 282 名，累计达到 4049 名，着力提高了乡村治理水平。

3. 强化驻村帮扶工作

持续发挥驻村“第一书记”和帮扶工作队在乡村组织建设中的作用。2021 年，甘肃在保持 2. 2 万名驻村干部总量不变的基础上，调整轮换了 6200 多名驻村期满的第一书记和工作队员，向党组织软弱涣散村派驻了第一书记，向乡村振兴重点村、异地扶贫安置村增派了帮扶力量。2022 年，全省选派 2. 26 万人开展驻村帮扶，7. 19 万名县乡干部全覆盖结对帮扶所有监测对象，同时压紧驻村帮扶责任，推动驻村干部由“选优配强”向“管训促用”转变，有力加强了农村基层党组织建设。

4. 加强党员教育

截至 2022 年 12 月 31 日，甘肃省党员总数为 193. 6 万名，其中农牧渔民行业的党员人数最多，为 61. 9 万人，占党员总数的 31. 97%；其次为企事业单位社会组织专业技术人员，为 30. 5 万人，占总数党员的 15. 75%（见图 1）。各地广泛运用“学习强国”“甘肃党建”“甘肃党员教育网络培训”等平台开展党员教育培训，创新教育模式，开展乡村振兴“岗位大练兵、业务大比武”活动，提高党员干部做好“三农”工作和推动乡村振兴的能力水平。

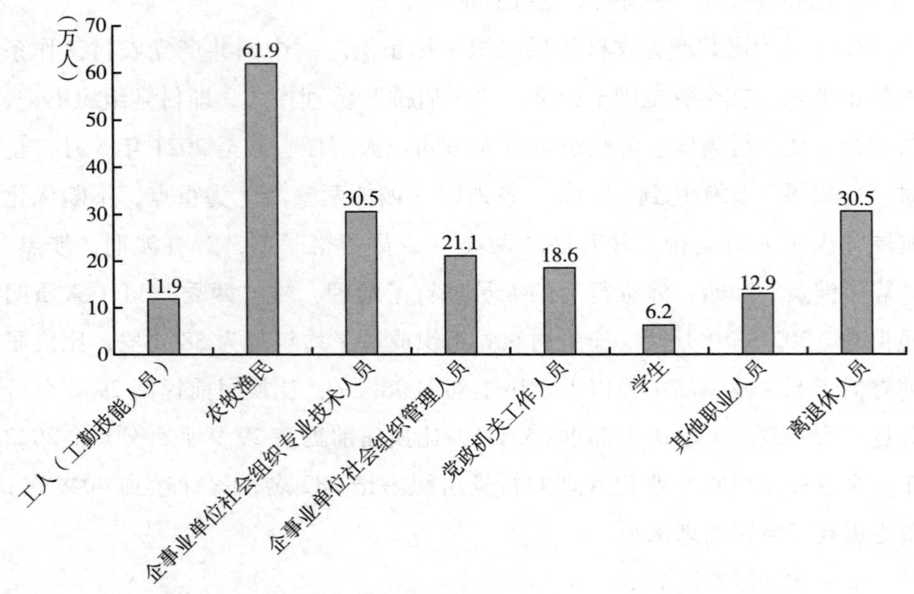

图1　甘肃省党员职业分布情况

资料来源：《2022 年甘肃省中国共产党党内统计公报》。

5. 持续改善基层基础保障

甘肃省将改善村干部待遇和村级组织运转条件作为振兴农村基层党组织的重要举措。2019 年 12 月，中共甘肃省委组织部、甘肃省财政厅联合印发《关于提高村组干部报酬和村级办公经费保障标准的通知》，规定从 2020 年 1 月 1 日起，全省村干部基本报酬最低保障标准由每年每人 2. 4 万元提高至 3 万元，村组干部、村务监督委员会主任的报酬标准均提高至每人每年 0. 9 万元；村级组织办公经费最低保障标准提高到每村每年 5 万元。目前，全省村干部的基本报酬达到每年 3 万元，“一肩挑”村党组织书记每年 4. 5 万元，通过改善基础保障激发了村干部干事创业热情，吸引更多优秀人才流向农村、振兴乡村。

（四）全力激活组织振兴人才引擎

人才是乡村组织振兴的基石，人才充足才能充分振兴乡村组织。近年来，甘肃各地多措并举建设乡村人才队伍，为组织振兴提供人才支撑。实施“能人进村”工程，将返乡农民工、复员退伍军人、大中专毕业生、种养大户中的优秀人才选拔到村干部队伍中，凝聚人才力量。公开招聘4041名大学生担任专职化村党组织书记，占行政村党组织书记总数的1/4。积极开展农民职称评审，为“土专家”“乡创客”“土秀才”等开辟了职称评审绿色通道，全省目前已有2万多名农民获得职称。创新人才培养模式，实施乡村产业振兴带头人培育“头雁”项目、职业技能提升工程及各类人才计划等，为乡村振兴输送紧缺人才。各地结合本地实际创新人才培养模式，如迭部县实行“人才+项目+基地”模式引导人才参与村级集体经济发展，采取“自主学习+专家传授”“集中培训+外出考察”等方式培养“土专家”“田秀才”经营管理和带富能力。兰州市实施了“乡村特色产业聚合人才计划”“科技人员技术服务计划”等，平凉市实施了乡村振兴“五个一批”人才计划、“一产业领域一人才工程”，为农业发展引进急需紧缺人才和高层次人才。

（五）深化群众自治和促进各类组织发展

1. 推进村（居）民自治组织发展

修订《甘肃省实施〈中华人民共和国村民委员会组织法〉办法》《甘肃省村民委员会选举办法》等，制定印发《关于做好村规民约和居民公约工作的实施意见》，为村民自治组织发展提供了制度支撑。全面推行村级小微权力清单、村级组织依法自治事项和依法协助政府工作事项清单制度等，规范了权力行使同时减轻了村级组织负担。各地积极完善村民自治机制，丰富民主协商形式，开展有关村民委员会能力提升的专项行动，健全党建引领“三治融合”的乡村治理体系。

2. 扶持发展村集体经济组织

2018~2021 年，甘肃省整合资金 16.55 亿元，扶持 1648 个村发展壮大村级集体经济。2022 年，全省成立 16239 个新型农村集体经济组织，确认集体成员身份 2086.26 万人。开展农村产权流转交易市场规范化建设试点，全省 59 个农村产权流转交易市场累计交易额 26.63 亿元。持续完善全省农村集体资产监督管理信息平台，10706 名村党组织书记通过法定程序担任村委会主任和村级集体经济组织、合作经济组织负责人，全省集体经济年收入 5 万元以上的村达到 68.3%，村均收入达到 9.48 万元。各地把发展村级集体经济作为助推乡村组织振兴的有效路径，因地制宜培育集体经济组织，培育新型经营主体，形成了各具特色的经验。如武威、玉门等地鼓励村党组织书记领办创办合作社，带头发展致富产业；平凉市村党组织领办创办合作社 1134 个，村党组织书记兼任农村经济组织负责人比例达 53.8%；景泰县将发展村集体经济情况纳入党建述职评议考核之中，民勤县积极探索“合作经济”“农旅融合”“集体股本”等多元化发展方式。

3. 引导各类组织积极参与乡村振兴

2022 年，甘肃省民政厅、甘肃省乡村振兴局印发《关于动员引导社会组织积极参与乡村振兴工作的通知》，鼓励社会组织通过结对帮扶、捐资捐物、技术服务、合作共建、助学助医、投资兴业等方式参与乡村振兴并建立了相应的支持体系和激励机制。各地普遍实施的“巾帼家美积分超市”项目以积分制管理模式调动了农民参与乡村治理的积极性。

（六）持续加强对乡村微腐败的监督

乡村微腐败侵蚀党的执政基础，是乡村组织振兴的“绊脚石”。近年来，甘肃省不断健全监督体系，监督约束“微权力”，整治乡村腐败，重点整治惠农补贴、土地征收、集体资产管理等领域的腐败问题，为乡村组织振兴保驾护航。在扫黑除恶行动中，甘肃各级组织部门对涉及农村党员干部的线索进行核查，对 134 人给予党纪政纪处分、165 人调整撤换、100 人移交司法机关。注重运用现代技术防控乡村组织及人员腐败，2021 年，甘肃省纪委监委主办的“监督一点通”平台上线，省纪委监委运用该平台成果在24个县（区）的128个乡镇（街道）239个村（社区）开展“三资”提级监督试点，规范了村集体财务管理，推动了清廉乡村组织建设。

三　甘肃乡村组织振兴存在的主要问题

（一）农村基层党组织政治功能弱化

税改之后，农村基层党组织对农民的管控减弱，对各类组织的领导力有所降低。当前在乡村振兴中，农村基层党组织政治功能有弱化的倾向。从党组织的向心力看，伴随经济成分、组织形式、分配方式、就业方式日益多元，农村党员干部的价值取向、党性观念、宗旨意识发生变化，对党组织的归属感、依从感下降，不少村干部把村里的工作当成副业，投入精力少，甚至有的借职务之便贪污腐败。从近年来甘肃省纪委查获的腐败案件来看，被查处人员中村干部占较大比例，侵蚀党的执政基础。从党组织的社会凝聚力看，党组织利益代表功能减弱，服务意识欠缺、宗族势力影响和村干部能力不高制约基层党组织政治功能发挥，党员队伍结构老化、文化程度偏低，个别组织软弱涣散，有的党支部几年未发展一名党员，社会动员、利益整合和组织能力下降。

（二）乡村组织优秀人才短缺

1. 优秀管理人才短缺

调查发现，甘肃一些偏远村“两委”班子总体水平不高，村干部文化层次偏低，履职能力不强，有的甚至不会使用现代化办公设备，更谈不上谋划现代农业发展。农村党组织实行“一肩挑”后这一状况有所改观，但部分村党组织书记带动乡村开拓创新的能力欠缺，如对发展村级集体经济缺乏信心，对发展乡村旅游缺乏思路。人才短缺也使得村级集体经济组织缺少懂技术、会经营及专业对口的致富带头人，社会组织吸纳人才十分困难。

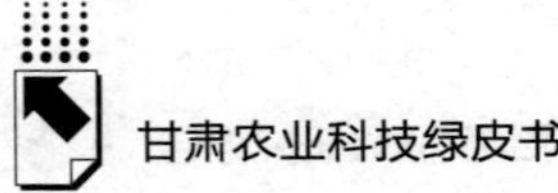

2. 后备干部储备不足

随着农村青壮年大量外流，加之村级管理区域的扩大和村级事务的增多，留在农村一些为数不多有能力、有文化的年轻人不愿担任村干部，乡村组织建设失去“源头活水”，后继乏人。

3. 人才“引不来、留不住”的问题突出

乡村组织人员配备与乡村振兴繁重的任务极不匹配，人才流失与断层严重。近年来，全省招录的“三支一扶”人员中，不少基于环境艰苦、任务重、待遇低以及缺乏晋升渠道等原因，选择通过选调、考选、借调等方式离开农村。

（三）农村经济组织力量薄弱

农村集体经济组织和农村基层党组织、村民自治组织均为乡村重要的组织架构。随着农业改革的推进，集体经济转变为多种经济成分的所有制形式，农村集体经济组织掌握的物质财富少之又少，削弱了乡村组织振兴的经济基础。乡村振兴战略实施以来，甘肃各地通过发展特色增收产业和主导产业，多措并举发展壮大村级集体经济并取得明显成效，但总体上集体经济发展滞缓，营利能力较弱，村级集体经济创新能力不足，收入主要来源为村委会场地租赁费、房屋租赁费、村集体资产投资分红等，增收途径有限。农民专业合作社大多处于低端发展营销阶段，没有形成辨识度较高的农产品品牌，龙头企业的带动和辐射力不强。一些私人创办的合作社里，农民主要以土地入股，在合作社管理和经营方面很少有发言权。

（四）乡村组织参与乡村治理协同不够

乡村各类组织在人员配置、资源支持、治理能力等方面差异较大，农村基层党组织“一枝独秀”，村级自治组织发展缓慢，输入型社会组织发展空间有限。表现为：一是一些基层党组织定位存在偏差，没有适应政府、市场、社会协同发力治理乡村的要求，承接乡村振兴各类资源的过程中存在既“脱嵌”于乡村社会又“脱嵌”于乡镇政府的情境，行政化倾向普遍严重。

二是基层自治组织的功能发挥不够。农村精英的流失使得村民自治主体力量萎缩，乡村治理的公共精神缺失，“政府干、群众看”的情况依然存在，各类村级组织的合作不足。群众自发形成的组织如红白理事会、乡贤会、秧歌队等，人员松散，发展迟缓，参与乡村治理的能力有限。三是服务乡村振兴的社会组织数量少、类型单一、功能交叉，由于资源、内在动力因素对政府的依赖度较大，参与治理质量和社会动员能力不高。

四　推进甘肃乡村组织振兴的对策建议

甘肃乡村组织振兴必须深刻把握农村经济社会的特点，以强化党组织凝聚力为主线，构建以乡村党组织为核心，村民自治组织为基础，乡村经济发展型、技术服务型、文化娱乐型等组织和其他社会组织为补充的现代乡村组织体系，重点强化党组织核心地位，为乡村振兴提供坚强的政治和组织保障。

（一）建强农村基层党组织

农村基层党组织在乡村各类组织中具有核心地位。加强农村基层党组织建设要坚持党政主导和发挥农民主体作用相结合，关键要聚焦党组织政治功能发挥，强化党组织在乡村振兴中的领导核心地位。

1. 强化党组织政治功能

一是强化政治引领功能。进一步构建“全覆盖”的乡村党组织构架体系，把党组织的组织优势同乡村产业、人才、文化、生态振兴相结合，把党建工作融入乡村振兴每一个环节，探索“联合党委+”“党建+”等引领乡村振兴的模式。二是强化组织动员功能。发挥党组织协调优势，从培育带头人和提高基层党组织成员能力方面入手提升农村基层党组织的组织力，为乡村振兴各项工作提供资源支持和政治保障。三是强化服务功能。建设服务型党组织，打造便民服务平台，通过热线服务、联网服务、站点服务等为广大群众提供常态化服务，培育具有地域特色的党建品牌，不断增强党组织凝聚力。

2. 加强农村党员队伍建设

加强农村基层党组织建设，一是壮大党员队伍。要从农村优秀青年群体中发展党员，更多关注返乡大学生、打工返乡人员、复转军人、优秀教师群体，增强农村党员队伍活力。针对培养发展党员难的问题，可以建立农民党校对优秀农民进行集中培训，并建立农民党校党支部，将表现优秀、符合条件的农民学员发展为党员，为党组织输送新鲜血液。二是构建更加广泛的党员教育新形态，分类分级开展党员教育培训，围绕乡村振兴实际需求，优化教育培训内容，增强培训教育的实用性，提高党员素质，更好地发挥党员在乡村振兴中的模范作用，增强党组织的战斗力。

3. 选好基层党组织“领头羊”

实行专职化用人、多渠道选人和高薪酬留人，运用“海选”、公开招考、聘任制等方式，选拔农村基层党组织优秀带头人，培养能带富、善治理、懂经营的基层党组织带头人。注重从大学生村官、返乡创业青年、农村致富能手、产业大户、复员退伍军人和其他乡贤人士等中选拔村党组织书记，或从乡镇或县（市）直单位选派能力强的年轻干部到乡村振兴任务重的村担任党支部书记。实施“人才+创新创业”“人才+党建”等能力培养工程，建立村级后备干部档案库，通过“传帮带”培养储备一定数量的农村基层党组织后备力量。

4. 创新管理和考核机制

建立村干部待遇稳定增长机制，以及能者上、庸者下的考核机制，增强农村基层党组织岗位的吸引力，建立和用活容错机制，鼓励村干部在乡村振兴工作中大胆创新。进一步为农村基层党组织松绑减负，减少各类检查、考核、评比，压缩文山会海，切实为基层党组织书记减压，让其有更多精力投入乡村振兴。

（二）培育和发展其他各类组织

1. 深化村民自治实践

健全党领导的村民自治机制，完善村民议事机制和民主监督制度，丰富协商议事形式，培育乡村自治文化，以村规民约的实施引导村民树立乡村振兴的主体意识和参与自治实践，以乡村公共事务的治理需要引导乡村建立新型自治组织，如乡贤评议会、道德评议会、自治议事团、志愿服务队等，提升村民自治能力。

2. 发展农村集体经济组织

加大对农村集体经济组织的扶持，集中安排资金或整合涉农资金支持村集体经济项目，破解集体经济融资难题，将形成的经营性资产“量化折股”给村集体经济组织和村民，推动村集体经济组织稳步发展。深化农村“三变”改革，盘活农村集体资产和土地资源，通过股份合作、入股新型经营主体和龙头企业、租赁等方式发展壮大集体经济，组建新型集体经济组织，如股份经济合作社、经济合作社等，并及时赋码登记，激活组织发展活力。创新发展村与村、户与户、龙头企业和农民合作社互助发展模式，鼓励农村集体经济组织参与特色产品培育、乡村旅游、东西部扶贫协作资金承接等，增强自主经营能力。

3. 培育新型乡村社会组织

完善乡村社会组织培育机制，借助市场、社会力量孵化乡村社会组织，重点发展服务性、公益性、互助性组织，并通过财政支持、购买服务等方式扶持社会组织发展壮大。搭建各类组织参与乡村振兴的平台，引导社会组织发挥专业优势参与乡村产业发展、社会治理、公共服务、法律服务、基础设施建设等，打造一批能力强、服务好、影响力大的乡村社会组织，培育特色品牌，并调动村民参与乡村振兴的积极性。激发乡村社会组织运行活力，提高社会组织服务乡村振兴的能力。

（三）大力培养乡村组织人才

人才是乡村组织振兴的关键。针对乡村组织人才短缺问题，一是要推荐村干部、致富带头人、农村优秀人才到院校接受教育，培养一批“带不走、能力专”的人才队伍，并不断优化乡村就业创业环境，吸引年轻人“回流”乡村，增强乡村各类组织对人才的吸引力。二是发展农村职业教育，以乡村振兴需求为导向开设专业，培养更多高素质的农村技能人才，夯实乡村组织发展基础。三是培育经营管理人才。通过“党组织+”“村两委+乡贤”“企业+协会+农户”等方式，鼓励村干部、回乡大学生、农技专家、科技示范户、生产经营能手等领办创办农民专业合作社、农业技术基地或其他经济实体。引进集体经济发展职业经理人，把“懂经营、会管理”的人才吸纳到管理岗位，“一盘棋”管理农村集体经济规划和村庄集体事务。

（四）将优秀传统文化融入乡村组织建设

乡村组织振兴既要塑形也要铸魂，甘肃文化资源丰富，红色文化、敦煌文化、黄河文化、民族民俗文化是乡村组织建设的精神宝库。甘肃乡村组织振兴应注重对优秀传统文化的涵养与支持，夯实乡村组织的文化基础。一方面，积极挖掘优秀传统文化中重义轻利、勤劳俭朴、戒骄戒躁、明大德严私德等思想，将其融入乡村组织建设和党员教育之中，增强基层党组织文化建设，坚定党员文化自信。将优秀传统文化融入党群服务中，提高乡村组织治理乡村的效能并助力文化振兴。另一方面，将中华优秀传统文化和社会主义核心价值观相结合，加强农村思想道德和精神文明建设，增进广大群众对乡村振兴的情感认同。依托“党建+村规民约”，引导乡村建立体现传统美德、优良风俗的村规民约，将传统的道德义务融入其中，培养村民的公共精神。

（五）健全对乡村组织的监督机制

加强对农村党组织书记的监督，构建全方位监督体系，建立日常预防机制、规范约束机制和社会联防机制，拓宽群众监督渠道，强化对农村党组织书记用权特别是小微权力的刚性约束。健全乡村组织运行监督机制，重点对村集体资金、资产、资源使用管理情况进行监督，政府相关部门从业务范畴对乡村组织运行进行监督，村“两委”从出资人角度对集体经济组织的财务状况进行监督，确保农村基层党组织、村级集体经济组织、社会组织依法运行。强化纪检及巡察监督，对村干部廉洁履职、农村集体资产管理、乡村振兴资金使用等领域开展监督，查处并整治贪污腐败和不正之风。

参考文献

徐勇：《“政党下乡”：现代国家对乡土的整合》，《学术月刊》2007 年第 8 期。

付文、王锦涛：《基层党建推动乡村振兴》，《人民日报》2021 年 6 月 3 日，第 11 版。

张英洪、王丽红、刘伟：《新时代农村集体经济组织的重构》，《农村经营管理》2021 年第 9 期。

曾凡军、文超：《嵌入性理论视域下乡村组织振兴路径研究》，《科技智囊》2021 年第 1 期。

赵强社：《乡村组织振兴的关键是创新基层领导制度》，《中国乡村发现》2021 年第 1 期。

区域篇

Regional Topics

G.8
甘肃沿黄农业产业带高质量发展研究报告*

马丽荣　师永沿　乔德华　贾　婧**

摘　要： 本报告分析了甘肃沿黄农业产业带高质量发展现状、存在问题及农业高质量发展面临的机遇，并以甘肃沿黄灌区重要城市白银市为重点研究区域，剖析了该市农业高质量发展现状及制约因素，从优化农业结构，构建现代农业产业体系；加强科技创新，引领驱动农业高质量发展；加强标准化、品牌化建设，促进农业提质增效；推动农业机械化、智能化建设，助力农业现代化；巩固农业基础优势，推动“三产”融合发展；提升农民科技素质，促

* 本报告是甘肃省哲学社会科学规划重点招标课题“后扶贫时代甘肃省解决相对贫困问题的长效机制研究”（基金项目：20ZD005）的阶段性成果。

** 马丽荣，甘肃省农业科学院马铃薯研究所副所长，咨询工程师（投资），主要研究方向为区域经济与工程咨询；师永沿，白银市农业农村局规划科科长，正高级农艺师，主要研究方向为区域经济及规划；乔德华，甘肃省农业科学院农业经济与信息研究所研究员，咨询工程师（投资），主要研究方向为农业产业化和区域农业经济；贾婧，靖远县畜牧兽医技术服务中心石门畜牧兽医工作站助理畜牧师，主要研究方向为畜牧技术服务和动物检疫与防疫。

进农业增效、农民增收等六个方面提出促进白银市农业高质量发展的对策。

关键词： 高质量发展 沿黄农业产业带 甘肃省 白银市

甘肃是黄河流域重要的水源涵养区和补给区，肩负着黄河上游生态修复、水土保持和污染防治的重任。党的十八大以来，习近平总书记多次实地考察黄河流域生态保护和发展情况，并提出将黄河流域生态保护和高质量发展战略上升为国家战略。沿黄灌区是甘肃省重要的农牧业生产基地，许多农牧产品在全省占有重要地位，部分特色农牧产品优势突出。近年来，甘肃沿黄灌区循序渐进地推动农业高质量发展，特色农业发展势头良好，目前农业发展正处在由总量扩张向提高质量、增加效率转变的关键时期。但是依然存在农业高质量发展水平较低、科技创新能力不足、专业技术人员缺乏、水资源严重短缺等突出问题，严重制约了区域高质量发展。近几年，黄河流域生态保护和高质量发展已成为环境保护与区域经济研究的热点之一，许多研究关注的对象是黄河流域的多个省区，而对甘肃省沿黄灌区农业高质量发展的研究较少。鉴于此，本研究将基于甘肃省沿黄灌区农业高质量发展现状，提出相应的对策建议，为该区域农业高质量发展提供参考。

一 甘肃沿黄农业产业带高质量发展概况

（一）基本情况

甘肃位于黄河上游，是黄河流域非常重要的水源涵养区和补给区，肩负着黄河上游生态修复、水土保持和污染防治的重任。甘肃沿黄流域总面积14.59万平方公里，占全省土地面积的34.3%。黄河干流自南向北流经甘南、临夏、兰州和白银4市（州），长达913公里，占黄河全长的16.7%。甘肃沿黄灌区地域广阔、地形多样、物产丰富。2020年沿黄灌区的兰州、白银、临夏、甘南4市（州）常住人口764.08万人，约占全省总人口的28.98%，GDP为3934.3亿元，占甘肃省GDP的43.63%，人均GDP是全省平均水平的1.25倍；但各市（州）间经济发展严重不均衡，兰州市GDP居全省第一，临夏居第13位，甘南居最后，白银、甘南、临夏人均GDP低于全省平均水平，兰州市人均GDP分别为白银、甘南、临夏的2.0倍、2.1倍、4.2倍。

（二）发展成效

第一，主要农产品产量稳中有增。2020年甘肃沿黄灌区涵盖的兰州、白银、临夏、甘南4市（州）粮食、肉类、禽蛋、牛奶产量分别从2010年的177.74万吨、19.99万吨、3.91万吨、19.14万吨增加到2020年的213.39万吨、30.94万吨、4.90万吨、28.26万吨，2020年占甘肃省的比重分别为17.75%、28.10%、25.45%、53.30%。蔬菜、瓜类、水果产量分别从2010年的340.17万吨、26.49万吨、32.73万吨增加到2020年的352.67万吨、103.64万吨、33.39万吨，2020年占全省的比重分别为24.50%、35.31%、6.99%（见表1）。

表1　甘肃沿黄农业产业带4市（州）主要农产品产量

单位：万吨，%

农产品	产量		占全省比重	
	2010年	2020年	2010年	2020年
粮食	177.74	213.39	18.73	17.75
肉类	19.99	30.94	26.60	28.10
禽蛋	3.91	4.90	24.74	25.45
牛奶	19.14	28.26	55.14	53.30
蔬菜	340.17	352.67	45.19	24.50
瓜类	26.49	103.64	15.10	35.31
水果	32.73	33.39	16.60	6.99

资料来源：《甘肃农村年鉴》（2011、2021年）。

第二，农业发展质量持续向好。累计认证“三品一标”农产品1110个，培育“甘味”区域公用品牌50个，兰州百合、永登苦水玫瑰、皋兰软儿梨、和政啤特果、景泰条山梨、靖远枸杞、靖远羊羔肉、东乡贡羊、甘南藏羊、会宁胡麻油、会宁小杂粮、兰州高原夏菜、榆中大白菜、皋兰禾尚头小麦、靖远旱砂西瓜等入选“甘味”知名农产品区域公众品牌名录。

第三，产业融合态势加快形成。燎原、华羚、庄园、雪顿、正大、阿西娅、爽口源、豫兰生物、鑫源、康源等一批产业关联度高、竞争力强、能带动农民增收的龙头企业日趋发展壮大，市场知名度和竞争力明显提升。依托黄河流域独特的自然、人文资源优势，建成了一批休闲观光、乡村民俗、康养基地，农村第一、第二、第三产业融合发展。新型农业经营主体不断发展壮大，农村居民收入增幅明显，2020年沿黄灌区农牧民专业合作社达21774个，家庭农（牧）场达4244个，农村居民人均可支配收入兰州市较高，为14652元，白银市、甘南州分别为10711元、10029元，临夏州最低，为8113元。

（三）制约因素

甘肃沿黄农业产业带绝大部分地区年降水量低于400毫米，地貌类型复杂多样，植被覆盖度低，自然条件差；黄河沿岸水低地高，水资源利用难度大、成本高，易盐碱，部分地区水资源过度开发，经济社会用水挤占河湖生态水量，经济发展带来的生态保护压力依然较大。农业基础设施短板明显、科技投入不足，多元投资、协同长效、科学治理新格局尚需完善。区域发展不平衡，兰州市经济总量稳居甘肃省第一位，综合实力强；临夏回族自治州和甘南藏族自治州曾是国家“三区三州”和甘肃省“两州一县”深度贫困地区，自然条件差、经济基础弱，少数民族集聚区与相对贫困区域和生态脆弱区分布的吻合程度比较高，因此其农业发展状况在一定程度上决定着甘肃沿黄农业产业带的农业高质量发展水平。

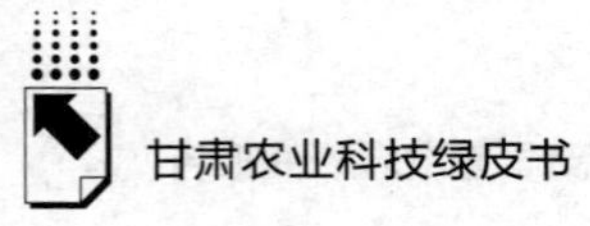

（四）白银市农业高质量发展形势

白银市是黄河流域重要资源型城市和沿黄特色农业灌区，也是黄河流域甘肃段重点经济区和兰西城市群。黄河沿岸土地宽阔平坦，水利资源丰富，为做强做大沿黄绿色生态产业和现代高效农业等奠定了基础。黄河呈"S"形流经白银市258公里，占黄河甘肃段总流程的28.3%，年均入境流量293亿立方米，流域面积1.47万平方公里，孕育了悠久的黄河农耕文化，形成了发达的现代引黄灌溉农业，是国家黄河重点生态区（含黄土高原生态屏障）、全省陇中陇东水土保持区、中部沿黄生态环境综合治理区。

经过长期努力，白银农业生产条件全面改善，建成了黄河上游最大的引黄灌溉农业区，培育形成了牛羊菜果薯药等十大特色产业，产业规模化、集约化程度不断提高，地方性特色农产品生产经营已初具规模，绿色生态循环农业加快发展，成为全省最大的羔羊生产基地、西北最大的反季节蔬菜基地、全省重要的粮油和生猪生产基地。

2020年，白银市粮食、肉类、禽蛋、蔬菜、瓜类产量占甘肃沿黄农业产业带4市（州）比重分别为46.35%、34.06%、38.12%、34.03%、86.80%；农牧民专业合作社、家庭农（牧）场数量占4市（州）比重分别为37.11%、43.33%；耕地面积、有效灌溉面积占4市（州）比重分别为43.39%、47.01%。白银市农业资源禀赋和生态环境特征高度契合现代社会对生态农产品日益增长的需求，在沿黄农业产业带占据优势地位，基于此，本报告将白银市作为重点研究区域。

二　甘肃沿黄农业产业带高质量发展面临的机遇

（一）宏观政策迎来战略叠加机遇

甘肃当前正处于重大机遇叠加的窗口期，构建"双循环"新发展格局、新时代推进西部大开发、"一带一路"建设、黄河流域生态保护和高质量发展等国家战略交融叠加，国家产业布局调整向西转移推进、兰州—西宁城市群发展规划等国家和区域重大战略规划的推动实施，为甘肃沿黄农业产业带高质量发展提供了政策机遇。

（二）推动黄河流域高质量发展的历史机遇

甘肃沿黄农业产业带在黄河上游具有重要战略地位，是黄河流域生态保护和高质量发展国家战略的主要政策受益区，将为甘肃沿黄灌区加快经济高质量发展、促进现代农业转型升级、加强生态环境保护提供难得的历史机遇。

（三）全面建成小康社会与消费升级带来的市场机遇

在构建新发展格局背景下，扩大内需成为我国经济发展的战略基点；全面建成小康社会，推动城乡居民收入提升和消费结构升级；国内超大规模市场优势不断显现，对优质农产品的消费需求将不断增长。推进新型城镇化、实施乡村建设行动，将不断激发农村市场需求，释放消费潜力。随着消费观念转变和消费结构升级，民众对绿色有机生态农产品的需求呈现爆发式增长，这为加快推进农业高质量发展提供了广阔的市场空间。

三　白银市农业高质量发展现状及制约因素

（一）发展现状

1. 粮食和重要农产品生产供给能力大幅提升

近年来，白银市始终守牢粮食安全责任，落实“藏粮于地、藏粮于技”战略，多措并举稳定粮食生产，粮食播种面积、粮食单产、粮食总产连年增长，2020 年全市粮食播种面积 26.30 万公顷，总产量 98.91 万吨，创历史新高。坚持发展现代丝路寒旱农业，特色产业发展势头强劲，以日光温室为主的蔬菜产业和以牛、羊、猪为主的畜牧养殖业持续壮大，重要农产品生产供给能力大幅提升。2020 年全市瓜菜面积达到 4.23 万公顷，瓜菜产量达到 209.96 万吨；牛、羊、猪、禽饲养量分别达到 20.30 万头、550.68 万只、264.21 万头、977.36 万只，肉蛋奶产量达到 28.49 万吨。

2. 农业科技成果应用成效显著

白银市大力推进农业科技创新和成果推广应用，取得了一大批标志性重大成果，农业科技进步贡献率已达 57.1%，对支撑引领农业农村高质量发展发挥了重要作用。全市持续打造农业科技创新平台，发挥辐射带动作用。在重点培育新疆润丰、阿西娅、新希望、中创博利等一批龙头企业，着力打造标准化种养、精深加工、网络营销农业全产业链的同时，引进一批发展优势明显、带动能力突出的龙头企业，就冷链物流、智慧农业、功能农产品开发等方面开展合作。推行“企业+科研院所”产学研相结合的模式，坚持在品种、技术、机制创新中提升种业竞争力，并持续强化科技示范点建设，推动产业技术革新。

现已建成高标准农田 10.79 万公顷，在保护耕地与加强高标准农田建设的同时，建成各类农田水利灌溉工程 1710 处，发展有效灌溉面积 10.60 万公顷，农田灌溉水有效利用系数达到 0.55；农业机械总动力 191 万千瓦，主要农作物耕种收综合机械化率提高到 58.06%；农作物良种覆盖率达 96.1%；以发展生态循环农业为主攻方向，全力推进农业农村绿色发展，全面开展农业面源污染治理，整县推进农业废弃物综合利用，全市废旧农膜回收利用率、尾菜处理利用率、畜禽粪污综合利用率分别达到 84.98%、40.14%和 81.86%。

3. 农产品品牌培育效果突出

坚持不懈抓农产品品牌和质量建设，大力推进“三品一标”创建，培育“甘味”农产品知名品牌。制定农业地方标准 57 项，创建标准化生产基地和示范场 147 个（家），累计认证“三品一标”农产品 232 个，49 个农产品荣获国家和省级农展金奖，19 个产品入选国家扶贫产品名录，会宁小杂粮等 5 个农产品入选“甘味”知名农产品区域公众品牌名录，甘肃菁茂等 12 家企业入选“甘味”农产品企业商标品牌。靖远县获批全国首个国家地理标志保护产品示范区、国家级农产品质量安全县，景泰县被评选为全国率先基本实现主要农作物生产全程机械化示范县，被命名为“国家绿色农业示范区”，靖远县白茨林村等7个村入选全国“一村一品”示范村镇。

4. 农产品市场营销体系逐步完善

积极拓展省内省外联动、线上线下融合、产地销地匹配的农产品销售新通道，建立了以京津冀、港珠粤、长三角、珠三角、陕甘宁、成渝圈为骨干的六大农产品物流通道；建立了以“邦农”为枢纽的产地集配中心，辐射5个县区的35个乡镇367个村。组建了全市首个农产品产销联盟，建立白银市农产品直销窗口（销售专区）十多处。加强与中创博利科技控股有限公司深度合作，建立职业农民网红培训基地，提升农产品供应链。全市建成县区电子商务服务中心5个、乡镇级电子商务服务站69个、村级电子商务服务网点455个，建成县乡农贸市场64个、果蔬保鲜库326座，购置移动保鲜车40台，建成农产品产地批发市场2个，年外销农产品142万吨，销售收入36亿元。

5. 新型经营主体加快发展

坚持“外引”“内培”相结合，健全“企业+合作社+村集体+农户”等模式，创新投融资机制，构建政府、社会、资本、银行贷款和企业自筹多方投融资机制，支持新型经营主体发展壮大。引进落地新希望、新疆润丰、河南牧原等大型循环农业龙头企业25家，全市农业产业化龙头企业达到443家，其中国家级龙头企业1家、省级60家、市级107家，培育本土上市企业1家，加工销售型龙头企业达到45家。全市农民专业合作社达到8080家，创建国家级示范合作社58家、省级示范合作社429家、省级百强合作社15家。鼓励发展家庭农场，全市家庭农场达到1839家，其中省级示范性家庭农场32家、市级示范性家庭农场181家。

（二）存在的问题

1. 区域生态系统脆弱，水土流失极为严重

白银市地处陇中黄土高原西北边缘及祁连山东延余脉向腾格里沙漠过渡

地带，气候干旱，地貌类型复杂多样，降水少且分布不均匀，植被覆盖度差，生态恶化趋势尚未根本扭转。土地盐碱化趋势加重，引黄高扬程灌区和沿黄自流灌区部分良田被盐碱侵蚀撂荒，盐碱耕地已达 3.33 万公顷，其中重度盐碱地 0.7 万公顷。土地沙化、荒漠化突出，水力风力侵蚀严重，水土流失面积占全市土地面积的 68.5%。特别是占黄河上游面积 8.18%的祖厉河流域，成为黄河流域有名的泥河。

2. 产业结构仍需优化，创新能力亟待提高

目前白银市传统产业占比依然较大，传统企业赋能提升能力偏弱，新兴产业尚未形成有效支撑。科技创新投入仍然不足，高科技创新人才缺乏，创新平台与资源协同作用发挥不充分，科技创新带动能力亟待提高。产业结构有待优化，主导产业优势不强，产业链和价值链有待提升。第一、第二、第三产业融合发展水平不高，农业产业链延伸不充分，优质龙头企业数量少、规模小，农产品精深加工能力弱，仓储冷链物流体系建设仍需加强，品牌影响力和市场占有率亟待提升。

3. 高质量发展人才缺乏，培育体系不够完善

目前农村留不住人才和引不来人才的“两难”问题、人口老龄化和村庄空心化“双重”压力依然严峻，大量的年轻劳动力资源外流。农村人才培育体系不完善。农村人才培育资源配置分散，协同调整不到位；培训内容缺少针对性和实用性、培训供给和需求对接不畅；培训方式比较单一，内容针对性不强。培训制度不完善，评估体系不健全。目前尚未建立比较科学、全面、规范的农民培训制度，监督管理缺乏。现有基层农技人员知识老化、知识更新慢，缺乏市场预测、市场行情分析及经营管理指导能力。

4. 农业基础设施建设滞后，资源约束趋紧

耕地质量整体偏低，优质耕地资源数量少，部分区域农田立地条件较差，不利于机械化操作；灌溉渠道长期失修，水利设施投入不足，抵御自然灾害能力较差；农业设施装备水平整体落后；水资源约束比较突出，旱作农业占比达 75%；自然灾害多发，防灾减灾能力仍然不强，不能满足农业农村现代化发展的需要。基础设施建设资金稳定投入长效机制尚未建立。

四 白银市农业高质量发展对策

（一）优化农业结构，构建现代农业产业体系

加强水土资源保护，解决环境与生产的矛盾，形成农业产业与生态环境相协调的新发展格局。立足于白银市资源禀赋和发展实际，紧扣黄河流域生态保护和高质量发展先行区实施意见，按照省级“一带五区”现代丝路寒旱农业产业布局，构建会宁县“南牛北羊+高原夏菜+旱作农业”全产业链体系，靖远县“北畜南菜+杞瓜枣梨+高效农业”全产业链体系，景泰县“鱼米粮仓+现代园区+戈壁农业”全产业链体系，白银区“东棚西加+物流仓储+休闲农业”全产业链体系，平川区“茄果芋药+陶瓷小镇+黑驴养殖”全产业链体系。按照全省领先、示范西北、引领黄河流域农业高质量发展的目标定位，建设现代丝路寒旱农业综合示范区，打造千亿级农业产业集群，构建现代农业产业体系，推动农业高质量发展。打造生猪养殖加工、肉羊养殖加工、特色草食畜牧业、蔬菜种植加工、瓜果种植加工、马铃薯种植加工、地方地理标志产品、戈壁生态农业、生态循环农业、通道物流等十个百亿级现代农业全产业链，构建集生产、加工、流通、销售于一体的农业产业模式，推动要素资源向主导产业、龙头企业聚集。

（二）加强科技创新，引领驱动农业高质量发展

坚持以科技创新为引领，推动农业发展由依靠物质要素投入向依靠创新驱动转变。把科技创新作为农业高质高效绿色发展的关键，聚焦生物育种、耕地质量、智慧农业、农业机械设备、农业绿色投入品等关键领域，开展农业科技核心技术攻关，加大新品种、新技术、新装备的引进与示范推广。积极研发引进示范推广现代丝路寒旱农业成套技术和成套装备。加强动物疫病和农作物病虫害绿色防控技术研究与推广应用，提升农业重大风险防范和产

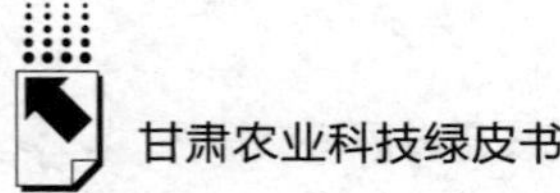

业安全保障能力。坚持农机农艺集成配套，加快现代农业技术与农机应用技术集成推广。

（三）加强标准化和品牌化建设，促进农业提质增效

以绿色有机农产品为主攻方向，充分发挥资源优势和农产品特色优势，加快实施品牌创建及品牌营销战略，建立以“甘味”公用品牌为统领、地方公用品牌和企业商标品牌为支撑的品牌培育体系，突出高品质特色和“甘味”品牌、“银字”招牌，大力推进“三品一标”建设。围绕靖远羊羔肉、菁茂甘草羊、绿禾盘丰辣椒、甘富苹果、“红运”小口大枣、条山梨、“高原宏”枸杞等地理标志和有机绿色认证农产品、地方驰名商标农产品，讲好白银品牌故事，塑造品牌形象，提高品牌的市场认知度和影响力。推动线上线下、产地销地联动融合，强化发展支撑，加快建设布局合理、供需适配、畅通便捷、保障有力的农产品市场体系。

（四）推动农业机械化、智能化建设，助力农业现代化

开展现代农业装备技术引进、试验、示范与集成配套，强化农机农艺融合，促进良种、良法、良地、良机全面配套。聚焦产业全程机械化、设施农业智能化、水肥一体化以及农产品储运加工、畜禽粪污处理、农残回收利用、中药材种植、马铃薯收获、枸杞采摘等关键领域和重点环节，加快农机农艺集成配套、推广应用，重点提升小麦、玉米、马铃薯等主要农作物整地、种植、植保、收获、加工等环节全程机械化水平，加快畜牧业、林果业、渔业机械化装备应用。

推动现代信息技术、大数据等在农业各领域的融合应用，积极争取数字农业创新应用基地建设，发展智慧农业。围绕牛、羊、猪、瓜果、蔬菜、中药材、黑毛驴、小杂粮等产业，探索应用现代科技信息和农业大数据服务全产业链建设路径、模式和机制。依托农产品生产基地和农业示范园区，建设10个以上的智慧农业应用试点，通过试点探索，建立条块结合、全数据采集、分析与应用智慧农业技术体系，服务全市农业现代化发展。

（五）巩固农业基础优势，推动三产融合发展

全方位多元化推进农村产业融合发展，以积极争取实施农村产业融合发展示范园项目、农业产业强镇建设项目、农村一二三产业融合发展先导区等项目为载体，大力拓展农业多种功能，培育新产业新业态，发展根植于农业的三产融合，积极探索推进农业功能多样性的产业融合发展、新技术渗透和交叉重组的产业融合发展、聚焦地标农产品的产业融合发展、基于特色产业的乡村休闲旅游等模式，吸引各类市场主体投资参与产业融合发展。

（六）提升农民科技素质，促进农业增效农民增收

农民是实施乡村振兴的主体，在实现农业高质量发展的过程中，农业科学技术的转化应用需要依靠广大农民来实现，农民的科技文化素质很大程度上影响着农业现代化建设的进程。目前，白银市农民的科学文化素质整体不高，无法很好地利用先进的农业科学技术。因此，如何全面提升农民整体素质，是白银市高质量发展要解决的根本性问题。一是优化农民素质提升顶层设计，建议成立白银市农民科技素质培训办公室，对农民教育培训工作进行规划、组织、协调、指导和监督，统筹规划培训资源，制定科学合理的培训目标；二是着力激发农民内生发展动力；三是科学精准设置农民培训内容，建立农民科技教育大数据库；四是加强农业技术推广体系建设，对现有从事公益服务的农技人员进行分层次、多内容的继续再教育，拓宽知识面，使其成为基层农技推广带头人。

参考文献

王里克、贾世梁：《甘肃黄河流域农业水资源利用及其开发对策》，《发展》2022 年第 3 期。

张芸、李荣：《黄河流域生态保护和高质量发展同步推进范式探讨——甘肃省白银市的调查与思考》，《生产力研究》2020 年第 6 期。

方琳娜、尹昌斌、方正、张洋：《黄河流域农业高质量发展推进路径》，《中国农业资源与区域》2021 年第 12 期。

肖琴、周振亚、罗其友：《新时期长江经济带农业高质量发展：问题与对策》，《中国农业资源与区域》2019 年第 12 期。

G.9

河西地区农业高质量发展研究报告

汤 莹 张立勤 赵 旭 李伟绮 崔云玲*

摘 要： 河西走廊具有独特的资源禀赋，是甘肃具有战略性的典型农业区，也是西北主要的商品粮基地和经济作物集中产区。近年来，河西地区抢抓国家乡村振兴战略实施的重大机遇，加快推进农业供给侧结构性改革，基本形成以玉米制种、高原夏菜、畜牧养殖、戈壁设施农业为主体的现代农业发展格局。面对农业资源环境压力和国际竞争，河西地区不断提高地区农业的创新力、竞争力和全要素生产率，加快构建现代农业产业、生产和经营体系，走“产地环境清洁化、农业投入绿色化、生产过程标准化、产业模式循环化、农业废物资源化、产品供给品牌化”的现代之路，是河西地区农业高质量发展的必然方向。

关键词： 农业 高质量发展 河西地区

河西地区地处甘肃省黄河流域以西，通常指乌鞘岭以西宽 50~120 千米、长约 1000 千米的狭长地带，因此又被称为“河西走廊”，包括酒泉、张掖、武威、金昌、嘉峪关 5 个地级市，下辖 19 个县（市、区）。该地区南部为祁

---

* 汤莹，甘肃省农业科学院土壤肥料与节水农业研究所所长、副研究员，主要研究方向为耕作栽培及作物养分资源利用；张立勤，甘肃省农业科学院土壤肥料与节水农业研究所研究员，主要研究方向为水资源高效利用；赵旭，甘肃省农业科学院土壤肥料与节水农业研究所副研究员，主要研究方向为农业微生物；李伟绮，甘肃省农业科学院土壤肥料与节水农业研究所副研究员，主要研究方向为耕作栽培；崔云玲，甘肃省农业科学院土壤肥料与节水农业研究所研究员，主要研究方向为水资源高效利用。

连山地，广布冰川，是河西走廊三条内陆河（疏勒河、黑河、石羊河）的发源地，同时也是绿洲灌溉农业的水源地；北部由马鬃山、合黎山和龙首山组成，与腾格里沙漠、巴丹吉林沙漠接壤。河西地区面积27.6万平方千米，占甘肃省总面积的60.3%；人口437万人，占甘肃总人口的17.6%。现有耕地125.84万公顷，占甘肃省耕地面积的24.2%；其中农田有效灌溉面积85.83万公顷，占全省的64.1%。河西走廊光热资源丰富，干旱少雨，绿洲农业历史悠久，农业生产基础雄厚。光照时间长、昼夜温差大、病虫害发生少、工业污染小的自然资源禀赋促进了该地区绿洲灌溉农业的快速发展，河西走廊现已成为西北地区主要的商品粮基地和经济作物集中产区。

一　河西地区农业高质量发展具备坚实基础

“十三五”以来，河西地区依托独特的资源禀赋，抢抓国家乡村振兴战略实施的重大机遇，加快推进农业供给侧结构性改革，以创新驱动发展，做大做强现代丝路寒旱农业，以玉米制种、高原夏菜、畜牧养殖、戈壁设施农业为主的现代农业产业格局初具规模，农田基础设施不断完善，农业标准化生产持续推进，综合生产能力稳步提高，农业农村发展保持了良好态势，为“十四五”河西农业实现高质量发展奠定了坚实基础。

（一）综合生产能力显著增强

近年来，河西地区坚持把抓好粮食生产作为首要任务，多措并举稳定粮食播种面积。小麦种植面积稳定在11.3万公顷以上，玉米种植面积达到25.3万公顷，马铃薯种植面积达到4万公顷以上，粮食产量连续五年保持在320万吨以上。饲草种植面积稳定在5.3万公顷以上，建成了甘肃最大的商品苜蓿种植基地，是国内优质牧草重要产区。

2020年，河西地区粮食作物播种面积48.8万公顷，总产量344万吨，分别占甘肃省总量的18%和29%。经济作物种植面积30.78万公顷，生产的优质啤酒大麦和酿酒葡萄原料占我国市场份额的1/2以上；畜禽饲养量达到6280万头（只），同比增长13.2%；肉、奶、蛋产量分别达40.5万吨、19.7万吨、5.8万吨，较“十二五”末分别增长13.9%、25.5%、36.1%，主要农产品均衡供应能力明显增强。农业总产值495.3亿元，农业增加值达284.1亿元，分别比“十二五”末增长38%和34%，年均增长10.9%和7.3%；农村居民人均可支配收入达16548元，比“十二五”末增长46.9%，年均增长8%。绿色有机农业、戈壁设施农业、循环农业、休闲农业等新业态、新模式不断涌现，农业农村经济发展呈现持续向好局面。

（二）特色产业发展势头强劲

河西地区抢抓“一带一路”、乡村产业振兴等国家战略实施的政策机遇，加快推进现代丝路寒旱农业发展，以玉米及瓜菜制种、高原夏菜、畜牧养殖业、戈壁设施农业为主体的农业优势特色产业规模持续壮大，活力不断提升、效益更加突出。

建成以玉米、瓜菜、花卉制种为主的现代制种基地。2020年制种玉米种植面积达8.64万公顷，产种5.46亿千克，占全国市场份额的40%，生产能力可满足全国玉米制种市场50%的需求，是全国最大的玉米制种基地。高原夏菜播种面积达11.75万公顷，蔬菜产量628.5万吨，占甘肃省蔬菜总产量的43%，是国内“西菜东运”和供“粤港澳大湾区”高原反季节蔬菜的主产区之一。肉羊、肉牛、奶牛、生猪、家禽饲养量分别达到2158万只、209万头、16万头、428万头、3518万只，扶持发展畜产品屠宰加工企业31家，年加工能力571.5万头（只），畜牧业在农业总产值的比重逐年提高。“十三五”以来，设施农业成为河西农业发展新的增长点，截至2020年底，塑料日光温室3.24万公顷，钢架大棚0.5万公顷，戈壁设施农业1.05万公顷。其中：设施蔬菜面积达4.69万公顷，产量近250万吨，产值达100亿元。优势特色产业的发展为深化供给侧结构性改革、促进农业提质增效提供了有力抓手。

（三）农业经营方式不断创新

通过“外引”和“自建”相结合的方式，新型农业经营主体不断发展壮大，“企业+合作社+村集体+农户”的生产经营模式进一步健全完善。地方政府积极引导农业产业化经营联合体发展，规范提升农民专业合作社，建立了“政府+社会资本+银行贷款+企业自筹”的多元投融资机制，特色农产品市场化运营体系持续强化，农业产业化经营进程明显加快。共建成农业产业化龙头企业383家，其中国家级龙头企业7家，省级重点龙头企业146家。截至2020年底，河西地区农民专业合作社18911家，占全省总数的21%，位居全省第一。贫困村创建专业合作社覆盖率达到100%、规范运营率达到80.2%。引导种养大户、专业大户组建家庭农场，培育示范性家庭农场6970家，累计带动农户近8万户，形成了一大批引领乡村产业发展的新型农业经营主体。农业社会化服务水平不断提升，组建农业生产服务组织240余家，发展农产品电子商务营销主体1250余户。

（四）发展支撑条件显著改善

大力改善农田基础设施条件，建成高标准农田32.9万公顷，发展高效节水灌溉20.44万公顷。加大戈壁农业、制种基地、规模化养殖小区、冷链物流基地、农业废弃物资源化利用等设施建设，现代农业综合生产能力显著增强。充分利用寒旱资源禀赋，推动戈壁生态农业，新建2万公顷高标准设施农业“菜篮子”生产供应基地。敦煌种业、巨龙集团、康农圣安、祁连清泉等35家农业企业和49家合作社、7000余农户参与建成戈壁生态产业园90个。在民乐县工业园区，海升集团引进荷兰设施农业先进技术模式，建成单体连栋全环境系统智能控制温室20万平方米。农机总动力达到934.7万千瓦，主要农作物耕种收综合机械化水平达到81.91%。测土配方施肥、化肥减量增效、土壤培肥改良、病虫害绿色防控等农业先进技术大面积推广应用，农作物良种覆盖率达98%以上，测土配方施肥技术覆盖率达到95.1%，主要农作物绿色防控覆盖率达到30%，农田病虫害专业化统防统治覆盖率达到40%，农业科技进步贡献率达59%。积极推行规模化、标准化生态畜牧养殖模式，推广养殖废弃物资源化利用技术、粪污无害化处理等设施装备。探索出“粮饲兼顾、草畜配套、以种促养、以养带种、良性互动”的生态循环发展模式。

二　河西地区农业高质量发展的机遇

（一）发展机遇多重叠加

习近平总书记视察河西走廊做出的重要指示，为推进河西地区高质量发展指明了方向。坚持农业农村优先发展方针、全面实施乡村振兴战略，为农业高质量发展提供了制度保障。纵深推进“一带一路”建设、构建西部大开发新格局、推动黄河流域生态保护和高质量发展、构建国内国际双循环发展新格局、促进共同富裕等一系列国家重大战略举措，为河西农业高质量发展带来了诸多政策机遇。甘肃实施现代丝路寒旱农业优势特色产业倍增行动、构建河西走廊经济带等，为河西农业现代化搭建了平台、创造了条件。

（二）内生动力更加强劲

一是经过长期努力，河西走廊已培育形成了现代制种、高原夏菜、畜牧饲草、设施农业四大优势特色产业，特色产品生产经营初具规模，现代农业产业体系、生产体系、经营体系构建，增强了河西农业的整体素质和竞争力，加速了农业现代化进程。二是河西走廊地处西部陆海新通道、共建“一带一路”的核心地带，日臻完善的基础设施和综合立体交通网络体系，为优质生产要素的流动和集聚创造了条件。三是农村综合改革和承包地确权登记颁证工作顺利完成，实现了土地承包权和经营权分离，形成了土地所有权明晰、承包权稳定、经营权放活的新格局，顺应了发展适度规模经营的新要求，为河西地区农业高质量发展开辟了新路径。

（三）市场空间更加宽广

河西走廊干旱高寒、光照时间长、昼夜温差大、环境污染轻的自然资源禀赋和生态环境特征，赋予了农产品天然的绿色有机特质和显著区别于国内其他地区的高品质，高度契合现代社会对生态优质农产品日益增长的需求。“甘味”农产品品牌美誉度和影响力不断上升。随着绿色发展理念逐渐深入人心，消费观念不断转变，消费结构持续升级，人们对绿色有机生态农产品的需求呈现爆发式增长，这为加快推进农业高质量发展提供了广阔的市场空间。

（四）科技支撑更加有力

以信息技术和生物技术为核心的现代科学技术迅猛发展，农作物新品种、绿色增效技术、现代设施装备等领域科技创新成果不断涌现，为农业生产转型升级创造了条件。膜下滴管与微喷灌、水肥一体化、化肥减量增效、土壤增碳培肥、设施基质栽培、农机农艺融合、产地贮藏加工等技术的广泛应用，推进了河西农业生产方式向绿色低碳转型，使资源利用更加高效、产地环境更加清洁、生态系统更加稳定，为农业农村高质量发展提供了强大动能。

三　制约河西地区农业高质量发展的问题分析

（一）经济发展不确定性明显增加

在新冠疫情和国际国内经济下行压力增大的背景下，农产品出口受阻，国内消费受抑制，外向型龙头企业普遍面临巨大的市场压力。农药、化肥、饲料等生产资料价格持续攀升，农产品价格波动明显，增加了农业生产经营的不确定性，农民持续增收缺乏新的支撑和动力。当前，河西地区正处于转变发展方式、优化经济结构、转换增长动力的攻关期，结构性、体制性、周期性问题的相互交织，外部环境不确定性因素的增加，是河西地区农业高质量发展面临的新挑战。

（二）生态环境刚性约束日益突出

河西走廊为典型的大陆性干旱气候，年均降水量仅为 150 毫米，年均蒸发量 2000~3000 毫米，水资源短缺且时空分布不均衡。全区水资源总量 74.3 亿立方米，每公顷土地水资源占有量仅为全国平均水平的 1/3。人均水资源仅为 1570.8 立方米，低于全国平均水平的 70%和国际公认的 1700 立方米警戒线。随着菜、种、草、畜等农业特色产业不断壮大，农业用水量逐年增加，加之用水效率偏低，加重了区域水资源供需矛盾。农业生产中化学投入品过量使用，农田有机碳和养分耗损严重，土壤耕地地力下降，水土流失、荒漠化、盐渍化现象愈加严重。河西地区农业的高质量发展面临着水资源约束日益趋紧、耕地质量退化、保护生态环境压力增大的严峻挑战。

（三）农业面源污染加剧

一是农用化肥施用总量大，强度高。近年来，河西地区化肥施用总量逐年增加，2020 年河西地区农用化肥投入总量 99.066 万吨。主要农作物每公顷平均化肥施用量为 580.5 千克，其中粮食作物化肥施用量 498.0 千克，瓜果蔬菜等经济作物化肥施用量 961.5 千克。与国际公认的化肥施用安全上限每公顷 225 千克相比，河西地区平均化肥施用强度是此标准的 2.58 倍。化肥有效使用率不足 40%，没有得到有效利用的总氮、总磷随着地表径流进入土壤及地下水体，导致农业面源污染加剧，对环境造成严重影响。二是“白色污染”问题日益加剧。大面积高强度使用地膜，使土壤中地膜残留问题日益凸显。以酒泉市为例，2020 年全市地膜覆盖面积 12.8 万公顷，农膜使用总量 1.6 万吨，完成废旧农膜回收后（回收率 70%~80%），耕地中仍残留地膜每公顷 0.3 千克。地膜残留量的持续增加，对农业可持续发展构成严重威胁。三是畜禽粪污产生量大。2020 年河西地区畜禽粪污产生量 4843 万吨，单位耕地的畜禽粪污负荷约为每公顷 38.5 吨，是全国平均量的 2.75 倍。大量的养殖废弃物不能及时处理，成为河西农业面源污染的一大来源。在传统农业中，畜禽粪污是一种很好的有机肥源，但传统堆肥技术简单、设备老旧、堆肥后产品质量普遍较差，将腐熟不彻底的粪污作为有机肥施入耕地，又给土壤带来了潜在的危害。

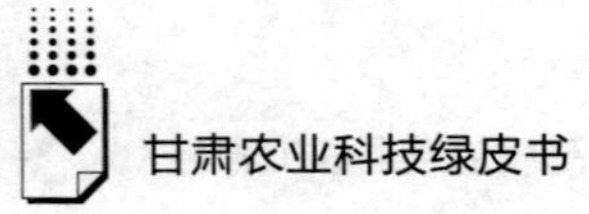

（四）农业农村发展条件有待改善

河西走廊农业基础设施建设相对滞后，农业设施装备水平整体落后，防灾减灾能力仍然不强。农田机耕道路、水利沟渠、蔬菜大棚、日光温室等农业设施自然损坏严重，管护滞后，农业基础设施建设资金稳定投入机制尚未建立。灌区农田省力高效作业机具缺乏，设施农业生产轻简化、机械化、智能化水平较低。冷链、仓储、保鲜设施不健全，农产品采收、保鲜损失较大。多数农产品只经过粗加工阶段就以原料形式直接销售，没有进行加工赋值，导致利润率不高。产地加工及冷链物流企业数量少、规模小，基地建设、精深加工、品牌打造、仓储物流体系建设滞后，农业产业链延伸不充分，科技含量和产品附加值偏低，第一、第二、第三产业深度融合不够，尚不能满足现代农业集约化、规模化、高质量发展的需求。

（五）农业产业化发展内生动力不足

龙头企业、农业合作社、家庭农场等新型经营主体规模偏小、实力较弱，自我发展能力不强，促农带农增收机制尚不完善。农业龙头企业数量少，企业活力不足、吸引力弱，产业链及利益联结不紧密；专业合作社虽然数量多，但规范运营的少，“弱、小、散、空”问题普遍存在。农业生产经营比较落后，种植业、养殖业标准化生产程度低，农产品质量安全水平亟须提升。农业产业园区等发展平台承载能力不高，非粮化、同质化倾向明显，农民参与度偏低，示范带动作用不明显。农业三产融合深度不够，对绿色无公害及有机农产品的重视不够，打造具有河西地域特色优势品牌的意识不强，现有品牌显示度不够，产品多而不优、竞争力不强。针对国内、国际两个大市场的营销体系建设滞后，促农增收效果不明显，农业产业化发展的内生动力不足。

（六）“三农”人才匮乏问题日趋严重

近年来，河西地区人口向大城市和东部发达地区流动的趋势明显，返乡创业、带动当地主导产业发展的人才越来越少。村庄空心化、农户空巢化、农民老龄化问题突出且非常普遍。高素质农村劳动力短缺，“谁来种地”“谁会种地”等问题日渐突出。根据2020年统计数据，河西地区农村人口中，年龄在55岁及以上且从事农业生产经营的人口超过33.6%，学历在初中以上（不含初中）的占13%，知识及劳动技能有限。农业科技教育、高素质农民培训力度不够，高层次农技人员出现局部断层现象。乡村产业发展缺乏领军人才，人才流失和青壮年劳动力短缺并存，制约了河西农业质量、效益和竞争力的进一步提升。

四　加快河西地区农业高质量发展的对策与措施

新阶段我国农业的主要矛盾已经由总量不足转变为结构性矛盾，主要表现为阶段性的供过于求和供给不足并存。面对农业资源环境压力、人民群众不断升级的消费需求以及激烈的国际竞争，河西地区农业高质量发展，必须坚持以习近平新时代中国特色社会主义思想为指引，贯彻落实习近平总书记对甘肃重要讲话和指示精神，以实施乡村振兴战略为总抓手，以推进农业供给侧结构性改革为主线，巩固提升粮食综合生产能力，聚焦现代制种、高原夏菜、畜牧养殖、设施农业等优势特色产业，优化空间布局、强化绿色引领，以提升质量、效率和竞争力为重点，加快转变农业发展方式，促进农业转型升级，拓展延伸产业链，不断提高农业的创新力、竞争力和全要素生产率，加快构建以“产地环境清洁化、农业投入绿色化、生产过程标准化、产业模式循环化、农业废物资源化、产品供给品牌化”为主要特征的现代农业产业体系、生产体系和经营体系，走产出高效、产品安全、资源节约、环境友好的现代农业高质量发展道路。

（一）突出特色，构建现代农业产业体系，为高质量发展集聚强大动能

1. 巩固提升粮食综合生产能力

以灌区节水高效农业为抓手，统筹推进粮经饲生产，严守耕地红线，保

障耕地主要用于粮、油、种、菜及饲草生产，构建科学合理、安全高效的重要农产品供给保障体系。“十四五”期间，确保粮食播种面积稳定在49.3万公顷以上，总产量稳定在370万吨以上；其中：小麦种植面积稳定在12万公顷以上，玉米种植面积稳定在18万公顷左右，马铃薯种植面积稳定在5.3万公顷左右；适度增加粮饲兼用玉米、大豆和油料种植面积。开展以玉米、小麦、马铃薯三大作物为主的良种选育和品种改良联合攻关，加快品种更新换代，示范推广综合抗性好、耐密、宜机收的高产、稳产、优质新品种，不断提高良种覆盖率，充分发挥良种增产潜力。

深入实施“藏粮于地、藏粮于技”战略。加快建设稳产高产、节水高效、集中连片、生态友好的高标准农田，加强粮田水利基础设施配套建设，推进生产环节全程机械化，夯实粮食作物增产基础。加强技术研发，集成推广应用农业绿色生产技术、多作物高效配置模式、全程自动化操作机械等，因地制宜发展作物多样化种植，提升农田产能及生态服务功能。加快推广水肥一体化、精准灌溉、增施有机肥、化肥减量替代、病虫草害绿色防控等关键技术，提升粮食作物产量水平。建立优质粮食高产高效示范区，积极推进粮食生产薄弱环节提升改造，通过优化品种、集成技术、改善品质、提高单产，带动区域粮食综合生产能力提升。

2. 明确区域功能定位，优化产业空间布局

优化产业空间布局，深入实施现代丝路寒旱农业优势特色产业三年倍增行动，重点打造绿洲灌区、沿山冷凉、沿沙戈壁等三大特色农业产业带，明确区域功能定位，推动现代制种、高原夏菜、现代草畜、设施农业等优势主导产业规模化、集约化发展，为乡村产业振兴和区域农业高质量发展提供有力支撑。

（1）绿洲灌区优势特色农业产业带。主要包括石羊河、黑河、疏勒河流域绿洲灌区。该区地势平坦、交通发达、土层较厚，具备良好的水资源条件，农作物品种资源丰富，为发展现代制种业提供了有利条件，是河西走廊特色农产品主产区。应持续抓好高标准农田建设，不断提高水资源利用效率，重点发展以玉米、瓜菜等为主的现代制种、高原夏菜等优势特色产业，以高水效农业为主攻方向，打造绿洲灌溉农业典型示范样板，实现农业经济发展与资源高效利用的良性循环。

（2）沿山冷凉特色农业产业带。主要分布于河西走廊海拔 1700 米以上的沿祁连山冷凉区。主要包括天祝、山丹、民乐、肃州、玉门、金塔、瓜州等 7 个县（市、区）的沿山冷凉地区。该区毗邻祁连山生态保护区，生态区位极其重要。在保护天然草场、恢复生态平衡的基础上，要有计划地建设好人工草场，重点发展以牛羊健康养殖为主的现代畜牧业，推进饲草生产基地规模化、集约化发展，提高牲畜质量和生产能力。同时，该区气候冷凉，昼夜温差大，日照充足，是小麦、油菜、马铃薯等粮油作物及冷凉蔬菜、食用菌等特色农产品的理想产区，要因地制宜，布局发展相关特色产业。

（3）沿沙戈壁设施农业产业带。主要分布于古浪、民勤、临泽、高台、肃州、瓜州、金塔、敦煌等 8 个县（市、区）沿沙戈壁荒滩及植被稀疏区域。应充分利用戈壁荒滩、沙石地、盐碱地、沙化地等闲置土地，加快戈壁农业生产设施建设步伐。以绿色有机为导向，以日光温室、联栋钢架大棚为主体，采取有机基质无土栽培、智能化育苗移栽、膜下滴灌高效节水等技术，着力发展绿色有机蔬菜、特色瓜果等设施农产品，运用企业化园区式经营管理模式，建成基础设施装备先进、综合生产能力强、生态环境友好、产品特色鲜明的现代丝路寒旱农业新高地。

3. 加快培育优势特色产业

聚集资源要素，统筹建设现代制种、高效蔬菜、绿色畜牧、设施农业四大优势产业集群，全面推进特色产品扩规模、提品质。坚持一二三产融合发展，强化农产品加工流通，培育新动能、新业态，延长产业链、价值链，不断提升优势特色产业的竞争力。

（1）打造现代种业核心基地。充分利用河西走廊独特的自然资源优势和产业发展优势，聚力发展杂交玉米制种，重点发展瓜菜、花卉等特色作物制繁种，完善现代种业发展体系。以种质创新、品种创新、技术创新为重点，不断增强新品种研发和商业化育种能力，加快杂交玉米新品种选育，打造良种繁育自主品牌，逐步建成育繁推一体化经营体系。利用合理轮作、增施有机肥、绿色防控、插种绿肥等多项综合技术，消减连作障碍，支持制种业增产增效。不断夯实基地制种优势，强化农户科技及质量意识，按照规模化、标准化、集约化、机械化的要求建设种子生产基地，完善业已形成的"企业+制种大户+基地""企业+合作社+基地"等多种现代种业生产模式，提升优质种子供应保障能力，把河西地区建设成为国家核心种业基地。

（2）推动高原夏菜产业提质增效。以绿色有机为导向，打造集中连片、能灌能排、土壤肥沃、通行便利、抗灾能力较强的规模化绿色蔬菜生产基地，全面提升蔬菜标准化生产水平。引进推广高产、优质、抗病蔬菜品种，推广应用育苗移栽、基质栽培、水肥一体化、农机农艺融合、绿色防控、智慧农业技术，形成从种植到采收的绿色生产技术体系，不断提高蔬菜品质，打造知名品牌。进一步优化区域布局和品种结构，扩大以洋葱、辣椒、西红柿和韭菜等为主的传统蔬菜种植面积，推进以甘蓝、菜心、娃娃菜、胡萝卜等为主的高原夏菜生产，引进培育一批从事蔬菜贮藏保鲜及产地加工的龙头企业，延长产业链，提升产品附加值。培育建设地域特色鲜明的精细蔬菜、外向型蔬菜、绿色高原夏菜优势产区，打造一批京沪杭、粤港澳大湾区、"一带一路"菜篮子生产基地。

（3）加快草畜产业一体化发展。加快"河西肉牛"新品种的选育进程，重点建设标准化规模养殖场，打造牛产业集群，率先实现肉牛产业现代化。以小尾寒羊、湖羊为母本，引进澳洲白等优质肉羊品种，开展杂交改良，建设标准化肉羊生产基地，推广应用肉羊精准饲喂技术和饲草调制技术，提高养殖生产水平，做强民勤、山丹、肃州、金塔等地方特色羊肉产品品牌。培育壮大生猪养殖新型经营主体，应用规模养殖场绿色高效养殖技术，推广"猪—沼—肥"一体化生态养殖模式，打造西北生猪产品调出和猪肉产品供应保障核心产区。重点建设奶业优质饲草基地、万头标杆牧场、智慧牧场和乳品加工厂，加快形成种养加一体化产业体系，推进奶业现代化进程。扩大饲用玉米种植面积，有效增加苜蓿、燕麦等优质饲草收贮面积，打造高端苜蓿、全株青贮玉米和优质燕麦草优势产区，提升饲草产品市场竞争力，推进草畜一体化和牧草产业高质量发展。健全完善良种繁育、疫病防控和社会化服务体系，构建节约高效、种养循环、可持续发展新格局，实现传统畜牧业向现代畜牧业的转型升级。

（4）推进设施生态农业转型升级。借鉴荷兰、以色列等国家在设施农业方面的先进技术和发展模式，提升河西设施农业的农机装备、自动化控制、信息化管理水平。依托大型龙头企业，组建产学研联合体，提升现有塑料日光温室的建造和生产水平，加快高效低成本栽培基质研发与产业化，集成应用日光温室环境自动控制、作物生长实时监测与水肥精准供给、病虫害生物高效防控产品和技术，因地制宜、集中连片、集群发展，稳步推进高标准日光温室和钢架大棚规模扩张、提质增效。充分利用河西地区戈壁、沙漠、盐碱地等闲置土地资源，推动发展戈壁生态农业，推广基质无土栽培和膜下滴灌，引进生物防治制剂和病虫害靶标控制技术，研发设施机械化作业机具，开发戈壁高糖水果型番茄、甜椒、蜜瓜、花卉等新产品、新业态，提高种植收益。建设戈壁设施农业产业园区，构建集生产基地、冷链仓储、批发市场、品牌建设于一体的全产业链发展格局。

（二）立足寒旱，构建现代农业生产体系，为高质量发展打造绿色引擎

1. 严格保护水土资源

（1）水资源短缺是限制河西地区农业发展的最大因素，要坚持节水优先，强化水资源管理，提高农业用水效率。针对农业用水短缺与农产品持续增长的矛盾，大力发展高水效农业，以生物技术、信息技术和智能装备为依托，在作物、农田和区域不同尺度上，实现精准用水、水土适配和水生产力时空格局优化。在作物水平上，挖掘作物抗旱基因，培育抗旱节水新品种，构建高水效理想株型，提高水分利用效率；在农田尺度上，加强灌溉水源、农田水利设施建设，通过作物水肥一体化和科学的灌溉制度，减少田间耗水量和灌水量，提高作物产量和田间用水效率；在区域尺度上，创建高水效农业示范区，合理配置水资源，实现作物耗水时空格局优化，减少水的无效损失，提高用水效能。通过技术与制度创新，用最少的水产出更多的农产品，

在农业用水零增长条件下，获得粮食和其他农产品产量与质量的大幅增加。

（2）实施耕地质量保护与提升行动，重点解决耕地沙化、荒漠化、盐碱化问题。加快高标准农田建设，推进坡耕地改造，严格永久基本农田保护，切实提升耕地质量。注重土壤改良与培肥，实施退化耕地治理，集成应用绿肥种植、秸秆还田、增施有机肥、测土配方施肥等技术措施，增强土壤固碳能力，增加土壤有机碳含量，提升耕地综合产能。在河西走廊盐碱地集中区，通过工程设施排碱、增施土壤调理剂、种植耐盐生物等多种技术措施，强化盐渍化土地治理与利用。加强污染耕地土壤修复，严格管控重度污染耕地，重点强化中轻度受污染耕地的安全利用和农田土壤环境风险管控，落实农艺调控措施，构建受污染耕地安全利用的长效机制。推广农田深松深耕、作物多样化种植和连作障碍消减技术，进一步增强农田生物多样性和生态服务功能，实现耕地可持续科学利用。

2. 综合防治农业面源污染

（1）推进化肥农药减量增效。在粮食、蔬菜、制种等优势产区，推广平衡施肥、水肥一体化、增施有机肥、新型肥料替代、肥料高效施用等技术措施，持续优化化学投入品结构，大量减少化肥施用量。加快推广低毒低残留农药和高效实用植保机械，因地制宜集成应用病虫害绿色防控技术。研制应用生物农药、植物源农药，增强农田生物多样性，深入推进专业化统防统治和绿色防控有机融合。推进兽用抗菌药使用减量化，规范饲料和饲料添加剂生产使用。

（2）治理和减少残膜污染。制定实施河西地区传统地膜科学使用区划，在覆膜农区推广应用加厚地膜，提高捡拾率。推进废旧农膜机械化捡拾和专业化回收，鼓励多途径开发利用。因地制宜，加大全生物降解膜应用，探索和推广秸秆覆盖、绿肥间套作、保水剂等地膜替代技术，逐步减少地膜用量。

（3）推进农牧废弃物资源化高效利用。积极探索秸秆、尾菜、菌渣等农业废弃物资源化利用途径，健全收储运体系，扶持饲料生产加工企业，建设青贮氨化窖池和秸秆饲料储备库，推广秸秆、渣液还田，沼渣、菌渣、尾菜堆沤等关键技术，助推农业废弃物能源化、基料化、肥料化利用。加快推进畜禽粪污资源化利用，支持规模养殖场粪污无害化处理设施建设，加快养殖废弃物绿色高效发酵腐熟、高品质有机肥生产等关键技术研发应用，鼓励有机肥生产，实施粪肥还田，着力构建种养结合、农牧循环的现代农业生产模式，实现农牧废弃物循环高效利用，促进农业绿色发展。

3. 提升现代农业发展装备水平

（1）推进高标准农田建设，推进农田“小变大、弯变直、短变长”。加强灌溉水源等农田水利设施建设，配套完善机井、农田排灌等设施，提高灌溉保证率。加快田间小型灌溉设施建设、合理布设田间灌排管网，做好与周边大中型灌排工程的科学衔接，形成灌排畅通的工程体系，提高用水效率。完善田间道路，提高道路通达度和荷载标准，满足农业机械通行要求。改善农田基础设施建设，推进农田电网、日光温室、设施大棚、养殖圈舍等设施装备的提升改造。加强农田防护工程建设，提高农田防御风蚀能力，减少水土流失，改善农田生态环境。

（2）提高适用农机装备研发和推广应用水平。以满足现代农业对机械化生产的需求为目标，加快补齐重点作物生产关键环节机械化短板。突破制种玉米去雄与收获、露地蔬菜机械化种植采收、作物多样化种植机收等瓶颈。扶持发展种子生产、农机专业合作社等服务组织，购置联合整地、施肥播种、联合收获等作业机械，引进北斗导航、高端智能农机装备，着力提升青贮玉米、大豆、饲草机械化收获加工水平，强化农艺农机融合。加大残膜回收、秸秆还田、自动饲喂、粪污处理等适用装备研制应用，推进机械化与种养制度模式、智能信息技术、农业经营方式、农田建设标准相融合。

（三）面向市场，构建现代农业经营体系，为高质量发展提供有力支撑

1. 加强新型农业经营主体培育

做大做强龙头企业。紧紧围绕做强“菜种草畜”等四大产业链，引进

培育一批农业产业化重点龙头企业，重点在基地建设、技术改造、精深加工等方面给予政策扶持，打造一批规模大、实力强、带动和示范作用明显的产业领军型和骨干型链主企业。充分发挥链主企业在生产、加工增值中的主导作用，引领上下游资源配套，补齐链条短板，带动产业实现全链条高质量发展。培育壮大农民合作社和家庭农场，建设一批有良种供给、有种养基地、有农机服务、有订单销售、有储藏设施的“五有标准”合作社。创新产业链组织形式，通过“龙头企业+合作社+农户+基地”等多种模式，构建农户、合作社、企业之间互利共赢的合作模式，形成深度融合的发展格局。创新股权合作机制和农业经营模式，完善利益联结机制，让农民更多地分享产业链增值收益，实现小农户和现代农业有机衔接。大力实施新型农民培训工程，培育一批爱农业、懂技术、善经营的新型职业农民。并吸引年轻人返乡务农，扶持有技术能力和经营能力的农民工创办家庭农场、领办农民专业合作社，创立农产品加工、营销企业和农业社会化服务组织。提高农业从业者、经营者整体素质。推动发展多种形式的适度规模经营，提升农业的质量、效益和竞争力。

2. 着力提升农产品质量安全水平

（1）按照农业投入品、农兽药残留、重金属等国家及行业标准，建立河西地区特色农产品生产、加工、仓储、流通各环节技术标准，全面推进农业标准化生产，形成一整套品牌农产品从田间到餐桌的全过程质量控制体系。充分挖掘河西生态环境优势，加强绿色食品、地理标志农产品的认证和管理，开展产地环境质量监测与评价，用科学数据支持、夯实河西走廊公用农产品品牌绿色、有机的底色。加强农产品质量安全追溯体系建设，将规模化生产经营主体全部纳入追溯平台，运用现代信息技术，实现农产品生产有记录、信息可查询、流向可跟踪、质量可追溯、责任可追究。加大农产品质量检测监管力度，强化经营主体落实质量安全责任，实现产品质量安全追溯机制全覆盖。

（2）实施品牌战略，增强品牌效应。统一规范使用“甘味”农产品标识，打造绿色有机农产品区域公用品牌，完善公用品牌的授权及管理机制。

组织产业大县、加工强县、产业园区以及龙头企业，打造一批精品企业商标、品牌和产品标志。进一步做强“张掖玉米种子”“永昌高原蔬菜”“张掖肉牛”“民勤羊肉”“民乐大蒜”等区域知名品牌，加大对品牌的管理保护与营销力度，增强市场和消费者对河西特色农产品品牌的认同，扩大市场占有率，实现农产品溢价或增值。

3. 健全现代农业经营及服务体系

（1）打造现代农业物流体系，完善仓储保鲜设施。以农产品优势区为重点，支持制冷设备、通风贮藏库、节能机械冷库、气调贮藏库等低温冷藏，以及仓储、烘干、晾晒等设施设备建设，提升鲜活农产品产地仓储保鲜能力。建立健全冷链物流设施体系，推动农村电子商务和快递物流业快速发展。加强产地仓储和冷链物流示范园区、示范企业、监控服务平台建设，引导农业新型经营主体开展网上批发零售、线下分拨配送、流通运转服务等新型经营模式。

（2）提升农产品综合加工利用水平。依托农业资源优势，统筹发展农产品产地初加工及综合加工利用，促进农产品多元化开发、多层次利用、多环节增值。培育一批牛羊肉、饲草料、蔬菜、乳品加工企业，创建一批以农产品加工、物流为重点的产业园区，建设一批特色农产品出口加工基地。

（3）健全农产品市场营销体系。鼓励新型经营主体积极参与“农超对接”“农社对接”“农企对接”，发展壮大供销社网络体系，主动对接粤港澳大湾区及珠三角、长三角、京津、成渝、东南沿海“菜篮子”平台等各大终端市场，增强河西高原蔬菜、肉牛、肉羊等大宗特色农产品的持续批量供应能力，减少中间流通环节，增加终端营销收益。

（4）加快发展农业社会化服务。整合资源，盘活存量设施、装备、技术、人才及各类经济要素，培育发展专业社会化服务公司、农机农技合作社等服务主体，鼓励服务主体因地制宜发展单环节、多环节、全程生产托管服务，推动农业社会化服务向产前、产后延伸。鼓励服务主体充分利用大数据、人工智能等信息技术手段，提升农业的信息化、智能化水平。

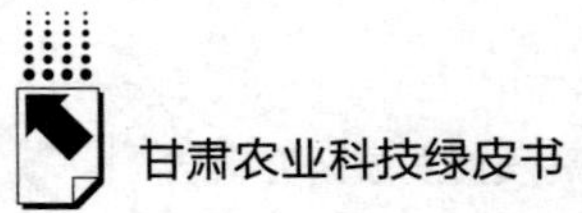

参考文献

韩长赋：《大力推进质量兴农绿色兴农 加快实现农业高质量发展》，《农民日报》2018 年 2 月 27 日。

张志强、姬贵林、李延梅：《河西地区农业发展战略重构——论河西“阳光绿色高水效农业基地”建设》，《中国科学院院刊》2005 年第 2 期。

杨超：《河西走廊农业发展的现状与转型困境分析》，《中国集体经济》2020 年第 4 期。

孙江超：《我国农业高质量发展导向及政策建议》，《管理学刊》2019 年第 6 期。

冷功业、杨建利、邢娇阳、孙倩：《我国农业高质量发展的机遇、问题及对策研究》，《中国农业资源与区划》2021 年第 5 期。

寇建平：《新时期推动我国农业高质量发展的对策建议》，《农业科技管理》2018 年第 3 期。

张福锁、王激清等：《中国主要粮食作物肥料利用率现状与提高途径》，《土壤学报》2008 年第 5 期。

G.10

陇东地区农业高质量发展技术模式研究报告

李尚中　樊廷录　周　刚　程万莉　赵　刚　张建军　王　磊　党　翼　赵　晖*

摘　要：　甘肃省陇东地区是黄土高原的重要组成部分，既是气候变化敏感区，又是生态环境脆弱带和黄河流域水土保持的重点区域，还是甘肃省典型的雨养农业区，担负着生态环境建设和农产品供给的双重任务。陇东地区农业高质量发展，必须正确处理粮食安全、生态安全、农民增收的关系，创新有利于增加绿色优质农产品供给、提高资源利用效率、促进农民增收的关键技术，形成与环境资源承载能力相匹配、生产生活生态相协调的农业产业发展模式，提升农业空间配置效率，推进乡村振兴战略实施。

关键词：　旱作节水农业　黄土高原　甘肃省　陇东地区

党的十九大报告中，指出我国经济已由高速增长阶段转向高质量发展阶

---

* 李尚中，甘肃省农业科学院旱地农业研究所副所长、研究员，主要研究方向为旱作节水农业；樊廷录，甘肃省农业科学院副院长、研究员，主要研究方向为旱地农业；周刚，甘肃省农业科学院旱地农业研究所助理研究员，主要研究方向为农机农艺融合；程万莉，甘肃省农业科学院旱地农业研究所助理研究员，主要研究方向为植物营养；赵刚，甘肃省农业科学院旱地农业研究所副研究员，主要研究方向为旱地作物水分高效利用；张建军，甘肃省农业科学院旱地农业研究所研究员，主要研究方向为作物营养；王磊，甘肃省农业科学院旱地农业研究所副研究员，主要研究方向为旱区资源高效利用；党翼，甘肃省农业科学院旱地农业研究所副研究员，主要研究方向为作物营养；赵晖，甘肃农业职业技术学院副教授，主要研究方向为作物栽培。本报告数据来源于樊廷录、李尚中等：《旱作覆盖集雨农业探索与实践》，中国农业科学技术出版社，2017。

段。农业作为国民经济增长的基础，也已进入新旧动能转换的全面推进期，并向高质量发展的新阶段迈进。农业高质量发展的核心就是打造高品质、高效率、高安全和高价值的现代农业。近5年的中央一号文件都对落实农业高质量发展做出了具体要求，将农业高质量发展作为实施乡村振兴战略的重要举措。中共中央、国务院以及国家相关部委也以农业绿色高质量发展为主题，制定印发了《中共中央 国务院关于实施乡村振兴战略的意见》《国家质量兴农战略规划（2018-2022年）》《“十四五”全国农业绿色发展规划》《关于加快推进农用地膜污染防治的意见》《关于加强农业科技社会化服务体系建设的若干意见》等一系列政策文件，从多个方面对农业绿色高质量发展进行了具体部署。可见，以质量为导向的农业发展新思路已成为共识，农业发展将迎来发展观念和发展方式的根本性转变。推进农业高质量发展，不仅提升了我国整体发展质量，也是实施乡村振兴战略的客观要求。而我国土地辽阔，生态类型多样，农业产业结构和产业体系较为复杂，一些特色农业产业具有明显的区域性，将地区产业结构与自身区域优势结合起来进行考察和研究，将对特色农业发展、增强区域农业产业竞争力具有显著意义。

甘肃省委、省政府针对本省地形地貌复杂、气候类型多样，具有光照时间长、昼夜温差大、干旱高寒、病虫害发生少、工业污染较轻、环境承载力大等自然资源禀赋和生态环境特征，为积极融入“一带一路”建设，抢抓农业产业大型龙头企业从东南沿海发达地区向西部欠发达地区梯度转移机遇，挖掘高寒干旱特色农业蕴含的“绿色有机”特质，发挥农耕文化底蕴深厚、与丝路沿线国家和地区农业交往历史悠久、通道枢纽功能明显的独特优势，紧盯多样化、优质化、特色化农产品市场消费需求，专门印发了《关于发展具有甘肃特色现代丝路寒旱农业的指导意见》，提出大力发展具有甘肃特色的现代丝路寒旱农业，着力构建优势产业、生产组织、产销对接、风险防范、改革创新、绿色循环、农业保障服务七大体系，努力走出一条具有“现代”方向引领、“丝路”时空定位、“寒旱”内在特质、“甘味”知名品牌的甘肃特色农业发展路子，推动甘肃农业转型升级和高质量发展。

甘肃省陇东地区是黄土高原的重要组成部分，农业发展历史已超过

7000 年，素有“陇东粮仓”之称。境内属黄土高原丘陵沟壑区，为暖温带、温带半湿润和半干旱的大陆性季风气候，气候具有南湿北干、东暖西凉，总体干旱、温和、光富的特点。水土流失严重，生态环境脆弱。既是气候变化敏感区，又是生态环境脆弱带和黄河流域水土保持的重点区域，还是甘肃省典型的雨养农业区，担负着生态环境建设和农产品供给的双重任务。陇东地区农业高质量发展，必须正确处理粮食安全、生态安全、农民增收的关系，创新有利于增加绿色优质农产品供给、提高资源利用效率、促进农民增收的关键技术，形成与环境资源承载能力相匹配、生产生活生态相协调的农业产业发展模式，提升农业空间配置效率，服务乡村振兴战略实施。

一　陇东地区农业高质量发展的自然资源条件分析

甘肃省陇山（又称六盘山）以东俗称“陇东地区”，泛指平凉、庆阳两市，约在东经 106 度 10 分至 108 度 50 分与北纬 34 度 54 分至 37 度 20 分，东西宽近 200 千米，南北长约 270 千米，包括陇山以东的庆城县、正宁县、合水县、华池县、环县、镇原县、宁县、西峰区、泾川县、灵台县、崇信县、华亭市、崆峒区，以及陇山以西的静宁县、庄浪县等共 15 个县（区、市）。

（一）土地资源分析

陇东地区位于黄土高原的中西部，地形呈东、西、北三面高，中间低平、南面开阔的“簸箕”状，地形复杂，地势起伏较大，海拔为 880~2898 米。区内主要有三大地貌类型：①土石山区，该区包括庄浪县的东北部、华亭市和崆峒区的西南部。②黄土丘陵沟壑区，该区包括环县北部、华池县的北部和东南一小部分，静宁县全部、庄浪县及合水县大部分，宁县和正宁县的东部。③黄土高原沟壑区，除土石山区和黄土丘陵沟壑区以外的地区，地貌单元有塬、梁、峁、沟坡、沟谷、河川，较大的有董志塬、早胜塬、屯字塬、平泉塬、荔堡塬、玉都塬、高平塬、什字塬、草峰塬等 26 个，其中以董志塬最大，面积为 910 平方千米，是黄土高原保存最完整的塬面，堪称

“天下黄土第一塬”。优势土壤类型为黑垆土和黄绵土，土层深厚，塬面平坦宽阔，便于农业机械化作业，是陇东粮食和果菜生产的重要基地。此外，区内较大的河川有泾河川、蒲河川、合水川等，沿河两岸分布着较大面积的川台地。

根据第三次全国国土调查主要数据公报，陇东地区土地总面积为36810.4平方千米，占全省总面积的12.0%。其中耕地为100.4万公顷，占全区土地总面积的27.3%；种植园地为10.2万公顷，占2.8%；林地为134.2万公顷，占36.4%；草地为95.8万公顷，占26.0%；湿地为1.3万公顷，占0.3%；城镇村及工矿用地为19.5万公顷，占5.3%；交通运输用地为5.4万公顷，占1.5%；水域及水利设施用地为1.3万公顷，占0.4%。农业人口人均耕地为0.24公顷，高于全国平均水平。该区黄土沉积深厚，土地耕性良好、易于改良，具有发展农业经济的较大优势。

陇东地区耕地以旱坡地为主，旱作耕地为98.5万公顷，占耕地面积的98.1%。大多数土壤小于0.01毫米颗粒含量都在30%以上，有机质含量基本上在15克/千克，属低有机质土壤。除塬面之外，大部分耕地为坡地，坡度6~15度耕地有29.5万公顷，占29.4%；坡度15~25度耕地有33.3万公顷，占33.2%；坡度大于25度耕地有8.2万公顷，占8.2%。黄绵土基本上分布在梁、峁、山坡等地貌上，土质疏松，抗蚀性差，水分养分流失严重。区内中低肥力耕地约占耕地总面积的75.8%，缺磷耕地约占耕地总面积的84.1%。近年来，耕地化肥用量越来越大，有机肥普遍施用不足，耕地重用轻养，造成土壤质地劣化。加上农药、化肥、地膜等的过度使用，耕地受污染程度呈逐渐加重趋势。同时，由于沟床下切、沟头前进、沟岸扩张加剧，以及悬崖坍塌、滑塌等，塬面逐年萎缩。

（二）气候资源分析

陇东属于季风气候，夏季受太平洋高压控制，温暖多雨，冬季受蒙古高压控制，寒冷干燥。春季干旱多风，秋季天高气爽，是甘肃省热量条件仅次于陇南的另一个比较温暖、湿润的地区。南部河川区气候温暖，塬区气候温和，大部分地区雨量较多，日照较长，利于作物生长。一是光能资源丰富。太阳辐射总量为443.8万～661.5万千焦/平方米·年，光合有效辐射总量为223.7万～333.5万千焦/平方米·年，全年日照时数为2000～2600小时，其中作物生长期日照时数为1800～2000小时。太阳辐射充足，日照时间长，适合大多数作物的生长。二是热量条件好。年均气温7～12℃，最冷月一般在-4～-8℃，最热月平均气温20～23℃。生长季气温平均日较差变化在8.5～18.0℃，年气温最大较差23.2～35.7℃。稳定通过10℃活动积温2600～3300℃，无霜期140～190天。一年一熟有余，多数两年三熟，少数一年两熟。在全球气候变化背景下，陇东地区气候亦发生相应变化，平均气温总体呈波动上升趋势，变暖现象明显。三是年降水总量少、季节分配不均、年际变化大、时空分布不均，降水季节与作物旺盛生长季节不完全吻合，增加了农业生产的风险性和不稳定性。本区年平均雨量一般在400～650毫米，降水呈现由南向北逐渐减少趋势，南部灵台县可达700毫米，至环县西北部降水为350毫米左右，为本区雨量最少地区。大量雨水集中在7～9月三个月，约占年总量的60%，且多以暴雨形式出现，径流量大，造成水土流失，降水利用率低。尤其是20世纪90年代以来，降水总量逐年减少且不稳定性增加，干旱化趋势较为明显，干旱成为威胁该地区农业生产的主要气象灾害，此外还有冰雹、暴洪、低温、霜冻等。气候灾害频繁发生，影响范围较大，是长期制约陇东地区农业发展的主要因素。

（三）水资源分析

陇东地区人均水资源占有量为全省人均水资源量的1/4，是全国人均水资源量的1/10，地下水人均占有量远低于同类地区的水平，属全国、全省水资源最贫乏的地区之一。庆阳市内有马莲河、蒲河、洪河、四郎河、葫芦河5条河流，较大的支流有27条，河流水量主要由地下水、天然降雨径流补给，年总径流量8.43亿立方米。平凉市属黄河流域的泾、渭河水系，年总流量为16.7亿立方米。区内年产径流变幅较大，年内各月份间分配也不均匀，连续最大4个月（7～10月）的径流量占年径流总量的60%左右。在枯水期河流几近干涸。水资源时空分布不均匀，河流常年水小，汛期洪水大，泥沙含量高，水低地高、水低城高、水低人高，地表水资源的开发利用较为困难。陇东地区严重的水土流失，不仅影响农业生产的发展，而且给下游输送了大量泥沙，致使库渠淤积十分严重，影响了经济效益的发挥。庆阳市巴家咀水库于1962年建成，有“亚洲黄土第一坝”之称，截至2019年底，5.4亿立方米库容锐减至1.37亿立方米，减少74.6%。平凉市地下水资源2.9亿立方米，庆阳市地下水储量约43.76亿立方米，塬区地下水过度开采，导致地下水位持续下降并处于严重超采状态，塬区周边泉水逐渐干枯，生态环境逐渐恶化。近30年来，董志塬地下水水位下降了30米，其中庆阳市区地下水位基本枯竭。随着气候变化，陇东气温升高，降水量减少，蒸发潜力加大，全区整体暖干化趋势加重了水资源短缺，加之河流含沙量大，水土流失严重，区内水环境面临严峻挑战。

（四）农业生物资源分析

庆阳、平凉素有“陇东粮仓”之美誉，盛产小麦、玉米、马铃薯；荞麦、谷子、糜子、燕麦、黄豆、高粱、莜麦等特色小杂粮久负盛名，紫苏、胡麻、冬油菜等油料作物特色鲜明。苹果、黄花菜、山药、核桃、杏、桃、枣、白瓜籽、酥梨等地方特产备受消费者青睐。陇东也是甘肃省中药材主要种植区之一，产有甘草、黄芪、麻黄、穿地龙、柴胡、大黄、独活、党参、川芎、木香、白芷、黄芩、秦艽、半夏等300多种。陇东地区还是甘肃优质农畜产品重要生产基地，庆阳驴、早胜牛、环县滩羊、陇东黑山羊、平凉红牛等大宗优质农牧产品享誉国内外。粮食、果品、畜牧产业已成为陇东地区三大主导优势产业，为乡村产业振兴奠定了良好基础。

二　陇东地区农业高质量发展主要技术模式

（一）降水资源高效利用技术模式

陇东地区旱地占耕地面积的98%以上，为甘肃省典型的旱作农业区。

干旱频发、生态环境脆弱使农作物产量低而不稳，采取有效的抗旱减灾技术模式成为该区农业高质量发展的关键。

1. 地膜覆盖集雨抗旱减灾种植技术模式

地膜覆盖栽培技术自 1979 年由日本引进我国后，鉴于其显著的保墒、增温和增产效应，在旱作农业区、寒旱地区、灌溉条件较差的地区得到了广泛应用。目前，甘肃省地膜覆盖面积达 130 万公顷左右，使粮、油、菜、瓜果、烟、药等农作物普遍增产 20%~50%，增值 40%~60%。地膜覆盖技术已成为甘肃省旱作区农业增收的主要技术措施之一，为农业的增产、增收发挥了重要作用。甘肃省农科院旱农所针对陇东地区降雨、作物需水及干旱发生的规律，历经三个五年计划，研究提出了小麦、玉米和果树等集水保墒防灾关键技术。其中：夏休闲覆膜秋播冬小麦栽培技术，小麦播前 0~2 米土壤平均多贮水 60.9 毫米，降雨保蓄率为 72%，水分效率达 12.3 千克/毫米/公顷，使旱地小麦产量稳定达到 6000 千克/公顷以上；秋覆膜春播玉米栽培技术，玉米播前 0~2 米土壤平均多贮水 27.4 毫米，水分效率为 30.6 千克/毫米/公顷。同时秋覆膜与全膜双垄沟播集成应用的秋覆膜全膜双垄沟播技术，一次小于 5 毫米降水地膜垄沟收集率为 65%~80%，5~10 毫米降水收集率为 80%~92%，降水利用率达 73.2%，水分生产效率为 44.55 千克/毫米·公顷，最高分别达 88.3%、54.6 千克/毫米·公顷，玉米增产 20%~30%，在陇东旱塬创造了旱地玉米“吨粮田”。果园垄膜集雨保墒和根域覆膜集雨入渗技术，解决了果园水分亏缺问题，延缓干层发生，降水利用率达 80%，苹果增产 18%~30%。一膜两年用技术，全膜双垄沟播玉米收后不揭膜免耕穴播冬小麦平均产量为 4060.5 千克/公顷，较传统回茬播种方法增产 13.6%；纯收入为 3855.0 元/公顷，较传统回茬播种方法提高 76.8%。全膜双垄沟播玉米收后不揭膜免耕穴播冬油菜平均产量为 2737.5 千克/公顷，较传统播种方法增产 21.7%；纯收入为 3976.5 元/公顷，较传统播种方法提高 53.6%。

针对普通地膜广泛应用造成的“白色污染”问题，全生物降解塑料应运而生，大量的测试发现，兰州鑫银环、日本三菱化学公司生产的全生物降解地膜延伸性能较好，适宜机械作业，种植玉米覆盖功能期为 100 天左右，与普通地膜相比玉米不减产。玉米收获降解膜地膜翻入土壤后一年内降解率达 90%以上，从源头上控制了地膜农田残留问题。

2. 集雨补灌抗旱减灾技术模式

雨水利用是一项十分古老的技术，在我国有着悠久的历史。我国人民在长期抗旱实践中，积累了丰富的利用雨水的经验，创造了水窖、水池等小型和微型蓄水工程，用于解决生活用水、农业灌溉用水等。但雨水集蓄利用技术真正发展于 20 世纪 90 年代，由于中国北方干旱形势严峻，水资源日益紧缺，加之在国际雨水集流事业的推动下，国家十分重视雨水集蓄利用和水资源持续利用方面的研究，在西北、华北、西南等缺水山区以及沿海岛屿兴建雨水集蓄利用工程，运用现代技术对传统蓄水方式进行改造，发挥了很好的作用，并把雨水集蓄工程的应用范围从单纯解决饮水问题扩大到农业灌溉上，大大提高了雨水利用效率。与此同时，我国各地迅速推广利用该项技术，尤其是我国北方一些省（区、市）雨水集蓄利用技术发展得很快，甘肃省在干旱、半干旱地区实施了“121 雨水集流工程”（每户建 100 平方米左右的雨水集流场，打 2 眼水窖，发展 1 亩庭院经济），宁南山区实施“窖水农业”，内蒙古自治区实施了“112”集雨节水灌溉工程（1 户建 1 眼旱井或水窖，采用坐水种和滴灌技术，发展 2 亩抗旱保收田），陕西实施了“甘露工程”，广西实施了“水柜”工程等，山西、四川、贵州、云南、河北、河南等地也先后实施了雨水集蓄利用工程。甘肃省农科院旱农所在陇东地区研究形成的公路集雨高效种植模式可使公路集雨贮供水占果园耗水的 61%，苹果增产 40.8%，梨园供水效率为 120.0～150.0 千克/毫米/公顷；在土壤干旱时稀植作物亩补水 1～3 立方米保苗达到 95%以上；作物“卡脖旱”时亩补灌 10～40 立方米“救命”水可保证稳定丰产；地膜玉米大喇叭口期补灌增产 27.7%，供水效率为 33.0 千克/毫米/公顷。形成农户庭院经济模式，即户均修建 100 平方米硬化集水面和一眼 50 立方米水窖，可集蓄 60～80 立方米雨水，满足 5 口人、2 头大牲畜和 10 只羊的生活需水、半亩菜地补灌用水，发挥了集雨工程最大的社会效益。首次研发的集“棚面集雨→防渗导引槽→水窖→微灌施肥系统”为一体的设施集雨温室，棚面集水效率为64.8%~84.4%，一个标准温室棚面可集蓄雨水55.4~73.8立方米，每吨水产值42.6~125.9元，解决了设施蔬菜发展的缺水问题。

3. 抗旱适水型农业结构优化

依据区域自然降水特征、作物需水规律及农产品市场需求，调整农业结构与品种布局，调减高耗水量作物及品种，使高耗水作物与低耗水作物搭配；扩大节水型、耐旱型作物生产，增加作物种群的多样性，建立适水性和节水型农作制。陇东地区年降水350~450毫米的地区以畜牧为主，通过增加耐旱和适水高产作物如马铃薯、杂粮杂豆、胡麻等品种，因地制宜地引进糜谷、豌豆、扁豆等应急救灾作物，增加了农田系统作物的多样性，有效提高其抵御干旱灾害的能力；年降水450~550毫米的地区以农牧结合为主，通过扩大抗旱节水和秋收高产作物面积，发展地膜玉米、马铃薯、苹果、冬小麦和复种小杂粮、特色油料等，实现了粮、果、油稳产保供目标；年降水550毫米以上的地区，为农林牧高效优势区，通过稳定小麦面积，适度扩大玉米、蔬菜、果树及复种作物面积，实现粮、果、菜及畜产品优质高效发展目标。

4. 高水分利用效率（WUE）品种筛选

作物“WUE”能将抗旱性和丰产性结合起来，筛选高WUE品种是应对干旱胁迫的关键，核心是发挥生物及品种主动抗旱、适应干旱和避旱的特性。其主要途径有三条：一是引进筛选抗旱性强和高水分利用效率的新品种，发挥生物及品种抗旱防灾潜力；二是引进筛选抗寒抗旱性强的覆盖作物及品种（如油菜、绿肥作物等），增加地面覆盖度，减少夏秋冬闲期风沙侵蚀；三是筛选应用需水关键期躲避伏旱、后期生长发育快的玉米、马铃薯品种。如甘肃省农科院旱农所选育的陇鉴115和陇鉴117两个冬小麦新品种，其关键品质指标显著高于国家优质强筋麦标准，突破了旱地优质强筋小麦种质“卡脖子”技术，2019~2022年陇东旱塬冻旱交替灾害，小麦单产达到了5250~6300千克/公顷，水分利用效率达到13.5千克/毫米/公顷以上；选育的陇黄1号、2号、3号大豆新品种，抗旱增产效果明显，产量达2442.0~2955.0千克/亩；

引进的先玉 698、迪卡 159、先玉 1483 等玉米新品种，经受住了 2021 年和 2022 年严重的干旱考验，籽粒亩产过吨，水分利用效率达 37.5 千克/公顷/毫米以上；引进的海牛、大卡等饲用甜高粱品种，干旱年份鲜草产量可达 150 吨/公顷以上；引进的铁研 53、屯玉 168、北农青贮 208 等饲用玉米品种，干草产量达 22.5 吨/公顷以上，增产 17.0%以上。

5. 生态治理抗旱减灾技术模式

经过长期的实践探索，陇东地区形成两种有效的生态治理抗旱减灾模式。一是合理实施退耕还林。由于陇东地区生态脆弱，进行农业生产存在一些限制因素，农业效益不高。水土条件较好的草地因地制宜适度开发，但不能大面积开垦，因为在环境脆弱区实行退耕还林要比农业生产产生的生态效果作用更加明显，因此 15 度以上坡地因地制宜实行退耕还林。二是加大坡地改梯田治理。在治理坡面的同时，治河造地，发展农业；在丘陵沟壑区，采用坡、沟、谷综合治理，在峁边线以上以建设梯田为主，发展雨养农业和经济林果；在峁边线以下发展水土保持林，沟内打坝蓄水、淤地，充分利用小水发展水浇地，提高单位面积产量。此外，还可以通过兴修条田、坝地，建设雨水集流工程，有效拦截、保蓄当地天然降雨，使有限的降水量在雨养农业生产中更好地发挥作用。

（二）小农户适度规模种养结合循环农业技术模式

针对陇东地区以小农户分散养殖为主的现状以及种养结合不紧密、草畜协同发展不协调等问题，通过饲草丰产高效种植技术研发、种植结构和牛羊群体结构优化，集成了小农户适度规模种养结合技术模式。

1. 陇东旱作区小农户牛羊种群结构优化

通过对陇东旱作区 1532 户小农户家庭养殖调研，在不雇佣劳动力的情况下，每户养殖 100 只羊和 20 头牛达到了家庭养殖的上限，肉牛、肉羊经营主要模式为“母牛/羊+犊牛/羔羊+育肥牛/羊”的复合经营模式，羊群优化结构为“能繁母羊：种公羊：后备公羊：后备母羊：商品羊=40：2：1：8：49”，牛群优化结构为“成年母牛：后备母牛：育肥牛=8：2：10”，肉羊、肉牛年需要干草量分别为49.8吨和49.9吨。

2. 陇东旱作区小农户种植结构优化

目前，陇东地区农村户均耕地、户均从业人员和户均务农人员分别为0.74公顷、2.1口/户和1.2口/户。按照“以养定种、种养结合、循环发展”的思路，在兼顾养殖户粮油自给的基础上，优化了20亩耕地生产50吨优质干草的种植结构及配套技术，即“小麦复种燕麦种植技术面积：油菜复种饲用高粱种植技术面积：小黑麦复种饲用高粱种植技术面积：饲用玉米单作种植技术面积：饲用高粱单作种植技术面积=3∶1.5∶4∶2∶9.5”。该种植结构不仅满足了养殖户粮油自给，而且5月下旬就可以供应青饲草，延长了青饲草供应期，能够有效解决优质饲草短缺问题。另外，还需要收集其他种植户废弃的小麦、玉米秸秆各20亩，约15吨干草，防止歉年或其他意外造成饲草生产量不足，同时做到秸秆资源的高效利用。

3. 小农户适度规模种养结合循环农业技术模式构建

典型调查结果表明，通过构建应用“单户20亩地养100只羊，再利用40亩废弃秸秆”的小农户家庭羊场种养结合模式（1214模式），年利润可达75634.5元；构建应用“单户20亩地养20头牛，再利用40亩废弃秸秆”的小农户家庭牛场种养结合模式（1224模式），年利润可达80147.0元。同时对粪污无害化处理还田，实现化肥部分有机替代，种养综合效率提高17.4%~23.3%，显著提升了草畜产业竞争力。

三　新时代陇东地区农业高质量发展展望与对策措施

实现陇东地区农业产业高质量发展，应重点研发和应用以光温水土资源高效利用和生物资源潜力开发为中心的旱作农业技术模式，走独立自主、自立自强的旱作农业科技创新之路，加快推动“藏粮于技、藏粮于地”战略的实施，重建“陇东粮仓”。

1. 调整农业生产布局和种植业结构

根据陇东地区资源禀赋及区域差异，做到农作物保压有序，取舍有度，优化品种结构。重点是保口粮、保谷物，兼顾油、果、蔬、药、草等生产，发展适销对路的优质品种。主动调整农业生产布局和种植业结构，扩大水分利用效率高的作物，如玉米、高粱的种植规模，通过转基因技术和常规育种结合选育丰产抗旱品种，大力推广抗旱丰产稳产品种；根据各地的干旱类型和土壤条件及不同作物需水耗水规律，优化和建立与区域水土资源相吻合的作物布局和抗旱节水种植结构；建立抗旱丰产农作物新品种繁育基地，形成新品种育繁推一体化的服务模式，加快新品种推广。在生态脆弱区采取作物多样性种植模式，增加农田生态系统稳定性，提高农田的整体抗逆能力。

2. 加强农业高质量发展相关技术研究

（1）持续加强旱作农业技术研究。科技创新是农业高质量发展的第一动力，围绕巩固提升粮食安全能力，解决好种子和耕地两个要害问题，加强作物种质创新和新品种选育、高标准农田、旱作节水农业、农业机械化等现代农业技术研发，推进耕地治理，完善农业防灾减灾体系，加快智慧农业设施建设，走以技术创新替代资源约束的可持续发展的粮食安全之路，夯实粮食等重要农产品的生产基础。

（2）前瞻性地开展陇东地区节水灌溉技术研究。白龙江引水工程已正式启动，该工程惠及甘陕两省 4 市 24 个县（市、区），随着此工程的建设实施，陇东地区农业将迎来“旱地”变“水浇地”的高质量发展新机遇，届时农业产业结构、生产技术、增产潜力、发展模式等将发生历史性变革，从现在起就应重点开展高效节水技术、产业结构优化、生态环境保护等相关技术储备研究，引领陇东地区农业高质量发展走向新格局。

（3）强化农业绿色发展新技术研究。牢固树立和践行“绿水青山就是金山银山”的理念，对标建设美丽中国目标，落实党中央做出的碳达峰、碳中和重大战略部署，加强农业绿色发展重大项目的谋划实施，深入推进黄河流域生态治理、农业面源污染治理，强化农业绿色发展新技术、新模式的研究与应用，提升农业资源保护技术水平，改善农业生态环境，守住农业绿色发展底线，努力形成与资源环境承载力相匹配、生产生活生态相协调的绿色发展格局。

3. 推进乡村振兴战略实施

以推动旱作区高质量发展为主题，围绕乡村产业全产业链提升谋划实施重大项目，强化创新引领驱动，充分发挥农业科技支撑作用，有效推进第一产业向后端延伸，实现小生产与大市场、小农户与现代农业衔接，促进乡村产业体系质量效益明显提升，不断增强农业农村发展活力，促进农民增收，服务乡村全面振兴。

参考文献

罗其友、刘洋、伦闰琪等：《农业高质量发展空间布局研究》，《中国农业资源与区划》2021 年第 10 期。

董喜涛：《农业高质量发展研究综述——基于国内文献》，《乡村科技》2022 年第 5 期。

曲涛：《陇东农业资源分析及农业发展方向评述》，《干旱地区农业研究》2006 年第 6 期。

陈钧、董晓峰：《陇东地区自然条件与农林牧业研究》，《甘肃科学（甘肃省科学院学报）》1990 年第 4 期。

樊廷录、李尚中等：《旱作覆盖集雨农业探索与实践》，中国农业科学技术出版社，2017。

金彦兆、周录文、唐小娟等：《农村雨水集蓄利用理论技术与实践》，中国水利水电出版社，2017。

赵红岩、张旭东、王有恒等：《陇东黄土高原气候变化及其对水资源的影响》，《干旱地区农业研究》2011 年第 6 期。

王向辉、卜风贤：《西北地区雨养农业发展的减灾模式探讨——以黄土高原地区为例》，《安徽农业科学》2011 年第 16 期。

G.11

陇中旱作区农业高质量发展研究报告*

马明生**

摘　要： 陇中旱作区是甘肃省新时期“一带五区”发展格局的重要组成部分，同时也是当前全省粮食与优势特色农产品生产的重点区域，在保障和支撑全省粮食安全及农业产业发展中发挥着重要作用。“十三五”以来，陇中旱作区加快农业生产方式转变，逐渐迈入由传统农业向现代农业、数量增长向质量提升的转型发展阶段。本报告从陇中旱作区农业发展现状、面临的挑战、高质量发展路径与成效等方面进行了系统分析，并就进一步增强发展动能、提升发展水平提出了对策和建议，旨在为加快陇中旱作区农业转型升级、推动乡村全面振兴提供决策参考。

关键词： 区域农业　科技创新　产业集聚　农业高质量发展　陇中旱作区

推进农业高质量发展，促进乡村振兴，是我国经济社会高质量发展的重要组成部分，有着深远的基础性与战略性意义。农业高质量发展是一个系统工程，涉及产品质量、生态质量、结构质量等，兼顾质量和效益双重价值取向。从新发展理念出发，农业高质量发展是指以创新为第一动力、协调为内生特点、绿色为普遍形态、开放为必由之路、共享为根本目的的农业发展状态；从发展特征角度出发，是指产品质量高、产业效益高、生产效率高、经

* 本报告是甘肃省2023年度陇原青年创新创业人才（团队）项目的阶段性成果。

** 马明生，甘肃省农业科学院旱地农业研究所副研究员、国家土壤质量安定观测实验站常务副站长，主要从事水土资源保育与高效生态农作制研究。

营者素质高、农民收入高和国际竞争力强的新型发展模式。不论从哪个角度出发，实现土地增产、产品提质、农业增效、农民增收、环境改善的最终目标是一致的。

旱作区是甘肃省农牧业发展的主要区域，旱作农业对全省粮食增产的贡献率超过70%，旱作区以全省70%的粮食播种面积和不足10%的农田灌溉用水生产了全省65%的粮食、80%的果品和40%的牛羊肉。其中，陇中旱作区作为甘肃省粮食生产的潜力区和特色农产品生产的优势区，在支撑全省现代丝路寒旱特色农业发展中扮演着重要角色。经过近40年的生态治理和农业产业发展，陇中旱作区已成功解决了温饱问题，基本消除了绝对贫困，人民生活水平得到极大改善。但是，多年来通过环境资源过度开发利用和增加资源要素投入量来促进农业发展的粗放型生产经营方式，虽然实现了农业生产总量的增加，但也带来了农业生态环境恶化、农业产业结构不协调以及资源利用效率低下等问题。党的十九大以来，以供给侧结构性改革为手段、以新发展理念为指引的高质量发展已成为我国经济社会发展的主旋律，近年来，陇中旱作区紧跟历史前进的步伐，加快农业科技创新和农业生产方式转变，积极探索基于区域资源禀赋和“寒旱”特质的特色农业发展新路径，强化农业绿色高质高效发展措施，在推进全省农业农村现代化建设和乡村全面振兴中发挥着重要作用。

一　陇中旱作区基本情况及农业发展现状

（一）陇中旱作区基本情况

陇中通常是指六盘山和陇山以西、秦岭以北、黄河以南的甘肃省中部地区，其行政区域范围主要包括定西市全域，兰州市榆中县、白银市会宁县和天水市甘谷、武山、秦安3县，以及平凉市静宁县和临夏州的局部地区，区域面积约4.0万平方千米，占甘肃省总面积的9.4%，平均人口密度146人/平方千米。该区域不仅是国家重要的生态安全屏障区，也是我国主要农产品

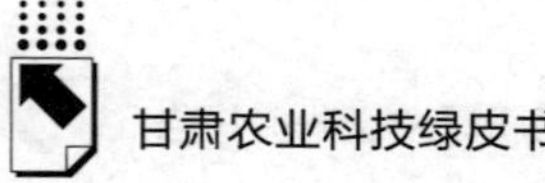

生产的潜力区和特色农产品生产的优势区，对保障区域和国家粮食安全以及主要农产品有效供给起到“稳压器”和“压舱石”的关键作用，同时也是甘肃省脱贫攻坚和乡村振兴的主战场。但陇中旱作区大部分地区经济基础薄弱，属于经济发展相对落后区域。

（二）区域农业自然条件

1. 光热资源

陇中黄土高原旱作区以温带大陆性季风气候为主，光照资源相对充足，区内年日照时数为2000~2800小时，年总辐射量为5300~5900兆焦/平方米，具备发展农业生产的良好光照条件；年平均气温6.2~9.5℃，无霜期120~160天，≥10℃积温2200~3500℃，属温带干旱半干旱气候区。总体特征为光照资源充足，热量适中，但晚熟农作物品种不宜在该区域种植，传统熟制为一年一熟。

2. 水资源

该区域地表水、地下水资源均极其匮乏，除榆中、会宁两县少量的黄河高扬程提灌和临洮县、安定区少量引洮工程灌溉外，绝大部分区域发展农业生产的水分供应几乎全部依靠自然降雨，属典型的雨养农业区。区域年降雨量250~500毫米，且集中在7~9月，春季降雨少，作物生长需水与自然降水供需错位，年蒸发量1500毫米左右，年际降雨量变异系数为25%，干旱是其固有特征。根据作物生理需求和生育期降雨满足程度测算，当地主要农作物降水满足率仅为50%~80%，水资源严重不足是限制本区农业生产力提高的首要因子。

3. 土地资源

陇中黄土高原旱作区海拔1200~3900米，多为墚、峁、沟、谷、垄板地形，地貌类型可分为低丘宽谷区、河谷川台区、丘陵沟壑区和土石山区。耕地总面积约143万公顷，占全省耕地面积的27.5%左右，其中川塬地面积不到15%，山旱地占85%以上。土壤类型主要有黄绵土、山地灰褐土、黑垆土和灰钙土，土层厚度2~10米，土壤肥力相对较低，有机质含量大多在1%左右，主体土类属国际四级以下贫瘠土壤，中低产田面积较大。

从陇中旱作区的农业生产环境来看，寒、旱是其典型特征。决定农田生产力的光、热、水、肥四大因子中，光照是优势因子，热量中等偏低，肥力可控，水分不足是限制生产力提升的最大因素。相对恶劣的农业生产条件，加之巨大的人口压力，造成了人民生活需求与自然资源承载力之间的尖锐矛盾。

（三）区域农业发展现状

陇中旱作区是国家级旱作农业示范区的核心区，也是当前全省粮食生产的重点区域。主要农作物有小麦、马铃薯、玉米、中药材、胡麻、糜谷、食用豆、优质牧草等。2020 年主要农作物播种面积为 115.7 万公顷（占全省的 30.0%），其中粮食作物播种面积为 85.5 万公顷（占全省的 32.7%），粮食总产量达 339.62 万吨（占全省的 28.7%）；人均粮食占有量达到 581 千克，稳定超过国际公认的 400 千克粮食安全线。通渭县、安定区、临洮县、会宁县、广河县等多次被评为“全国粮食生产先进单位”“全国粮食生产先进县”以及“全国粮食生产大县”。此外，该区域是全国马铃薯、道地中药材、糜谷、食用豆等农作物优势产区，拥有全国最大的马铃薯脱毒种薯繁育基地，脱毒原原种生产量占全国总量的 40%以上，当归、黄芪、党参等中药材种植面积分别占全国的 80%、40%和 20%。该区域的优势特色农产品已成为区域农业农村经济发展和乡村振兴的主导产业，对未来实现乡村振兴战略具有不可替代的支撑作用。但是，受脆弱的自然生态条件限制，加之长期以来农业投入严重不足，农业基础设施薄弱，因此当前该区域主要农作物生产水平总体偏低，优质低产特征明显，综合生产效益低下，且生产稳定性和抗灾能力较差。尤其是粮食作物单产长期徘徊在较低水平，虽较 20 世纪 80 年代已有大幅提升，但仍不及全国平均水平的 80%，从区域光热资源来看仍有增产潜力可挖。

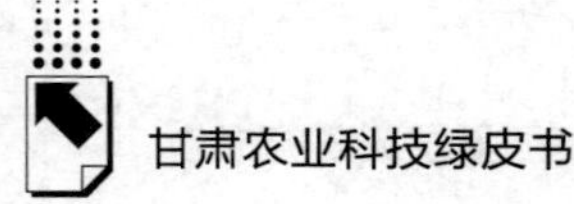

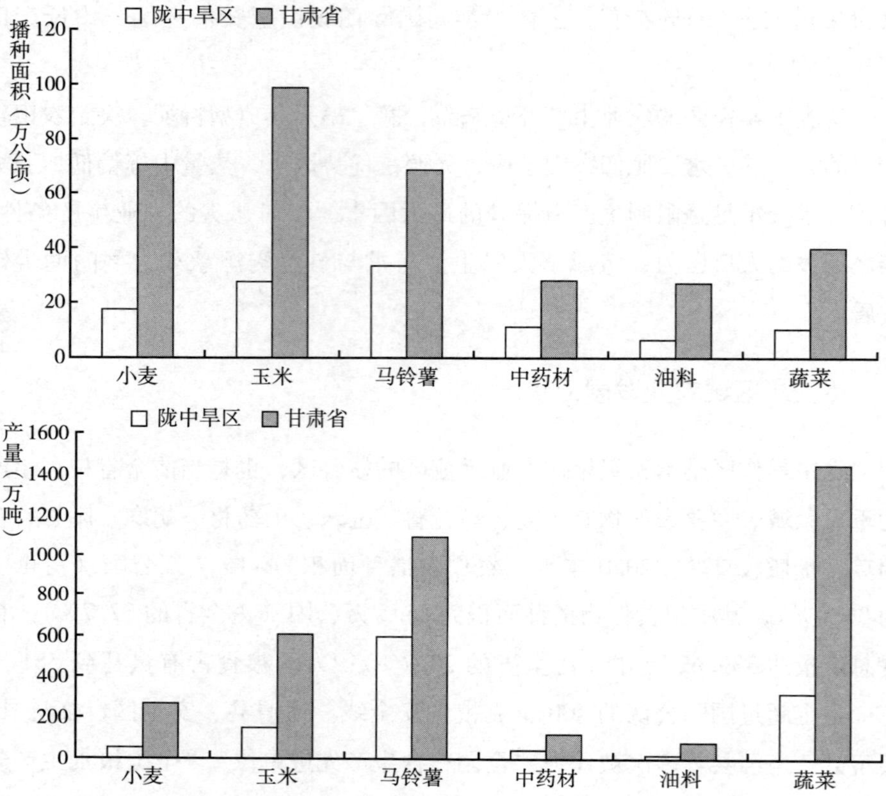

图 1　陇中旱作区主要农作物播种面积及产量（2020 年）

注：马铃薯为鲜薯产量。

资料来源：甘肃省统计局、国家统计局甘肃调查总队编《甘肃发展年鉴 2021》，中国统计出版社，2021。

二　陇中旱作区农业高质量发展的实践探索及主要成效

改革开放 40 多年来，陇中人民发扬“人一之我十之，人十之我百之”的甘肃精神，在与严酷的自然条件的斗争中，不断进行农业科技创新和结构调整，“三农”事业取得了令人瞩目的成就，在贫瘠的土地上开创了旱作农业创新发展之路，为甘肃省现代丝路寒旱农业发展做出了巨大贡献。

（一）陇中旱作区生态环境建设取得的主要成效

生态环境建设是农业高质量发展的基础，这在自然条件恶劣、水土流失严重的西北黄土高原旱作区显得尤为重要。陇中丘陵沟壑区自 20 世纪 80 年代开始，以小流域为单元进行生态环境的综合治理，并依据农业生态系统内各子系统不同生态位之间存在绝对差异性的基础理论，科学地将小流域划分为荒芜沟坡、农田、村庄道路三个区，并依据“就地入渗”“富集叠加”学术思想，从提高自然降水利用率和利用效率入手，按照分区治理、系统治理、序性治理、措施对位配置、效益优先的原则，建立了以“山顶植树造林戴帽子，山坡退耕种草披褂子，山腰兴修梯田系带子，山下覆膜建棚挣票子，沟底筑坝蓄水穿靴子”为主要特征的脆弱生态区环境分区治理“高泉模式”。其中，荒芜沟坡区为高产林草带和自然降水富集叠加模式区，分布在流域上游，主要是对长期荒芜、未加利用的荒沟荒坡进行治理，通过利用小型集雨工程（反坡台、水平沟、土谷坊、柳谷坊、鱼鳞坑）与林草等植物配置措施（柠条、沙棘、沙打旺、经济林果、水保牧草），实现了增加林草植被、控制水土流失、改善自然生态环境的目标；农事作业区为自然降水就地入渗模式区，分布在流域中下游地带，该区是流域主要农作物种植的重点区域，环境治理的重点是以水平梯田修建为主的坡耕地改造，并在此基础上与优良农作物品种、覆盖沟垄种植、配方施肥、集雨补灌等节水农艺措施相结合，建立农田雨水就地入渗高产稳产模式；村庄道路区主要是对流域内村庄、道路、庭院、“四旁”进行治理，以就地拦截径流、解决人畜用水、发展“四旁”林果、改善人民的居住生活环境为主要目标，通过利用路、场、院及屋面集雨，建立庭院经济开发模式区。以上三个方面几乎覆盖了小流域的全部土地，构成了小流域生态环境的全面治理体系。

历经“七五”至“九五”为期 15 年的科技攻关，陇中旱作区生态环境建设取得了显著成效，研究提出的小流域分区系统治理“高泉模式”为陇中丘陵沟壑区及同类型区提供了可借鉴的生态环境整治方案。实践应用 30 多年来，试区水土流失基本得到控制，生态系统功能得以恢复提高，并基本实现了暴雨的资源化和无害化。土壤侵蚀模数由基础数6120吨/平方千米·年降至51吨/平方千米·年，减沙率达99.2%，远低于国际上1000吨/平方千米·年的治理标准。湿生植物，如空茎驴蹄草、红直獐牙菜、毛脉柳叶菜以及层间藤本植物、林下兰科绶草等的发现，昔日绝迹野生动物的重新出现，标志着治理区生物多样性得到显著提高。遥感分析表明，治理区地面植被覆盖度目前已达到92.5%，林草产出量提高了3.12倍，旧的脆弱的生态平衡已被打破，新的良性循环的生态平衡正在建立，区域生态系统功能正在逐步得以恢复和提高。该项工作的持续开展，为陇中旱作区农业高质量发展奠定了良好的生态基础。

（二）深入实施藏粮于地、藏粮于技战略，持续推进旱作农业科技创新

农业科技进步是增强农业发展活力的核心，对改善农业生产环境、调整农业生产方式和提高农业生产效率具有重要作用。2013年，习近平总书记在山东农科院召开的座谈会上指出，“农业出路在现代化，农业现代化关键在科技进步，我们必须比以往任何时候都更加重视和依靠农业科技进步，走内涵式发展道路”。这充分表明，新时期实现农业高质量发展不仅要依靠增加劳动和资本等投入，还要依靠科技进步、提高劳动生产率、转变经济发展方式，把科技创新作为农业高质量发展的第一动力。

1. 抗逆稳产农作物新品种选育和应用成效

种业是农业发展的“芯片”，是建设现代农业的基础。近年来，在甘肃省农业科学院、甘肃农业大学、兰州大学以及地方科研机构、制种企业等的共同努力下，通过常规育种技术与现代生物育种技术的综合运用，选育出了一大批适宜陇中旱作区生长环境的抗旱节水与耐寒、耐瘠薄农作物新品种。培育的陇薯、庄薯、甘农薯、天薯、定薯系列马铃薯品种产量潜力大、抗逆性强，为区域马铃薯产业高质量发展提供了坚实的基础保障；陇春、陇鉴、兰天、西旱、甘春、定丰系列小麦抗旱节水品种的成功选育和大面积推广应用，为保障区域粮食安全和口粮供给做出了巨大贡献；选育的陇单、金穗、

敦玉、五谷、垦玉系列玉米新品种对支撑区域粮食增产和草食畜牧业发展发挥了重要作用；培育的陇谷、陇糜、陇藜系列小杂粮新品种品质优良、营养丰富，在陇中旱作区抗旱救灾、提高复种指数、调整种植业结构中发挥了突出作用，年种植面积在6.7万公顷以上；陇亚、陇油系列优质油料作物新品种的选育和大面积推广应用，保障了区域食用油的有效供应。以上农作物新品种已逐渐发展为当地主栽品种，既在保障区域粮食安全中发挥着重要作用，也为打造陇中旱作区优势农产品品牌奠定了坚实的基础。

2. 陇中旱作区高效耕作栽培技术创新历程与发展成效

20世纪80年代，甘肃省农业科学院组织相关单位和研究力量驻扎在环境恶劣的陇中地区，专门从事旱作区水资源高效利用与环境治理、旱作高效生态农业关键技术研究和推广应用工作，正式开启了旱作农业科技创新之路。历经40多年的潜心研究和联合攻关，实现了从以旱地耕作制、轮作制、施用有机肥及抗旱作物品种配置为主的有机旱作农业，以自然降水全部就地拦蓄入渗利用和“梯田+品种+施肥”为特征的水土保持型旱作农业，以“微地形雨水集蓄、时空利用、主动抗旱”和“梯田+覆盖+补灌”为主要特征的主动抗旱型集水高效农业，以“覆盖沟垄种植+水肥一体+机艺融合”为基本特征的现代高效生态农业，到以“耕层构建+改土增碳”和“适水种植+绿色覆盖+化肥减量”为主要特征的新时期绿色高质高效农业的五次旱地农业理论与技术飞跃，建立了适水种植结构，创立了“集水、蓄水、保水、用水、节水”的五大旱作高效用水体系，形成了以“梯田、水窖、地膜、品种、结构”为主的旱作农业发展模式，走出了一条应对干旱增产增效的路子，推动旱作区粮食单产从450~750千克/公顷到3000~5000千克/公顷的跨越，实现了藏粮于地、藏粮于技，为农业结构调整和产业转移升级奠定了坚实的基础，推动了旱地农业的科技进步，农业科技贡献率由1984年的9.72%提高到2020年的57.0%。

“七五”时期，在“径流农业”理论和技术模式的启示下，基于自然降水富集叠加高效利用学术思想，甘肃省农业科学院的旱农专家研究提出了陇中旱作区主动抗旱、雨水治旱的“集水高效农业理论”，建立了集水高效农业技术体系，大幅提高了旱地作物生产力和水分利用效率，实现了自然降水的资源化和产业化应用，使水分生产效率达到30千克/公顷·毫米以上。20世纪90年代初期，集水高效农业进一步得到发展和提升，以减少无效蒸发为目标的地膜、秸秆、草膜二元覆盖技术以及作物需水关键期有限补灌技术取得重要进展，使春小麦最高产量历史性突破7000千克/公顷，供水效率达到15~30千克/公顷·毫米，地膜玉米最高产量达到9051千克/公顷，供水效率高达28~57千克/公顷·毫米。“九五”期间，以集水高效农业综合技术模式组建和持续提高作物单产与水分利用效率为攻关重点，研究提出陇中旱作区“梯田+品种+施肥+集水+地膜+补灌+结构调整”抗旱丰产综合技术体系，为当时甘肃省“121雨水集流工程”“集雨节灌工程”的全面推进提供了技术支撑，使粮食作物水分利用效率提高了31.6%，单产提高了20%~50%，并很快应用到旱地中药材、果园和日光温室经济作物生产中，促进了旱地农业向稳产、高产和高效发展。“十五”期间，为进一步提高旱作区降水利用率、作物产量和水分利用效率，对田间微地形覆膜集雨种植技术进行了优化完善，通过甘肃省农业科学院、甘肃省农业技术推广总站、甘肃农业大学、兰州大学等科研团队的联合攻关，创新性提出了玉米全膜双垄沟播、小麦全膜覆土穴播、马铃薯全膜（黑膜）覆盖垄播三大粮食作物覆盖集雨栽培技术体系，旱作农田降水利用率突破75%。“十一五”至“十二五”期间，在持续稳定提高作物产能的基础上，开始资源节约型与环境友好型旱农技术探索与创新，耕作栽培技术得到进一步优化。以玉米全膜双垄沟播、小麦全膜覆土穴播、马铃薯全膜（黑膜）覆盖垄播等为主的旱作农田覆膜集雨种植技术在此期间得到快速发展，成为支撑陇中旱作区粮食增产的核心技术，并在作物群体调控、覆盖材料选择、覆盖方式优化、科学施肥和中低产田地力提升、耕种收配套机械研发等方面取得了重要进展，使旱作农田覆膜集雨种植技术迅速得到大面积的推广应用，小麦、玉米、马铃薯平均产量分别达到300千克/公顷、700千克/公顷和1800千克/公顷，通过机艺一体化使生产效率提高到60%以上，为区域优势特色产业可持续发展和助推脱贫攻坚提供了强有力的科技支撑。

进入“十三五”以来，基于国家农业供给侧结构性改革和“藏粮于地、藏粮于技”战略以及化肥农药减量增效行动的实施，该区域加快旱作农业生产方式转变，积极推进农业高质量发展，重点在耕层构建、改土增碳、减肥减药、绿色覆盖、品质调控等领域进行理论和技术创新，形成了一批农业主推技术和产品。针对旱地土壤耕层变浅、水肥供应能力变差等问题，提出旱地立式深旋耕层调控技术，实现了黄土旱作区耕作技术的变革，显著改善了土壤耕层结构，优化了土壤水、气、肥环境，使旱地马铃薯、中药材增产 27.5%~47.8%，水肥利用效率得到显著提高。在化肥农药减量增效行动的推动下，提出了适宜陇中旱作区不同作物类型及种植方式的有机肥部分替代化肥技术，实现化肥减量 20%~30%，同时促进了秸秆、畜禽粪污的资源化利用，研究集成了秸秆和畜禽粪便高温堆肥技术，使作物秸秆和人畜粪便资源化利用率提高了 20%，为农田固碳减排提供了技术支撑。NE 养分推荐系统和 4R 精准施肥技术的引进和应用，在优化施肥结构、实现化肥减量增效的同时，显著提高了农作物品质。此外，加强了对农田残膜污染问题的综合治理，一是通过对残膜回收机械的研发应用，残膜回收率达到 80% 以上，二是形成了一批绿色覆盖技术，以旱地秸秆带状覆盖、全生物降解地膜覆盖、地膜减量覆盖等为代表的绿色覆盖种植技术有望替代传统地膜覆盖技术，有效缓解因残膜污染带来的环境压力。这些绿色生产技术的大面积推广应用为打造“甘味”农产品品牌、提升区域优势特色农产品综合生产效益和市场竞争力提供了有力支撑。

3. 陇中旱作区高标准农田建设有力支撑农业高质量发展

由于自然条件严酷、耕地质量较差，陇中旱作区农业生产长期徘徊在较低水平，且抵御风险灾害的能力相对较弱，“靠天吃饭”和“广种薄收”成为该区农业的主要特征。自 20 世纪 80 年代起，在小流域环境综合治理行动的推动下，以梯田建设为主的坡耕地改造为陇中旱作区农业发展奠定了坚实基础。但是，过去修建的梯田标准低，难以实现规模化、产业化经营。“十二五”以来，陇中旱作区把高标准农田建设作为落实“藏粮于地、藏粮于技”战略、支撑优势特色产业三年倍增行动计划和保障区域粮食安全的重要举措来抓。以小地块中低产梯田改造升级与撂荒地整治为重点，统筹考虑高标准农田建设与优势产业适度规模经营问题，根据“田路渠统筹规划、梁沟坡综合治理”和集中连片的基本原则，采用“整山系、整流域”整体推进的方式进行土地整理和宜机化改造，使昔日零散细碎的“三跑田”变成了集中连片的“三保田”。探索形成了“合作社+土地流转+高标准农田建设+基地培育”的高标准农田建设运行模式，为旱作农业规模化、标准化和机械化发展奠定了坚实的基础，全面提高了旱作农田综合生产能力、生产效益和抗风险灾害能力。以定西市安定区为例，全区现已累计建设高标准农田1.5万公顷，受益农民2万余户，户均增收达到5000元以上。截至目前，陇中旱作区已累计建成高标准农田11.3万公顷，促使整个陇中旱作区耕种收综合机械化率提高到了56.9%，预计“十四五”末高标准农田面积将达到50万公顷左右。

在高标准农田建设过程中，因小地块梯田“二合一”“多合一”以及大面积撂荒地整治，产生了大量农田生土区，因此短期内新垦及复垦农田生产力很难得到恢复。甘肃省农业科学院与甘肃省农业技术推广总站等专门组建研究团队，针对该问题进行联合攻关，提出了以马铃薯为先锋作物，以“马铃薯—豆科作物—禾本科作物”轮作制和以“化肥+有机肥+腐殖酸+黑矾+微生物菌肥”配施为主要技术措施的新垦土壤快速熟化培肥和高产增效技术模式，使土壤熟化培肥年限缩短到了2~3年，为11.3万公顷高标准农田生产力的恢复和产能的提升提供了技术支撑。此外，随着引洮供水二期骨干工程建成通水，引洮工程受益区扩大到5市13个县区600多万名群众，对从根本上解决陇中地区水资源短缺问题、助力受益区高标准农田建设与支撑陇中旱作农业高质量发展和乡村振兴具有极其重要的保障作用。主要涉及榆中、会宁、安定、临洮、通渭、陇西、渭源、静宁、武山、甘谷、秦安等县区，以陇中旱作区为主。在此推动下，安定区、会宁县等地在有条件的区域积极推进高标准农田建设与旱作节水农艺技术有机结合，利用引洮工程探索实施引水上山、节水滴灌和水肥一体化等旱作节水节肥措施，开启了陇中旱作区从“靠天吃饭”到“旱涝保收”的伟大实践。

（三）农业结构优化调整促进区域产业集聚与品牌打造

当前，我国农业发展已进入新的历史阶段，新形势下，农业的主要矛盾已由总量不足转为结构性矛盾，深入推进农业供给侧结构性改革是提升农业供给体系质量和效益、培育农业农村发展新动能和支撑农业高质量发展的重要举措。农业供给侧结构性改革的首要任务就是要把农业结构调好调顺调优，要在确保区域粮食安全的基础上，着力推进生产结构、产业结构和经营结构的优化和调整。近年来，陇中旱作区把加快农业产业结构调整作为增强发展动能、推进农业增效、农民增收的重要举措，根据现代丝路寒旱农业“一带五区”产业布局和总体要求，充分利用区域“寒、旱”特质，以特色产业转型升级为目标，在着力做大做强马铃薯、中药材、小杂粮、草食畜等优势产业的同时，积极探索多元化发展模式，通过特色产业布局的不断优化，促进优势产品向优势产区集中，结合不同县域自身优势特色资源，分区打造了一大批绿色标准化、规模化种养基地和示范园区以及“甘味”农产品品牌，使区域优势特色农产品品质和市场竞争力得到极大提升。

近年来，定西市安定区进一步加强马铃薯产业结构优化和完善，着力构建“产加销”“贸工农”全链条的产业集群，大力推进种薯繁育、商品薯种植加工、休闲观光等产业发展，并在马铃薯专用品种上下功夫，目前已成为全国最大的马铃薯脱毒种薯繁育基地和重要的商品薯生产加工基地，年生产原原种 12 亿粒以上，商品薯 500 万吨以上。2019 年安定区现代农业产业园被农业农村部和财政部认定为国家级现代农业产业园，2021 年入选首批“国家农业现代化示范区创建名单”和“全国农业科技现代化先行县共建名单”，成为名副其实的“中国薯都”。2019 年陇西县被农业农村部认定为国家区域性中药材良种繁育基地，近年来以“抓道地、提品质、保资源”为总体发展目标，加强中药材良种“育繁推”体系建设，着力打造“中国药都”，通过逐步完善产业化经营体系、生态化种植体系和质量安全监管追溯体系，产业结构得到进一步优化升级，显著提升了发展质量和市场竞争力，中药材种植规模迅速扩大到 2.3 万公顷以上，成为农业增效、农民增收的主导产业。广河县作为全国旱作农业示范县，近年来通过调整优化农业产业结构，积极推行“粮改饲”计划，探索出以“粮改饲”为基础，农牧结合、种养循环、绿色发展的富民产业新路子，2019 年被认定为国家农业绿色发展先行区；目前，全县牛、羊存栏量分别达到 14.3 万头和 135 万只，户均增收 5 万元以上，养殖业收入占农民人均纯收入的 30%以上。此外，2011 年渭源县被评为全国马铃薯标准化种植示范县，临洮、东乡现代农业产业园分别于 2019 年、2022 年被农业农村部和财政部认定为国家级现代农业产业园。以上这些国家级示范区和基地的创建，使区域优势产业集聚能力得到明显提升，为当前陇中旱作农业高质量发展创造了良好的产业基础。

近年来，各地区结合自身发展优势，积极探索多元化发展道路，如定西市通过调整农业产业结构，使草牧业发展成为继马铃薯产业之后又一主导产业，目前全市牧草种植面积超过 33.3 万公顷，年产鲜草超过 1000 万吨，并根据“做实草业、草畜联动、两畜并举、加工突破、争创品牌”的思路，积极构建现代草牧产业链，着力打造“中国西部草都”。会宁县在进一步做大做强小杂粮优势特色产业和保障粮食生产的基础上，大力发展草畜产业和大棚蔬菜产业，全县牛、羊存栏量分别达到 17.9 万头和 260 万只，瓜菜种植面积为 1.5 万公顷，通过聚力谋变，打出了产业富民“组合拳”。

农业品牌化建设是产业兴旺和乡村振兴的重要抓手。近年来，陇中旱作区通过种植业、养殖业产业结构优化升级，以农产品精深加工带动特色产业价值链提升，培育形成了一批具有陇中区域特点和市场影响力的知名品牌。兰州百合、定西马铃薯、岷县当归、渭源白条党参、陇西黄芪、会宁小杂粮、会宁胡麻油、东乡贡羊、兰州高原夏菜、榆中大白菜、甘谷辣椒等入选“甘味”农产品品牌目录，其中兰州百合、定西马铃薯、岷县当归、渭源白条党参、陇西黄芪、甘谷辣椒获得中国驰名商标、中国国家地理标志产品和全国名特优新农产品认证。通过知名农产品品牌打造，显著提升了陇中旱作区优势特色农产品综合生产效益、市场影响力和竞争力，为支撑全省现代丝路寒旱特色农业高质量发展和助力乡村振兴注入了新动能。

（四）新型经营主体在陇中旱作区农业高质量发展中的重要作用

发展现代农业一定要解决好“小农户”和“大市场”之间的关系。传统小农户生产水平低、经营分散，很难适应农业规模化、标准化和产业化经营，成本高、收益小、效率低、适应市场波动能力弱是其主要特征，显然这种传统的生产经营方式已无法满足新时期农业绿色高质高效发展需求。随着陇中旱作区高标准农田建设的大力推进和市场经济的快速发展，农业产业化龙头企业、农民专业合作社、家庭农场、社会化服务组织等各类新型经营主体逐渐成为新时期推动农业产业化转型升级和实施乡村振兴的重要力量。近年来，在各级政府大力扶持和市场经济推动下，陇中旱作区新型农业经营主体发展迅速，数量不断增加、规模日益扩大、领域不断拓宽，目前农民专业合作社数量已超过20000家，培育农业产业化龙头企业700家以上，经营领域涉及种植、养殖、加工、运销、农机服务、农资销售、休闲观光等，成为支撑陇中旱作区农业高质量发展的主力军。

在新型经营主体带动产业发展和农民致富过程中，通过实践探索，建立了以“龙头企业+合作社+基地+农户”“科研单位+龙头企业+合作社+基地”等为主的合作运营模式。以甘肃蓝天马铃薯产业发展有限公司为代表的产业化龙头企业，通过政、企、银多方联动，创建了“龙头企业+联合社+合作社+农户+银行+电商平台”六位一体的“蓝天模式”，使金融服务贯穿于种植、收购、储藏、加工、销售的全产业链，有效解决了合作社和农户在扩大生产过程中面临的“融资难、融资贵”以及劳动力不足等问题，形成了完善的委托生产、订单农业、贷款担保、入股分红、利益返还合作机制，实现了农业种植与工业生产、小农户与大市场的利益链接，带动合作社307家、农户10万多户，户均年增收8000元以上，建立了陇中旱作区新型经营主体带动农民增收的产业发展模式。

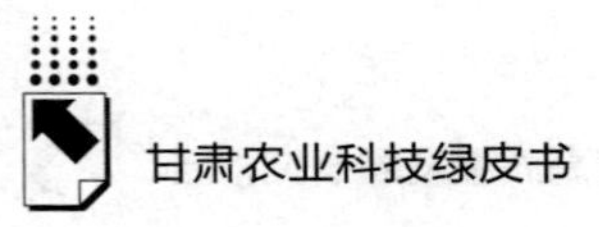

三　陇中旱作区农业高质量发展路径及支撑体系

（一）陇中旱作区农业高质量发展策略与路径

陇中旱作区农业社会的发展史，是人类征服自然、维持自身生存的艰辛历史，由于长期以来对资源的开发利用速度快于资源的再生速度，因此在实现农业生产发展和解决人们温饱的同时，本就脆弱的生态环境变得更加不堪一击，过去依靠高投入、高能耗、高污染手段来实现高产出的粗放式发展模式已经不可持续。党的十九大以来，我国农业加速转型、发展方式快速转变，产业结构不断优化，农业农村经济逐步由总量扩张阶段向质量提升阶段转变，以供给侧结构性改革为手段、以新发展理念为指导的高质量发展已成为我国经济社会发展的主旋律。在这个大背景下，不断恢复和优化生态环境是陇中旱作区农业可持续、高质量发展的必由之路，必须在加强农业生产技术创新、着力提高农业生产力的同时，充分考虑生态环境的承载能力，努力探索和构建资源节约型与环境友好型农业绿色发展新模式，实现农业生产方式的转型升级。

高质量发展的本质特征是生产力水平提高、生产关系改善、产业结构优化和可持续发展。推进农业高质量发展，不仅需要进行发展目标的调整与思路的转换，而且需要根据区域实际情况选择和制定合理的高质量发展策略及路径。当前，陇中旱作区正处于传统农业向现代农业发展的跨越期和巩固拓展脱贫攻坚成果向乡村振兴有效衔接的过渡期，其农业高质量发展要在坚持以习近平新时代中国特色社会主义思想为指导，遵循“绿色化、优质化、特色化、品牌化”农业高质量发展基本要求的基础上，根据全省“一带五区”农业产业布局，结合区域资源禀赋及农业生产基本特征，把生态环境建设和修复作为高质量发展的先决条件，并在发展过程中始终坚持生态优先、绿色发展的路子，以协同实现粮食稳定增产和农业提质增效为目标，以科技创新为驱动，充分挖掘区域寒、旱气候条件下农业发展的资源潜力，加快农业结构调整和转型升级，探索构建与资源承载力、环境容纳力相匹配的绿色高质高效现代农业发展新模式，不断推动陇中旱作区环境改善、产能提升、品种培优、品质提高、品牌打造和标准化生产，有力支撑乡村全面振兴。

（二）陇中旱作区农业高质量发展的政策保障

“十二五”以来，甘肃省先后制定出台了《甘肃省人民政府关于支持农业产业化龙头企业发展的实施意见》（2012 年）、《甘肃省人民政府关于进一步加快农民合作社发展的意见》（2014 年）、《甘肃省加快转变农业发展方式实施方案》（2015 年）、《甘肃省人民政府关于建立粮食生产功能区和重要农产品生产保护区的实施意见》（2017 年）、《甘肃省推进绿色生态产业发展规划》（2018 年）、《甘肃省人民政府办公厅关于进一步加强两个“三品一标”建设打造“甘味”知名农产品品牌实施方案（2019—2023 年）的通知》（2019 年）、《甘肃省人民政府关于促进乡村产业振兴的实施意见》（2020 年）、《关于实施现代丝路寒旱农业优势特色产业三年倍增行动的通知》（2021 年）、《甘肃省“十四五”推进农业农村现代化规划》（2022 年）等农业绿色高质高效发展的指导性和战略性文件，相关文件就如何支持陇中地区农业产业发展做了明确部署和安排。此外，2021 年农业农村部与甘肃省人民政府签订了《共同推进现代丝路寒旱农业建设合作框架协议（2021—2025 年）》，特别提出要在发展旱作农业和生态农业等方面给予甘肃重点支持，这对陇中旱作区来说，无疑是进一步夯实发展基础、提升发展质量的大好机遇。

《甘肃省“十四五”推进农业农村现代化规划》明确提出，要在“十四五”期间打造现代丝路寒旱农业“一带五区”新格局。根据产业布局，在中部旱作区重点发展优质马铃薯、道地中药材、饲用玉米、优质苜蓿、全膜双垄沟播玉米等优势产业，积极发展区域特色小杂粮；因地制宜推进小流域综合治理，着力加强梯田建设，巩固提升退耕还林还草水平，积极推广保护性耕作、全膜双垄沟播等旱作农业技术，提升小流域生态治理和产业开发水平，实现生态产业化、产业生态化；推进全株玉米青贮和农作物秸秆高效利用，提升适度规模养殖比重，提高作物生产水平和生产效率，突出地方特色产品开发，实现种养循环、提质增效。该规划的制定和实施，为新时期陇中旱作农业高质量发展和乡村全面振兴指明了方向，明确了总体目标和重点任务。

（三）陇中旱作区农业高质量发展的科技支撑体系

科技创新是农业高质量发展的第一动力，一个区域的科技水平直接影响其农业产业竞争力和可持续发展能力。近年来，甘肃省农业科学院、甘肃农业大学、兰州大学、中国科学院寒区旱作区环境与工程研究所、中国农业大学等省内外科研机构专门组建研究力量，在甘肃中部旱作区建立了一批国家农业科学观测站、区域试验站和综合试验示范基地，针对区域农作物抗旱耐寒品种选育、绿色提质增效关键技术以及相关产品和装备研发等方面形成了一大批优秀的科技成果，并通过加强产学研深度融合，构建形成了基于陇中区域实际的农业科技研发和推广体系。尤其是在农作物专用品种选育、绿色生产、高标准农田培肥、智能水肥一体化、全程机械化与智能装备、农业物联网智慧管理等领域的成果转化应用，推动了农业绿色化、标准化和集约化生产，为推进陇中旱作区农业高质量发展注入了发展动能。同时，各县区在与科研单位的合作过程中，充分发挥科研单位人才、技术等资源优势，积极加强创新型企业培育、科技创新平台建设和专业化人才培养，目前已培育出省级科技创新型企业80家以上，涵盖种业工程、中医药制造、农产品加工、智能制造、农机装备、现代农业等多个领域，成为支撑区域旱作农业高质量发展的新生力量。

四　陇中旱作区农业高质量发展存在的问题及对策建议

（一）陇中旱作区农业高质量发展存在的问题及面临的挑战

1. 粮食总量稳定，结构性矛盾突出

粮食安全是“国之大者”，是一个地区社会稳定和经济发展的基础。党

的二十大报告指出，要全方位夯实粮食安全根基，全面落实粮食安全党政同责，确保中国人的饭碗牢牢端在自己手中。陇中旱作区由于脆弱的农业生态环境和人口增长的双重压力，发展粮食生产、实现粮食自给自足始终是本区农业生产的中心任务。然而受环境脆弱、资源不足、基础条件薄弱等因素制约，光热资源生产潜能尚未得到充分挖掘，粮食作物单产长期处于较低水平。从整体来看，近年来该区域粮食总量稳定在300万吨以上，人均粮食占有量稳定超过550千克，可基本满足需求，但口粮缺口比较大，小麦、稻谷自给率不足60%，大部分依靠省外调入。因此，发展粮食生产、实现区内口粮自给将是今后该区域农业高质量发展的首要问题。尤其是在当前复杂多变的国际环境下，一定要将农业绿色高质高效发展建立在区域粮食安全的基础之上，把农业高质量发展作为保障区域粮食安全的重要措施。

2. 生态环境约束趋紧，防灾减灾压力增大

陇中干旱半干旱作区地表水和地下水资源极其匮乏，自然降水少、变率大，干旱缺水是该区域长期面临的第一大生态问题。据统计，该区域干旱发生频率达27%~41%，平均为36%；持续两年干旱的频率平均为45%，最高可达52%；持续三年干旱的频率为21%。天然降水是该区域农业生产唯一可用的潜在水资源，但由于降水分布不均，常与作物需水关键期供需错位，易发生夏粮作物“卡脖子旱”现象，严重影响农作物产量。资源型缺水和分布型缺水共存是该区域水资源短缺的基本特征。

根据IPCC预测结果分析，未来西北地区气候变暖趋势会更加明显，到2030年平均气温将升高0.8~2.1℃，到2050年，增温幅度将达到1.93~2.77℃。气候暖干化对农业生产最直接的影响是生境恶化、旱灾频发，粮食安全受到严重威胁。近年来，我国北方干旱不断加剧，近20年陇中旱作区相继发生了2006年、2008年、2009年、2011年、2015年、2016年、2021年、2022年8次特大旱灾，严重影响了区域生态环境和农业可持续生产。

3. 优势产区低质产品现象依然存在，产业化发展水平整体偏低

陇中旱作区独特的自然生态环境为特色农产品生产创造了得天独厚的地理条件。然而在漫长的农业发展历程中，重视规模、注重增产而忽略品质的发展方式长期占据主导地位，由于生产方式和农作制度等不科学，产地耕地质量退化问题愈演愈烈，农产品品质不断下降，产品竞争力明显不足，进而造成“优势产区、低质产品”的困境，这已逐渐成为该区马铃薯、中药材、小杂粮、食用豆等特色产业可持续发展的主要障碍因素。如马铃薯和中药材长期连作导致的耕地质量退化和大面积病虫害发生问题、中药材一味追求高产而大量使用农药造成品质下降等问题已越来越突出，若类似问题得不到有效解决，区域特色产品将很快丧失其产区优势。

此外，从生产经营现状来看，大部分新型农业经营主体的规模化、集约化程度仍然相对偏低，体量大、带动性强的龙头企业和合作社数量较少。而且农产品加工技术和工艺水平整体相对落后，粗加工产品多，精深加工产品少，大部分农产品以原材料或初加工形式低效益外销，尚未完全将特色农产品品质优势转化为品牌优势，难以适应多元化市场需求和消费结构的变化，品牌知名度和市场竞争力有待进一步提升。

4. 农业基础设施条件薄弱，支撑农业高质量发展能力不足

长期以来，受区域经济发展水平等影响，陇中旱作区农业投入相对较少，农业基础设施及装备水平整体落后，致使该区农业综合生产效益相对较低，且受自然灾害影响较大，不能满足农业农村现代化发展的需要。目前，陇中旱作区有效灌溉面积为16.1万公顷，仅占全区耕地面积的11.2%，耕种收综合机械化率虽有大幅提升，但仍不足60%。所以，要在进一步加快推进高标准农田建设的基础上，不断完善田间水利、仓储等配套设施建设，加强关键生产环节智能装备引进和研发应用，逐步提高区域旱作农业综合生产效益和抵御灾害风险的能力，为该区农业高质量发展提供基础支撑。

5. 科技支撑体系尚不够健全，专业型人才短缺问题凸显

科技进步在陇中旱作区农业可持续发展过程中做出了重大贡献，农业科技贡献率由1984年的9.72%提高到2020年的57.0%，但科技创新能力不强、创新链与产业链融合不畅、科技创新体系不完善等问题依然存在。目前，随着农业供给侧结构性改革和产业转型升级的不断深入，新的生产方式对农业科技创新的广度和深度也提出了更高的要求。在此背景下，进一步完善农业科

技创新体制机制，激发从业人员创新活力，转变创新理念，更加有力地推进产学研用深度融合成为当前陇中旱作区农业科技创新工作亟待解决的关键问题。

习近平总书记指出："要推动乡村人才振兴，把人力资本开发放在首要位置，强化乡村振兴人才支撑。"近年来，在各项利好政策和市场资本的扶持下，陇中旱作区产业化龙头企业、农民专业合作社、家庭农场等新型经营主体经营规模逐渐扩大、经营范围不断拓展，对人才的需求也日益迫切。但就目前实际情况来看，各类经营主体从业人员整体素质还不够高，绝大多数没有专业技术基础和经营管理经验，且年龄偏大、学历偏低，既懂专业技术，又懂经营管理和市场营销的复合型人才更是极度缺乏。因此，基本劳动力和专业型人才短缺逐渐成为影响新型经营主体健康持续发展和实施乡村振兴的主要问题，加强人才队伍建设、建立长效稳定的人才培养和引进机制迫在眉睫。

（二）促进陇中旱作区农业高质量发展的对策和建议

1. 进一步夯实粮食安全根基，优化粮食生产结构

"食为政首，粮安天下。"基于当前国内国际形势复杂多变，不确定性和不稳定性因素明显增加，以及气候变化导致极端自然灾害频发等问题，陇中旱作区一定要坚持区内粮食基本自给的根本原则不变，把粮食安全作为陇中旱作区农业高质量发展的头等大事。一方面，要在坚决稳定区内粮食作物播种面积的基础上，通过抗逆高产与优质新品种选育，以及抗旱节水、绿色覆盖、减肥增效、中低产田地力提升等农艺技术创新，构建气候变化背景下的防灾型粮食作物稳产增产技术体系，把"藏粮于地，藏粮于技"战略落到实处，进一步提升粮食生产水平，稳定粮食生产总量；另一方面，积极落实和完善促进粮食生产的政策措施，多措并举调动农民种粮积极性，通过加强政策激励，支持发展粮食适度规模经营，培育和壮大一批种粮大户及农民专业合作社等种粮主体，进一步夯实粮食安全根基。此外，要在保障粮食总量的基础上，进一步优化粮食生产结构。一方面，要加大陇中旱作区小麦扩种力度，切实强化区域口粮自给；另一方面，要加强优质强筋小麦、主食化马铃薯、功能性小杂粮等粮食作物专用型品种选育和大面积的推广应用，不

断满足人民生活水平提高对食品的多元化需求。

2. 加强特色农产品产地环境保护

优势特色农产品是陇中旱作区农业高质量发展的重要抓手，所以一定要把产地农业生态环境保护作为特色农产品保质、保量生产和可持续发展的重要方面。一是要持续推进农药化肥减量行动，大力推进有机肥部分替代化肥技术和水肥一体化节肥增效技术，积极开展病虫害统防统治，推广应用病虫草害绿色防控产品和技术以及无人机植保技术，不断提高化肥和农药利用率。二是要大力实施耕地质量保护和提升行动，综合运用土壤增碳培肥、轮作休耕和微生物生态改良等技术措施，分区构建针对瘠薄干旱中低产田、连作退化农田、污染农田的培肥改良技术模式，不断提升耕地质量。三是要加强产地面源污染治理，积极推广秸秆带状覆盖、全生物降解地膜绿色覆盖技术和残膜回收再利用技术，有效缓解农田残膜污染问题；进一步加强畜禽粪污资源化利用，以畜禽粪肥就地就近科学还田为主攻方向，因地制宜推广应用堆沤肥还田、商品有机肥加工还田、沼肥还田等技术。

3. 加强科技创新和支撑能力建设，增强发展动能

科技创新和人才培育是农业高质量发展的核心，一定要把构建和完善农业科技创新体制机制、加强专业型人才培养作为进一步促进陇中旱作区农业高质量发展的最大驱动力。

在科技创新方面，要利用好省内外科研机构的优势力量，突出需求导向，在农业绿色生产、资源效率提升、机械化作业、固碳减排、精深加工等诸多领域进一步加强科技创新和产学研用深度融合。一是要根据陇中旱作区区域特征创新研发合理耕层构建、适水种植、水肥协同、品质调优等关键技术，不断提升资源利用率、单产水平和产品质量。二是加大资金和人才投入力度，研发适合陇中旱地丘陵区域特征的主要农作物关键生产环节智能装备，尤其是马铃薯膜上直播、全膜双垄沟播玉米和小杂粮籽粒直收、中药材播种与收获、残膜回收、田间植保等环节智能装备的研发和应用。三是以显著提升农田土壤肥力和如期实现陇中旱作农业“碳达峰、碳中和”为目标，分区构建基于不同农业生产和环境生态条件的秸秆还田模式，进一步加大秸

秆还田力度；通过标准化养殖和管理技术的创新应用，减少养殖过程中温室气体的排放，并大力推行有机肥加工业。四是依靠科技创新，加强对优势特色农产品生产工艺的改进和提升，延长产业链，并定向培育有基础、有规模、有特色的加工型龙头企业。五是要加强数字农业领域的科技创新，以作物遥感、物联网、农业大数据、人工智能等技术为核心，通过集成应用，实现生产智能化、管理数据化、经营网络化和服务在线化，构建智慧农业产业体系；并积极推进数字农业在农产品质量安全控制和生产过程追溯方面的应用，提升产品竞争力。

在人才队伍建设方面，一是要进一步加强专家服务体系建设，聘请行业体系知名专家分产业组建专家服务团队，为产业发展提供咨询和技术服务。二是要建立和落实地方专业型人才培养机制和新型职业农民培养培训机制，加强与农业高校、科研院所的长期合作关系，不断提升新型经营主体生产技能和综合素质，为农业高质量发展提供人才支撑。各级政府部门应针对新型农业经营主体不同阶段的发展需求，推出人才扶持政策，设立人才培养和创业扶持专项资金。

4. 加强农业基础设施建设，提高生产系统防灾减灾能力

土地是发展农业生产的基础，更是粮食安全的红线。加强耕地保护和质量建设，是守住管好“陇中粮仓”和实现农业高质量发展的基础保障。党的二十大报告指出，要全方位夯实粮食安全根基，牢牢守住十八亿亩耕地红线，逐步把永久基本农田全部建成高标准农田，确保中国人的饭碗牢牢端在自己手中。陇中旱作区要积极借助高标准农田建设以及引洮一期、二期工程顺利通水等有利条件，进一步加强农田水利、仓储等基础设施建设，加快推进水肥一体化技术应用，支持和鼓励有条件的地区探索实施引水上山和旱作节水灌溉等技术，不断提升旱作农业适应气候变化和抵御灾害风险的能力；此外，通过现代自动监测技术、遥感技术等，推进田间墒情、虫情以及气象灾情等自动监测设施建设，建立农业灾害监测预警体系，并在此基础上构建适应气候变化的农业生产体系，显著提升防灾减灾能力，这对于促进陇中旱作农业高质量发展十分重要。

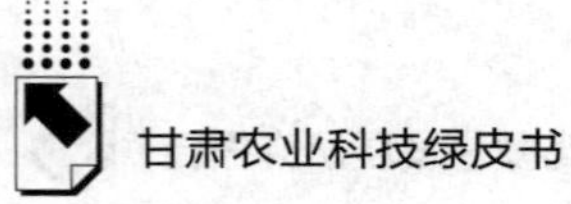

5.陇中旱作区农业高质量发展评价体系构建

农业高质量发展评价体系建设是衡量一个地区农业高质量发展水平的重要手段，不同地区因生态环境条件、经济发展水平、农业生产方式、产业结构布局、科技创新能力等关键要素的差异，其主要测度指标和评价体系也不尽相同。因此，构建基于陇中旱作区农业资源禀赋及生产要素的高质量发展多维指标评价体系，对于分析该区各阶段农业高质量发展状况，为政府提供科学有效的决策建议具有重要的实践指导意义。

参考文献

习近平：《高举中国特色社会主义伟大旗帜　为全面建设社会主义现代化国家而团结奋斗——在中国共产党第二十次全国代表大会上的报告》，人民出版社，2022。

高强：《农业高质量发展：内涵特征、障碍因素与路径选择》，《中州学刊》2022年第4期。

李惠、严中成：《关于我国农业高质量发展的文献综述》，《农业与技术》2021年第12期。

李旖：《河南省农业高质量发展路径研究——基于粮食安全背景》，《山西农经》2022年第17期。

李芳、杜英：《黄河流域甘肃段农业高质量发展评价研究》，《生产力研究》2021年第3期。

高世铭主编《陇中黄土丘陵沟壑区生态环境建设与农业可持续发展研究》，黄河水利出版社，2003。

樊廷录、李尚中等：《旱作覆盖集雨农业探索与实践》，中国农业科学技术出版社，2017。

张绪成主编《半干旱作区全膜覆盖马铃薯高产高效种植的理论与技术》，中国农业出版社，2021。

甘肃省统计局、国家统计局甘肃调查总队编《甘肃发展年鉴2021》，中国统计出版社，2021。

G.12
陇南山地特色农业高质量发展研究报告

刘小勇　何卫平*

摘　要： 发展特色农业是促进陇南山地农业高质量发展的根本出路，是实现农业农村现代化的必然途径。独特的地理地域特征和自然气候条件造就了陇南山地特色农业资源的丰富性、特异性和优质性。陇南市发展特色农业具有得天独厚的优势，但也存在生态脆弱、基础条件差、特色产业布局不合理、区域间农产品同质化竞争严重、产业基地集约化程度低、企业品牌增效作用不明显等问题。发展山地特色农业，要坚持生态农业的发展战略，调整优化农业产业结构，全面推进乡村振兴，培育壮大富民产业，促进产业提质增效，提升特色农业质量效益和竞争力，实现特色农业资源的高效利用。要加快完善特色农业产业扶持政策，加大资金投入力度，优化投资环境，制定符合产业实际的发展规划，研发应用适宜山地发展的农业机械，提升特色农产品质量安全水平，推进区域品牌建设。

关键词： 特色农业　产业结构　乡村振兴　高质量发展　陇南山地

特色农业是指以追求良好经济效益、社会效益和生态效益为目的，利用区域特色农业资源，合理配置现代农业生产要素，培育发展特色品牌农产品

* 刘小勇，甘肃省农业科学院林果花卉研究所特色林果研究室主任，研究员，主要从事特色林果育种与营养生理研究工作；何卫平，兰州理工大学经管学院院长、教授，硕士研究生导师，主要研究方向为技术创新管理、产业经济管理等。

的现代农业产业。特色农业产品具有明显的区域特征和特定的用途与功效。特色农业高质量发展要坚持新发展理念，以质量和效益为基本价值取向，突出产品质量安全，创新农业发展方式，发挥农业企业主体作用，强化市场资源配置的决定性作用和更好地发挥政府作用，为社会提供优质高效特色农产品，努力提高产业发展质量。

2019~2022 年中央一号文件中先后提出“支持建设一批特色农产品优势区”“支持各地立足资源优势打造各具特色的农业全产业链”“构建现代乡村产业体系，依托乡村特色优势资源，打造农业全产业链”“推动形成‘一县一业’的发展格局”等系列惠农政策。在《关于新时代推进西部大开发形成新格局的指导意见》《乡村振兴战略规划（2018—2022年）》中明确提出，“西部地区充分发挥比较优势、构建富有竞争力的现代化产业体系”“应限制资源消耗量大的产业规模，发展壮大区域特色产业”。一系列惠农政策和产业发展要求，为发展特色农业产业提供了明确的政策导向。

大力发展特色农业，符合党和国家战略需求，切合地方党委和政府战略要求。党的二十大报告中明确提出，要全面推进乡村振兴，坚持农业农村优先发展，巩固拓展脱贫攻坚成果，加快建设农业强国，扎实推动乡村产业、人才、文化、生态、组织振兴。甘肃省第十四次党代会明确提出，要全力推动农业高效发展；进一步优化农业区域布局，建设一批现代高效农业示范园区，大力发展陇东南山地特色农业。甘肃省国民经济和社会发展“十四五”规划纲要中明确指出，要加强农产品品牌建设，提高“甘味”品牌影响力；要以县为单位开展农业现代示范区创建，推动现代产业园、优势特色产业集群发展。

一 陇南山地特色农业的发展基础和现状

陇南市位于甘肃省东南部，素有“陇上小江南”之称。有北亚热带、暖温带和中温带三种气候类型，形成“一山有四季，十里不同天”的奇特景观，是甘肃省最温暖湿润的地方。境内秦岭和岷山两大山系交汇，高山与峡谷、丘陵、盆地交错，地形地貌复杂；有嘉陵江、西汉水、白龙江和白水江四大水系，水资源丰富；有大熊猫、金丝猴、红豆杉等珍稀动植物和国家、省级自然保护区、森林公园、湿地公园多处，生物资源十分丰富。多样化的气候资源和得天独厚的自然资源，为陇南地区发展特色农业奠定了良好的基础。

陇南山地特色农业具有鲜明的地域特色和独特的优势，但交通基础设施发展滞后、生态环境比较脆弱、产业集约化程度低、生产运营成本较高等问题，在一定程度上制约了特色农业高质量发展。陇南是甘肃省唯一的油橄榄和茶叶产地，也是特色林果和中药材主产区，油橄榄种植面积和产量均位居全国第一，花椒、核桃种植面积和产量位居全省前列，处于国内领先水平。2021 年陇南山地特色农业覆盖面积达 66. 7 万公顷，总产量 390 万吨，总产值 210 亿元（见图 1），特色农业占地区生产总值比例达到 42%。特色农业对农民收入的贡献持续增加，农民人均可支配收入从 2009 年的 618 元增加到 2021 年的 3600 元，增长了 4. 83 倍。近年来，陇南市通过优化资源配置及布局，调整农业结构，大力培育主导产业，推进优势特色农产品适度规模生产，重点发展以油橄榄、花椒、核桃和绿茶等特色林果业及中药材为主的优势特色产业，建立了区域性优势产品和地方特色产品体系，形成了以优势特色农产品为依托的农业产业化发展平台。

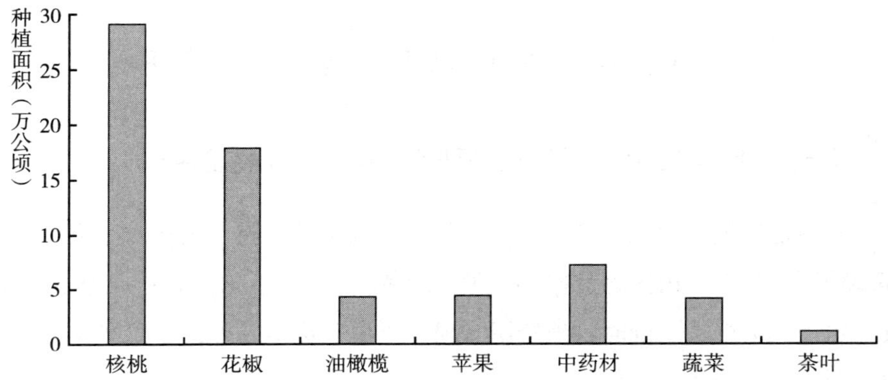

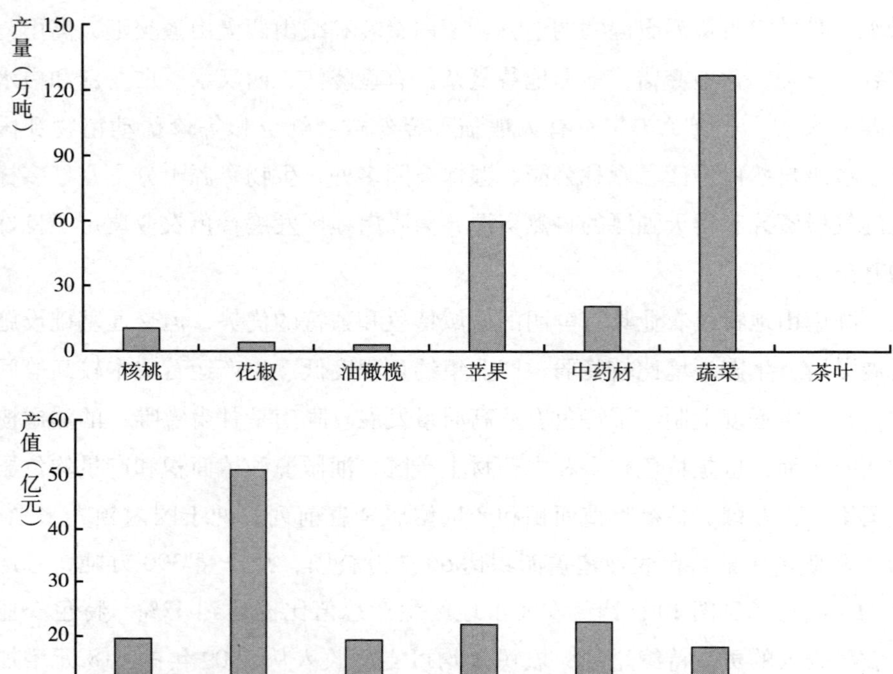

图1　2021年陇南山地特色农业种植面积、产量和产值

资料来源：《陇南市人民政府公报》，2022年第4期。

二　陇南山地特色农业发展的主要特征

（一）特色农业资源层次性与种植结构多样化特征明显

陇南地区独特的地理特征形成了陇南山地地形地貌、气候、土壤、水热等多种不同类型。山区地势险峻，降水和植被分布不均，导致自然灾害频发、水土流失严重，同时耕地资源有限、土壤质量不高等，导致产业集约化程度低，农业经济发展缓慢。

陇南丰富的生物资源决定了作物种类、品种布局、耕作制度、农事活动等表现出明显的层次性和典型的垂直分布农业特征，这种变化特征虽然影响了特色农业规模化生产，但有利于农业种植结构的多样化发展，特别有利于因地制宜地发展多种特色经济作物，因此造就了“武都红芪”“陇南油橄榄”等“独一份”特色农产品和“武都花椒”“成县核桃”“陇南绿茶”“康县黑木耳”等一大批优质特色产品。作为甘肃特色林果种类最丰富的地区，陇南市自然生长的树种有1300多种，其中特色经济林树种有400多种，主要包括油橄榄、花椒、核桃、苹果、茶叶、梨、大枣、柑橘、柿、板栗、无花果、枇杷、油桐、棕榈、银杏等。“高一丈、不一样”“旱收山、涝收川、不旱不涝收半山”等谚语，是对陇南山地地形、水热等影响农业生产的形象概括。

（二）特色农业资源优势和特色农产品品牌优势彰显

陇南市是甘肃唯一处在长江流域的市级行政区，为我国西部地区南北气候的过渡地带。境内复杂的地理气候特征，为各种生物的繁衍生长和农业资源的创新利用提供了得天独厚的条件，也为山地特色农业及其优质高效发展奠定了基础条件。

陇南山地花椒、核桃、油橄榄、茶叶等特色林果和蔬菜、中药材、蜂产业、草畜品等特色农产品以及木耳、猴头菇、薇菜、蕨菜等食用菌、山野菜资源十分丰富，分布广泛，品质独特。“西和半夏”“武都红芪”“武都纹党参”“宕昌党参”“宕昌大黄”“宕昌黄芪”“哈达铺当归”等7种中药材产品，“武都花椒”“武都油橄榄”“陇南绿茶”“西和八盘梨”等4种特色林果产品，“康县太平鸡”“徽县紫皮大蒜”“武都崖蜜”“陇南苦荞”“宕昌百花蜜”等5种特色农产品获得农业农村部地理标志保护产品认证登记。礼县建成国家级大黄原产地保护示范区，武都区被国家林草局命名为“中国花椒之乡”“中国油橄榄之乡”“国家油橄榄示范基地”，被称为“橄榄之城”；成县、康县、西和县分别被命名为“中国核桃之乡”“中国黑木耳之乡”“中国半夏之乡”。在甘肃省首批公布的60个“甘味”农产品区域公用品牌中，陇南市入选 8 个，占全省品牌数的 13.3%；其中“陇南油橄榄”和“武都红芪”被列为“独一份”产品品牌，“文县纹党”“武都花椒”“两当狼牙蜜”被列为“特别特”产品，“陇南绿茶”“康县黑木耳”和“成县核桃”被列为“好中优”产品，分别占全省区域公用品牌“独一份”“特别特”和“好中优”产品种类的 28.6%、21.4%和 10.3%。另外，当地产的茶叶、中药材、蔬菜、蜂蜜等特色农产品也以优质、独特而闻名。

（三）山地特色农业产业规模化集约化标准化受到严重制约

努力推动特色农业由大变强、由强变优，符合甘肃特色产业发展要求。在甘肃省实施的特色产业三年倍增行动中，油橄榄、花椒、核桃、苹果、中药材、食用菌等产业是重点发展对象。核桃、花椒、油橄榄和中药材及生物制药等产业也被陇南市列为重点打造的 12 条产业链集群建设的重要内容。以武都区、文县、宕昌、康县为主的油橄榄产业基地面积占全国总面积的一半以上；核桃和花椒种植面积均位居全省前列，中药材位列全省第二，分散种植在陇南 9 县区。全市特色农业种植面积稳定在 66.7 万公顷以上，陇南山地特色农业在一些领域形成了“气候”、创出了品牌。

受地理地域条件影响，辖区多数地区山高坡陡、耕地（林地）零散，高山与河谷、盆地交错分布，可利用的耕地资源有限、质量参差不齐，土壤瘠薄，保水、保肥能力差，加之交通不便，特色农业难以形成规模种植，特色林果产业集约化、标准化生产受限，种植与生产管理成本较高。

（四）“互联网+电子商务”的特色农业发展“陇南模式”初见成效

以信息网络技术为手段、商品交换为中心的电子商务的兴起，拓宽了特色农产品的销售渠道，极大地促进了陇南山地特色农产品的销售增值。以此为契机，陇南市制定出台了一系列推动电子商务发展的指导性文件和奖励扶持办法，培训了大批电子商务从业人员，通过招商引资、土地流转、争取项目等方式，多渠道筹措资金，整合农户、合作社、行业协会、物流企业、网店、微店等经营主体，开展“互联网+”现代农业行动，培育电商龙头企业，借力拓展现有农产品产销渠道，构建高质量、特色化、地方化的特色农业产业集群，探索出“政府推动、市场运作、百姓创业、协会服务、微媒营销”的“陇南电商模式”，“让空间上的万水千山，变成网络里的近在咫尺”。电商的快速发展带动了特色农业产业的发展，提升了农业产业化经营的深度和广度，提高了产品附加值。

近年来，陇南市把“互联网+电子商务”作为特色农业产业发展的突破口，建立了新的农产品推广体系，培育了一批市场经营主体，开辟了一条农产品销售新路径和电商新机制。同时，积极打造“互联网+新媒体”的宣传窗口，讲好“陇南故事”，借助“互联网+”的辐射带动作用，改变“农民—中间商—消费者”为“特色产品经营管理者—互联网—消费者”的新的农产品销售路径，拓宽了产品的销售渠道，形成了“互联网+”乡村产业振兴的新格局，让陇南的农特产品走出大山、走向全国。陇南乡村大数据荣获“2019中国网络理政十大创新案例”，陇南市被评为国家电子商务示范市。探索出了山区贫困地区发展乡村支柱产业的“陇南模式”。到2020年底，全市开办网店1.4万家，累计销售225亿元，带动15万名脱贫群众实现增收，2020年电商收入对脱贫群众的贡献额人均达930元。

三　新时代推进陇南山地特色农业高质量发展的形势分析

（一）发展特色农业是贯彻国家重大战略和地方重大决策的基本要求

进入“十四五”时期，我国“三农”工作的重心已转向全面推进乡村振兴。改变传统农业发展模式，推进特色农业高质量发展，提高农业生产力、创新力与竞争力是实现乡村振兴的核心要义。《中共中央关于制定国民经济和社会发展第十四个五年规划和二〇三五年远景目标的建议》和《乡村振兴战略规划（2018—2022年）》明确提出，要“提高农业质量效益和竞争力”“加强重要农产品生产保护区和特色农产品优势区建设”；坚持质量兴农、品牌强农，加快农业农村现代化进程。甘肃省立足省情实际，大力发展“牛羊菜果薯药”六大优势产业，积极发展现代制种、食用百合、花椒、油橄榄、食用菌等特色产业，探索发展定制农业、观光农业等新型产业，打造推广“甘味”特色农产品，创造了可借鉴、可复制的品牌建设经验，初步走出了一条具有甘肃特色的农业产业发展路子。这些政策、规划的进一步落实和实施，为陇南山地特色农业高质量发展指明了方向。

陇南市立足现有资源和区域特色，全面落实中央重大决策和省委、省政府部署要求，突出特色、找准定位，聚焦陇南山地特色农业、电子商务、文旅康养等优势产业，建设特色鲜明、要素集聚、技术领先的农业科技园区和示范区，推行以市场为导向、科技为支撑、企业为主导的现代农业新模式，全面推进油橄榄、花椒、核桃、中药材产业倍增行动计划，集成开展全产业链提质增效技术的引进、试验、示范和推广，培育农业高新技术企业，重点支持农业优新品种引育、品种改良、生物技术、现代农业装备、智慧农业以及全产业链食品安全保障等关键技术创新，提升农产品生产、加工、储运等绿色化水平，推动特色农业规模化、标准化、品牌化、集群化发展。坚持“有所为、有所不为，扬长避短、重点突破”的原则，提升地理标志产品品牌价值和影响力，推动“陇南味道”由绿色道地产品向全产业链、高附加值的“名优特”产品转变，促进陇南山地特色农业向品牌化发展。

在陇南山地特色农业产业发展进程中，传统农业竞争力不强，新兴产业发展缓慢，特色农业基础设施薄弱，农业科技创新人才缺乏，自主创新能力不足，新品种、新技术研发力度不够，抵御自然灾害的能力弱，农产品处理、精深加工技术落后，产品附加值、市场占有率不高以及企业经营规模小，集约化程度和产业融合度低，特色农业品牌创建滞后、标准体系不健全等现实问题，影响了陇南山地特色农业的健康快速发展。因此，必须加强山地农田、林地生态综合治理，合理布局特色农业结构，加大特色农业新品种、新技术的研发应用力度，提高特色产品的知名度和市场占有率，促进特色农业资源高效利用、产业提质增效和高质量发展。

（二）发展特色农业是优化产业结构、推进农业现代化进程的必然选择

农业部、发展改革委等八部门发布的《全国农业可持续发展规划（2015—2030年）》明确提出，甘肃农业生产特色鲜明，但生态脆弱，农业基础设施薄弱。因此，在保护生态环境的基础上，要充分发挥资源优势，提高特色农业资源利用率；大力发展寒旱农业、畜牧业和生态农业，推进农业产业可持续发展，到2030年，基本确立“资源利用高效、产地环境良好、生态系统稳定、农民生活富裕、田园风光优美”的农业可持续发展新格局。《甘肃省推进绿色生态产业发展规划》强调，要发展壮大特色优势农业和具有区域特色优势的农产品，加强特色农产品品种、品质和品牌建设，大力推行绿色、有机和国家地理标志保护农产品的开发认证，建设一批地域特色鲜明的绿色生态农产品生产加工基地。要严格保护耕地，提升耕地质量，发展高效循环农业，科学施用农业投入品，防治农业面源污染，实现秸秆、畜禽粪便和农膜等废弃物的资源化利用。

陇南市把发展特色农业作为调整产业结构、增加农民收入和促进区域经济发展的重点，按照“五位一体”总体布局，遵循生态环境优先、资源节约和可持续发展原则，重视保护环境和资源的可持续利用，保持经济、社会、生态效益的和谐统一。合理确定产业发展规模，发挥特色产业优势，建立油橄榄、花椒、核桃、中药材和茶叶等特色农业示范基地，实行标准化管理，实现地区特色农业经济集约发展和效益最大化。有效减少和缓解农业废弃物对农村环境的影响，控制农业生产过程污染，推进农业废弃物资源化利用技术和无害化处理，实现有机废弃物资源化的综合利用。围绕特色林果、蔬菜、中药材等产业，大力推广高效新型肥料和省力化施肥技术，增施有机肥和微生物肥，提高土壤有机质含量和耕地质量；推广应用病虫害绿色生态防控技术，建立适合不同作物的病虫绿色防控技术示范区。

（三）发展特色农业是推进乡村振兴、壮大富民产业的有效途径

实施乡村振兴战略，是党的十九大做出的重大决策，也是新时期做好“三农”工作的总抓手。发展特色农业是乡村振兴的载体和推进农业农村现代化的有效途径，是实现山区农民脱贫致富和乡村振兴的重要举措。《中共中央 国务院关于做好二〇二二年全面推进乡村振兴重点工作的意见》强调，大力培育特色优势产业，支持和创建特色农业产业示范园。要立足地方实际，发展高效节水农业、林果业、蔬菜、中药材等特色产业，把产业振兴的重点放在发展现代农业和培育富民产业上，提高陇南农产品的市场影响力和竞争力，持续增加农民收入。

陇南市是甘肃省及西北地区特色林果和主要中药材优质生产基地，产业优势明显。要因地制宜培育区域特色农产品，加强特色林果、中药材和蔬菜等优势产业的提质增效，集成和示范应用特色农业新品种及水肥精准管理配套技术、病虫害绿色防控技术等，实现新品种与农机农艺的有效结合；研发特色农产品精深加工关键技术，提高农产品附加值和经济效益。宣传推介“陇南油橄榄”“武都花椒”“西和半夏”“武都红芪”等著名品牌和地理标志产品，提升农产品品牌效应，这是促进乡村振兴战略实施的重要途径。

（四）发展特色农业是促进产业提质增效、提升质量效益的重要保证

《甘肃省国民经济和社会发展第十四个五年规划和二〇三五年远景目标纲要》提出，加强优势产业链培育行动，着力培育特色农产品千亿级产业集群，这为甘肃特色产业高质量发展指明了方向。通过实施现代丝路寒旱农业三年倍增行动计划，使陇南经济开发区成为区域产业集聚的重要平台，加强陇南山地特色农产品品牌建设，不断提升“陇南味道”品牌知名度和影响力，为陇南特色农业高质量发展奠定良好的基础。

陇南山地特色农业要本着“因地制宜、适地适栽、适度规模、优质高效”的原则，依据各区域自然条件、功能定位和特色优势，推进特色农业优势产业由分散的基地建设向特色产品产业带和优势产区集中，形成区域布

局合理，规模化、优质化、集约化和产业化发展的新格局。充分利用陇南山地特色农业资源，培育以特色林果、中药材和蔬菜为主的特色产业，集成现代园区管理模式，加强农产品品牌培育，走出一条具有鲜明陇南特色的“山地农业—生态循环—绿色有机—特色品牌”的现代农业发展路子，把陇南打造成为我国西北乃至中西亚、东南亚地区高端农产品供应基地。

四 新时代陇南山地特色农业高质量发展的影响因素

（一）发展特色农业存在明显的自然条件和发展基础制约

自然地理条件差、生态脆弱、基础设施落后、低产田和坡地面积大、水土流失严重等“先天不足”因素在很大程度上制约了陇南特色农业的发展。在特色农业产业发展历程中，陇南山地特色农业存在产业布局不合理、相对分散，产业基地集约化程度低、经营规模小，产业融合度不高，资源配置效率低，区域间农产品同质化竞争严重，企业品牌增效作用不明显等问题。在农业生产方面，存在标准化体系不健全、农业机械化应用程度低及新品种、栽培关键技术研发能力弱等问题；在产品采后加工增值方面，存在采后商品化处理技术落后、加工产能小、精深加工产品不足等问题；在产品营销方面，企业产业链短、经济效益差、竞争力弱，企业与基地农户的利益联结、产地市场和新型经营主体与消费端对接不紧密，缺少稳定的市场销售体系和渠道；在品牌建设方面，存在特色产品的宣传推介、品牌创建滞后，有较大影响力的知名品牌不多等问题。

（二）生产基础条件薄弱严重影响抵御自然灾害的能力

陇南山地交通、道路及农（林）用地等受地域地形等自然条件的限制，运输通行的基础条件较差，运输成本较高。存在农田土地零散化管理，耕地资源数量有限、山坡地土壤质量较低，特色农业集约化、规模化程度不高，农业机械应用受限，集成新技术推广应用不够，农业生产管理成本高等问题。境内水资源丰富，但区域性灌溉和降水时空分布不均，水土流失严重；夏秋季暴雨、冰雹等自然灾害频发，导致滑坡、泥石流等地质灾害发生严重，同时，抵御和防范自然灾害的设施、技术能力较弱，影响了陇南山地特色农业产业的稳步发展。如 2018 年的低温霜冻灾害天气，使陇南市农作物受灾面积达到 4.8 万公顷，受灾人口 11.89 万人，粮食作物减产面积 1.8 万公顷，其中减产 80%~100%的有 0.17 万公顷，全市部分地区的花椒、核桃绝收，花椒总产量下降 18.2%，核桃总产量下降 22.9%。

（三）产业结构不合理且产品同质化竞争现象明显

特色农业产品的多类型和多形态特性决定了农业的规模经营可以有多种类型。以农产品加工和设施农产品为主的资本密集型和以蔬菜、水果、茶叶、养殖类产品为主的劳动密集型产业是陇南山地特色农业发展的主要内容。陇南市人多地少、农业类型多样，特色农业的规模经营注重适度性和多样性变化，过小的经营规模不利于激发农民生产积极性和农业增收，过大的经营规模则可能导致农业经营管理粗放、资源利用效率降低和农业经营者之间收入的不平衡。

在农村劳动力短缺、适宜山地发展的农机产品研发和应用滞后的条件下，地方特色产业缺乏明确的市场定位，特色产业广而全、同质化竞争严重，导致特色农业发展后劲乏力。而规模小、种类多、品种杂、布局分散的特色农业，比较优势和地方特色不能得到充分体现，不利于专业化生产、规模化经营、新技术集成应用和产品仓储储运等。在陇南市特色林果产业中，核桃种植面积最大，花椒和油橄榄次之，核桃、花椒在陇南市 9 县区均有分布，种植分散、特色产业同质化竞争严重。

（四）龙头企业创新发展能力不强、辐射带动作用有限

陇南市核桃、花椒、油橄榄和中药材等特色农产品资源丰富，特色农业产业发展空间巨大，但受资金、规模和技术等条件制约，企业缺乏精深加工技术和设备，加工能力明显不足，加工产品种类少，特别是精深加工产品的

研发和储备技术不够，特色产品附加值低，龙头企业生产经营规模小、产品品牌影响力和知名度不高，在市场开发、拓展销售渠道等方面能力有限，企业与基地、农户及其他服务组织联结不紧密，未建立利益联动和分配机制，农产品的稳定生产、销售和效益无法得到保证，特色农业停留在“有资源、没商品”“有市场、没规模”的初级阶段，生产的产品也多以原材料和初级加工为主，高附加值产品少，企业对农民的辐射带动能力弱，特色农业产业尚未真正成为农民增收致富的稳定来源和主要依靠。

（五）特色产品宣传推介能力不足、产品市场占有率不高

发展特色农业需要地方各级政府的全方位支持和引导，地方政府应制定出台一系列扶持和奖励政策，包括土地使用、贷款、企业税收减免等优惠政策，要多渠道统筹资金，设立特色农业发展专项资金，改善特色产业发展的氛围和环境。从业人员、经营管理者要推广应用农业新品种、新技术以及农机农艺配套技术，加大科技开发力度，坚持从产业规划、新品种新技术应用，到企业管理、产品销售等全产业链的过程监管，加强对企业管理者、从业人员和职业农民的管理技术培训，强化品牌意识，加强地方特色农产品和“陇南”地域品牌的宣传力度，提高特色农业的产品竞争力和市场占有率。

五　强力推进新时代陇南山地特色农业高质量发展的策略建议

（一）以新发展理念为引领，推进产业创新发展

特色农业高质量发展要以“五大发展理念”为指导，转变传统农业的发展方式和思路，创新发展模式，以先进科技为支撑，构建现代农业产业体系；实现从以产品增量为主到量质结合、政府推动到市场引导、资源消耗到生态保护的路径转移。要强调农产品质量安全，绿色耕作、精细管理、标准生产、规范经营，重视农业全产业链，提高农业科技含量，推进特色农业标

准化生产，实现经济、社会和生态效益的统筹兼顾。

根据区域自然条件和生态特点，构建陇南山地生态平衡和区域特色农业的稳定健康发展新格局，应制定符合陇南山地特色农业的产业发展规划，坚持生态绿色农业发展原则，合理开发和利用水土资源，逐步建立区域生态、经济和社会持续协调发展的良性机制。调整特色农业产业结构和土地利用方式，提高土地综合利用率；发展以特色林果、中药材、蔬菜等为主的特色农业产业，集成推广应用特色农作物新品种、新技术，加强特色农产品精深加工和产品增值，充分利用“互联网+电子商务”，拓宽销售渠道，实现产业增效、农民增收。

（二）完善特色农业扶持政策，优化产业投资环境

建议政府要制定出台一系列有利于发展特色农业产业的扶持政策，强化完善新型农业经营主体培育政策，完善特色农业服务方式，从政府主导的单一化服务转变为政府直接提供服务、政府购买服务和政府退出由市场提供服务等多种形式，优先保障乡村振兴和农业农村发展，改进农业金融保险服务，探索出台可操作的实施办法，增强特色农业产业抵御风险的能力。优化资金、土地、劳动力和技术资源，多渠道争取中央和省级财政资金，鼓励社会资本注入，拓展特色农业服务的深度与广度，加强龙头企业与基地农户间的对接，实现从简单的产品收购向农作物育种、种养殖、储藏加工、营销、物流等全产业链延伸，使企业、合作社和农民成为联系更紧密的利益共同体。

优化特色农业营商环境，加大引进高层次人才力度，研究出台乡村人才振兴政策，着力培养乡村“土专家”、产业能人和企业管理人才。完善扶持农业产业园区建设的优惠政策，依托特色农业龙头企业，按照“绿色、优质、营养、安全”要求，加强特色农产品生产基地建设，重点扶持产业集中度高、带动力强的油橄榄、花椒、核桃、中药材、茶叶、设施蔬菜等优势特色农业，实现规模化种植、标准化生产。加快建设特色农产品仓储保鲜冷链物流设施，搭建农产品营销平台，开拓特色农产品产销渠道，充分利用

“互联网+”平台，提升“甘味”“陇南风味”特色农产品影响力和市场竞争力，提高农产品效益。

（三）因地制宜，突出特色，发挥规划引导作用

根据陇南自然气候条件、资源禀赋和社会经济特点，整合资源要素，调整产业结构，优化品种结构，确定特色农业发展重点，制定区域规划方案，培育“一县一业”和“一村一品”产业。在川坝河谷等水资源充裕地区，结合生态旅游，发展特色蔬菜和时令水果等作物，适量发展设施栽培，种养结合，满足休闲、康养人群的特殊需求；在半干旱山区，以现有特色林果产业为基础，以提质增效为主要目标，发展林下经济，推广应用“花椒+辣椒”的“双椒”栽培模式；在山区空闲地发展以马铃薯、小杂粮和油菜等为主的特色作物；在高寒阴湿地区，发展道地中药材和畜牧养殖产业。强化具有地域特色农产品的推广应用，研发示范适宜品种和配套栽培技术，发挥地理标志产品优势，通过订单农业种植，以龙头企业带基地、基地连农户的运行机制，提升特色农产品品质和品牌影响力。发展以特色林果、中药材和茶叶等为主的产业，兼顾发展食用菌、蔬菜、畜牧养殖等，切实提高山区农民的经济收益。

1. 花椒产业

花椒是甘肃特色产业倍增计划重点支持的产业之一，是陇南山地特色优势产业和陇南市积极推进的12条重点产业集群之一。陇南花椒栽培历史悠久，西汉时期《范子计然》中就有“蜀椒出武都，赤色者善”的记载。2021年陇南市花椒种植面积、产量和产值分别达到17.88万公顷、4.25万吨和51.0亿元，是现阶段陇南山地特色林果产业中经济效益最好、对农民收入贡献率最高的特色产业。以武都区为例，2021年花椒种植面积、产量、产值分别为6.7万公顷、3.0万吨和36亿元，农民人均花椒纯收入达4000元以上，陇南的花椒品质及产区农民人均可支配收入均居全国花椒主产县（区）前列，武都区被命名为“中国花椒之乡”。

实现陇南花椒产业高质量发展新目标，要坚持“区域规划合理、基地

规模集约、技术集成应用、龙头企业带动、产后技术集聚、品牌营销保障”的原则，强化科技支撑，集成应用新优品种、整形修剪、病虫害绿色防控、精准施肥等关键栽培技术，重点研发无刺、少刺花椒新品种的选育和适宜机械采摘的农机器具，改造低产园。培育花椒全产业链体系，为陇南经济社会高质量发展奠定基础。到 2025 年，花椒产业总产值达到 100 亿元，其中种植 80 亿元、加工 20 亿元，农民人均花椒收入达到 4643 元，把陇南市建设成为全国花椒产业强市。

2. 油橄榄产业

陇南市是我国油橄榄适生区，油橄榄是陇南山地特色产业之一，是产区群众的主要收入来源。油橄榄种植涉及武都、文县、宕昌和礼县的 42 个乡镇、338 个行政村、40 万人口，主产区农民人均油橄榄纯收入达 4013 元。2021 年底，陇南油橄榄种植面积达 4.32 万公顷，年产鲜果 4.18 万吨，生产初榨油 6200 吨，综合产值达到 19.28 亿元。陇南市培育了 17 家油橄榄加工企业，建成初榨油生产线 28 条，研发出十大类 80 多种产品，成为全国油橄榄产品最丰富的地区。武都区分别被中国经济林协会和国家林草局确定为“中国油橄榄之乡”和“国家油橄榄示范基地”。

推动陇南油橄榄产业高质量发展形成新格局，要科学规划，适地适种，扩大规模，强化管理，提高质量。建立油橄榄科技示范园和产业孵化园，加大适宜本土化栽植的油橄榄新品种和配套技术的研发力度，研发新产品，推进油橄榄产业向高端化、规模化、集群化发展，真正把“小特产”发展成“大产业”，为实现乡村振兴、农业农村现代化和陇南山地特色农业高质量发展提供支撑。到 2025 年，建成集良种繁育、技术支撑、标准化规模化种植、仓储加工、保鲜冷链物流、产销对接和品牌营销于一体的具有市场竞争力的现代油橄榄产业链体系，油橄榄综合产值达到 100 亿元以上。

3. 核桃产业

核桃是我国重要的木本油料植物之一，是陇南市栽培面积最大、分布最广的特色林果，涉及全市 9 县（区）179 个乡镇、42 万农户、195 万农业人口，占全市农业总人口的 78.3%。核桃也是陇南经济林中寿命最长的树种之一，陇南市各县区均保存有百年以上的核桃古树。2021 年陇南市核桃种植面积、产量和产值分别达到 29.10 万公顷、10.68 万吨和 19.5 亿元，成县被国家林业局命名为“中国核桃之乡”，“成县核桃”也成为甘肃省首批 60 个“甘味”农产品区域公用品牌之一。

促进陇南核桃产业高质量发展上台阶，要以市场为导向，以产业提质增效、农民增收为重点，发挥资源优势，稳定现有面积，优化区域布局，集中优势产区，提高产量品质。建立良种苗木繁育体系和标准化示范基地，选育具有抗晚霜、适宜集约化栽植的品种，开展提质增效技术集成应用，强化精深加工和鲜储保存，组建核桃产业联盟，做大做强核桃产业。坚持“政府推动、企业带动、市场拉动”的原则，强龙头、创品牌、增效益，促进全产业链融合发展，提升核桃产业总体效益和市场份额。到 2025 年，全市核桃面积稳定在 29.37 万公顷，产量达到 20 万吨，产值 50 亿元，其中种植产值 30 亿元，精深加工流通 20 亿元。

4. 中药材产业

陇南是甘肃大宗道地中药材主产区，形成了以武都红芪、西和半夏、文县纹党参、宕昌当归、礼县大黄、康县天麻为特色的中药材种植带，全市中药材种植面积 7.3 万公顷、产量 20.58 万吨、产值 22.7 亿元。“西和半夏”“武都红芪”“武都纹党参”“宕昌党参”“宕昌大黄”“宕昌黄芪”“哈达铺当归”等 7 个中药材产品获得农业农村部地理标志产品认证登记，中药材地标产品占陇南市 16 个地理标志保护产品的 43.75%。西和半夏质量居全国第一，西和县被农业农村部命名为“中国半夏之乡”。

为促进陇南中药材产业提档升级，应立足产业优势，建设以纹党参、红芪、大黄、半夏、当归、天麻等为主的中药材产业链，着力打造中药材现代产业示范园，建设中药材标准化种植、现代化加工、市场化流通和康养旅游发展体系，形成高度融合的中药材全产业链体系。开发利用“中药材+旅游”“生态+”等模式，推进中药材、文化、康养等产业深度融合。到 2025 年，实现中药材产业总产值 100 亿元以上，其中种植 30 亿元、加工 40 亿元、市场流通 17 亿元、文旅康养 13 亿元，把陇南市打造成为全国中药材产业强市。

5. 茶产业

陇南山地茶产区属我国茶种植的北缘，是甘肃唯一的产茶区，茶叶种植历史悠久，品质优良。陇南茶产区主要分布在文县碧口镇、范坝镇和中庙镇，康县阳坝镇、铜钱镇和两河镇，以及武都区裕河镇，产区海拔为600～1400米，与文县白水江国家级自然保护区、康县大鲵省级自然保护区和武都裕河金丝猴国家级自然保护区重叠共生，茶产区生态环境优越、自然风光优美，为旅游产业发展提供了条件，茶产业的发展带动了当地乡村旅游的快速发展。通过对2013～2017年陇南市GDP和中药材、花椒、核桃、油橄榄、苹果、蔬菜、茶叶、特色养殖等特色产业产值灰色关联度的研究分析表明，茶叶对陇南区域生产总值的影响最大，关联度为0.9867。2021年底，陇南市茶叶种植面积为1.19万公顷、产量1400吨、产值2.71亿元，人均茶叶收入3800元。文县碧口镇建成“甘肃茶文化博物馆”，“陇南绿茶”获得农业农村部地理标志产品登记，茶叶种植成为陇南山地脱贫致富、乡村振兴的重要产业之一。

为推动陇南茶产业提质增效，应制定科学的产业发展规划，构建质量标准体系，推行绿色茶园建设，提高产业发展水平。依托现有的3县区茶产地，通过“公司+合作社+农户+基地”的发展模式，培植茶叶深加工营销企业，树立知名品牌，结合“互联网+”，拓展销售渠道，推广“茶叶+旅游+乡村振兴”的发展模式，将陇南茶区打造为甘肃乃至西北地区生态休闲旅游景区，带动采茶体验、休闲旅游、农家客栈、乡村民宿、特色餐饮、健康养生等乡村旅游产业发展，使陇南茶产业真正成为山区农民实现稳定增收的有效途径。

6. 区域品牌产品

陇南山地特色农业区域特征鲜明，产品种类丰富，是山区乡村重要的富民产业。为进一步发挥“特色优势”，应按照陇南山地特色农业产业规划，立足资源优势，整合特色农业资源，调整农业产业结构，结合生态旅游产业，在川坝河谷等水资源丰富地区，发展特色蔬菜、设施栽培和时令水果种植等，满足休闲、康养人群的特殊需求；在高寒阴湿地区，发展畜牧养殖业；在礼县、西和县苹果、梨主产区推广应用新品种、新技术；挖掘开发黑木耳、羊肚菌等“陇南山珍”产品。大力发展“武都崖蜜”“宕昌百花蜜”“徽县紫皮大蒜”和“康县太平鸡”等具有地域特色的地标产品，开发高附加值的特色农产品，推动“陇南味道”向全产业链、高附加值的品牌产品转变，使“陇南山珍”走出陇南、走向世界。

（四）大力发展智慧农业，提升农业智能化装备水平

特色农业是陇南市实施乡村产业振兴、实现农业农村现代化的基础。应坚持农业农村优先发展原则，实现“农村产业、农村生态、乡村治理、农村文化和农民生活现代化”的有机统一，走“优质高效、产品安全、资源节约、环境友好”的农业现代化道路。强化生产加工领域的传统农业现代化改造和以5G为核心的信息化新技术应用，将特色农业产业作为一个有机整体，形成以“融合、智能、信息、网络”为主的农业现代化新格局。加强智慧农业，充分利用互联网、人工智能和农业大数据技术，实现数字技术在农业全产业链中的应用与创新，提升企业经营管理和决策的智能化水平，推动山地特色农业信息化和智慧化发展。

在山地特色农业生产过程中，受多种因素影响，劳动力成本增加，而开发应用适宜山地特色农业发展的农机器具及其适用技术十分迫切。应根据不同地域生态条件，有选择、有步骤地推进农业机械化和信息化，把农业机械化作为农业现代化的中心环节，加快特色农业生产关键环节适用机械和高智能农业机械装备的研发，引进开发和示范推广适宜山区发展的小型机械，研究特色农业品种、栽培模式等与机械化相匹配的管理模式。加强适宜山地发展的特色农业新品种、新技术和新模式的综合应用，促进农业新品种和农机农艺的有效结合。

（五）注重质量安全和品牌建设，完善现代农业物流体系

依托陇南地理自然优势，因地制宜地发展优质高效的特色农业，进一步

培育和创建具有区域竞争优势的产业，破解同质竞争矛盾，增强特色优势产品竞争力。重点发展特色林果业、中药材、茶叶+休闲旅游、农林产品精深加工等产业，整合特色农业产业链，促进特色产业集群发展。加强特色农产品原产地保护，创建陇南山地特色农产品优势生产区和产业发展示范区，提升“甘味”“陇南风味”等特色产品品牌影响力，促进形成“一县一业”“一村一品”的特色产业格局。

食品质量安全是关系国计民生和人民身体健康的大事。建设资源节约型、环境友好型特色农业，修复和保护农业生态，是陇南地区实现生态产业化与产业生态化有机结合的重要任务。应强化特色农产品种苗、生产过程、储藏加工、品牌销售等全产业链监管，完善农产品质量安全追溯体系和质量监督管理体系，坚持特色农业“绿色化、标准化、优质化、品牌化”目标要求，建设和完善标准化生产、规范化运营、农产品准出/入制度，提升农产品质量检测水平。充分发挥新闻媒体等公共舆论对农产品质量安全的监督作用，形成由农业生产者、市场监管者、新闻媒体、消费者等多元利益主体构成的监管体系，确保“舌尖上的安全”。

“橘生淮南则为橘，生于淮北则为枳，叶徒相似，其实味不同。所以然者何？水土异也。”农产品品质对环境的适应性随气候、土壤、光照等自然条件的不同而发生变化。陇南市要立足当地资源，重点培育市场潜力大、竞争力强、影响力大的农产品品牌，加强对油橄榄、核桃、花椒等特色林果和中药材产业的支持力度，制订从生产、储藏加工到市场营销的品牌推介计划，突出“绿色、优质、营养、安全”特性，加强农产品商标注册和知识产权保护。加强市场信息、广告和舆论宣传服务，建立重要农产品可追溯制度，借助“互联网+”，打通从田间地头到厨房餐桌的直销通道，实行统一产品品牌、统一质量标准、统一对外宣传，共同策划市场营销，实现区域品牌效应。

构建绿色高效的现代农业物流体系对提升特色农业竞争力、实现农业资源高效利用、推动农业现代化进程具有重要意义。陇南山地特色农业要重点发展以“农业+旅游”为主的农业观光休闲产业、以“农业+文化”为主的农业文化创意产业、以“农业+健康”为主的康养农业和以“农业+互联网”为主的智慧农业，培养具有现代物流和互联网知识的复合型人才，健全交通运输监控网络，实现智慧交通。聚焦重点产业，加强特色农产品包装、储存、运输等采后技术研发，构建现代冷链物流网络，突出产业集群链，完善利益联结机制，建立互联互通、管理协同、安全高效的现代农业物流体系。

参考文献

习近平：《高举中国特色社会主义伟大旗帜 为全面建设社会主义现代化国家而团结奋斗——在中国共产党第二十次全国代表大会上的报告》，人民出版社，2022。

尹弘：《继往开来奋进伟大新时代 富民兴陇谱写发展新篇章 为全面建设社会主义现代化幸福美好新甘肃努力奋斗——在中国共产党甘肃省第十四次代表大会上的报告》，《甘肃日报》2022 年 5 月 27 日。

陆大道、孙东琪：《黄河流域的综合治理与可持续发展》，《地理学报》2019 年第 12 期。

吴利学、贾中正：《“高质量发展”中“质量”内涵的经济学解读》，《发展研究》2019 年第 2 期。

徐光平、曲海燕：《“十四五”时期我国农业高质量发展的路径研究》，《经济问题》2021 年第 10 期。

冷功业、杨建利、邢娇阳、孙倩：《我国农业高质量发展的机遇、问题及对策研究》，《中国农业资源与区划》2021 年第 5 期。

赵梦炯、姜成英、苏瑾、陈炜青、芦娟：《陇南市武都区主要农林经济作物优势比较分析》，《甘肃林业科技》2014 年第 2 期。

赵锐锐、韩旭峰、王博：《陇南市特色农业对区域经济发展贡献度分析》，《物流工程与管理》2020 年第 11 期。

李志龙：《陇南山地特色生态农业可持续发展问题研究》，《甘肃科技纵横》2012 年第 3 期。

甘肃省地方史志办公室编《甘肃年鉴 2021》，甘肃民族出版社，2021。

甘肃省统计局、国家统计局甘肃调查总队编《甘肃发展年鉴 2020》，中国统计出版社，2020。

陇南市地方志办公室编《陇南年鉴 2021》，天津古籍出版社，2021。

任海军、郭子煊：《丝绸之路经济带民族地区特色产业的遴选研究》，《兰州大学学报》（社会科学版）2017 年第 5 期。

李建男：《“互联网+”助力乡村产业振兴——以甘肃省陇南市为例》，《现代营销》（经营版）2021 年第 11 期。

陆大道、孙东琪：《黄河流域的综合治理与可持续发展》，《地理学报》2019 年第 12 期。

刘伯霞等：《“绿水青山就是金山银山”的现实样本——甘肃省陇南市特色发展之路》，《城乡建设》2020 年第 19 期。

G.13

甘南生态农业现状与高质量发展对策*

白贺兰　乔德华　张东伟　王建连**

摘　要： 甘南藏族自治州是我国重要的生态主体功能区和生态文明先行示范区，发展高质量生态农业为甘南加强黄河流域生态保护、促进农业结构转型升级、巩固拓展脱贫攻坚成果、持续推进乡村全面振兴、加快农业农村现代化发展提供了新思路。但也面临自然资源约束强、生产管理粗放、经营主体能力弱、专业技术人才缺乏等诸多限制因素，未来需坚持绿色化、集约化发展方向，推进农业设施化、机械化进程，培育壮大新型农业经营主体，完善创新与推广体系，深化三次产业融合，提升风险防范保障能力，加强生态农产品监管，助推甘南生态农业迈向高质量发展之路。

关键词： 生态农业　高质量发展　农牧交错带　甘南

甘南藏族自治州位于甘肃省西南部，海拔为1100~4900米，97%以上的国土面积属于限制和禁止开发区，整体被纳入国家生态主体功能区和生态

---

* 本报告是中国工程院战略研究与咨询项目（GS2022ZDA02）分项“甘南农牧交错带生态农业高质量发展研究”阶段性成果。

** 白贺兰，甘肃省农业科学院农业经济与信息研究所副研究员，主要从事农业经济研究；乔德华，甘肃省农业科学院农业经济与信息研究所研究员，国家注册咨询工程师，主要从事农业产业化、区域农业经济及反贫困等研究；张东伟，甘肃省农业科学院农业经济与信息研究所副所长、研究员，主要从事农业经济管理、生态经济学、地理信息系统应用等研究；王建连，甘肃省农业科学院农业经济与信息研究所高级经济师，主要从事农业经济研究。

文明先行示范区，在我国生态安全格局中具有举足轻重的地位[①]。特色优势产业以旅游业和农牧业为主，经济发展相对落后，人民生活相对贫困。生态农业是以循环经济和可持续发展理论为基础，运用传统农业精华与现代科技和管理手段，协同实现较高的经济、社会、生态效益的现代高效可持续农业，为甘南实现乡村产业兴旺、生态宜居、农牧民生活富裕提供了新思路，日益受到当地干部群众的广泛重视。持续推动甘南生态农业高质量发展，对于加强黄河流域生态保护、促进农业结构转型升级，巩固拓展脱贫攻坚成果，持续推进乡村全面振兴，加快农业农村现代化发展具有重要的现实意义。

一　甘南生态农业发展现状

近年来，甘南因地制宜大力发展生态农业，培育壮大地方特色产业，推动形成生态环境保护、生态产业发展、生态红利共享的多赢态势，生态农业产业体系逐步建立，绿色发展水平稳步提升，特色品牌建设持续推进，农文旅融合发展趋势明显，生态保护与产业发展互相促进，逐步走上了生态农业高质量发展之路。

（一）生态产业体系逐步建立

近十年来，在保证粮食播种面积与推进草畜平衡发展的前提下，甘南重点围绕“牛羊猪鸡果菜菌药”八大特色产业调整优化产业布局与种养结构，加快新品种选育，高标准建设种植基地与畜禽养殖场和养殖示范点，推广适宜耕作与养殖技术，构建粮饲兼顾、种养结合、农牧循环的新型农牧业发展模式，使现代生态农牧业区域布局分工逐渐明显、优势基地逐步集中，初步构建起具有区域竞争优势的高原特色生态产业体系。

① 卓尼县融媒体中心：《新闻发布会丨甘南州黄河流域生态保护和高质量发展》，卓尼县人民政府网，2022 年 1 月 3 日，http：//www.zhuoni.gov.cn/info/1166/21434.htm。

（二）绿色发展水平稳步提升

重点以肥料利用率提升、面源污染绿色防控、畜禽养殖废弃物资源化利用、有机肥生产等项目为抓手，推行以政府为主导、农牧民为主体、社会多方参与的绿色循环农牧业发展新模式，既种出绿色有机的“放心粮”，又解决牛羊养殖粪便带来的农业面源污染等问题，形成“家畜-有机肥-作物-秸秆-家畜”生态农业循环体系，有效提升绿色发展水平。2021 年，全州主要农作物测土配方施肥技术覆盖率、秸秆综合利用率、废旧农膜回收利用率、畜禽养殖废弃物资源化利用率、尾菜处理利用率分别达到 95%、85%、80%、76%、40%，重大病虫害危害损失率控制在 5%以内。

（三）特色品牌建设持续推进

甘南立足高原生态资源优势，推动绿色发展，加强两个“三品一标”品牌标准化建设力度，全力打造特色优势“甘味”品牌，带动农牧业向产业化、效益化发展。目前，全州累计认证“三品一标”产品 205 个，涉及畜禽、种植、渔业等多个种类，其中无公害农产品 43 个、绿色食品 87 个、有机农产品 69 个。临潭县被评为省级农产品安全示范县，夏河县 3 万公顷草原被中国绿色食品发展中心认证为全国有机农产品（藏羊、牦牛）基地①。2017 年甘南州被中国乳制品工业协会授予“中国牦牛乳都”称号②，牦牛乳产业形成了 9 个甘肃名牌产品和 17 个甘肃著名商标，有效提升了产品的知名度和影响力。

（四）农文旅融合发展趋势明显

近年来，甘南州在生态保护优先的前提下，紧紧抓住资源优势与民族民

① 卓尼县融媒体中心：《新闻发布会 丨 甘南州黄河流域生态保护和高质量发展》，卓尼县人民政府网，2022 年 1 月 3 日，http：//www.zhuoni.gov.cn/info/1166/21434.htm。

② 张永超：《甘肃省甘南藏族自治州：“五无十有”擘画高质量发展画卷》，《中国城市报》2022 年 1 月 3 日。

俗文化特色，助推旅游大品牌建设，适度开发油菜景观、牛羊养殖、农（牧、藏、林）家乐等农旅融合新业态与游牧生活和民俗文化体验产品，进行田园变公园、牧区变景区、民房变民宿改造，创新实施文化旅游“一十百千万”工程，3.8 万名农牧民就地就近就业，从旅游业中直接受益，迈入现代农牧业和乡村旅游业深度融合发展的快车道。2020 年，甘南州作为甘肃唯一入选的市州，在世界旅游联盟发布的 2018～2020 年 100 个“旅游减贫案例”中独占鳌头荣获 3 席，位列全国市州第一[①]。2021 年，甘南州接待国内外游客达 2000 万人次，旅游收入首超 100 亿元，连续 5 年保持两位数增长[②]。

（五）生态保护与产业发展互相促进

近年来，甘南始终把生态保护作为立州之本，开展“蓝天、碧水、净土”保卫战，通过多年的源头治理与系统治理，生态环境总体持续向好。空气质量综合指数居全省首位，水质优良比例达 100%，森林覆盖率达 24.57%，草原综合植被覆盖度达 97%，黄河出境水量提高 31%。生态环境的持续改善，使甘南文化旅游业走向快速发展的道路。如，曾经以纯牧业为主，贫困率高达 20%的碌曲县尕秀村，通过发展乡村文化旅游等富民产业，实现了整村稳定脱贫。同时，生态保护政策的实施倒逼了甘南草原畜牧业的转型与升级，实现了经济发展与生态文明建设的双赢。

二　甘南生态农业发展制约因素

在当前社会普遍对农产品品质和农业生产环保要求不断提高的新形势下，虽然甘南推进现代生态农业建设成效明显，但与黄河流域生态保护及高

① 苏琳喜、王满辉：《坚持生态优先　绘就时代新篇》，《甘南日报》（汉文版）2022 年 2 月 13 日。

② 罗赟鹏、张陇堂：《甘南：生态蝶变助力文旅高质量发展》，澎湃网，2022 年 4 月 20 日，https：//www.thepaper.cn/newsDetail_ forward_ 17709488。

质量发展目标及与东部发达地区、长江流域相比，还存在明显差距，生态农业发展面临诸多制约因素。

（一）自然资源约束强,发展空间窄

甘南藏族自治州地处青藏高原东北边缘，大部分地区海拔在3000米以上，年平均气温1.7℃，年降雨量400~800毫米，全年0℃以下的天气长达230多天，气候多变，干旱、霜冻、冰雹、泥石流和雨雪冰冻等自然灾害频发，粮食产量低而不稳。耕地少，坡度大，地块零碎、土壤贫瘠且无灌溉条件。天然草原退化，枯草期长达6~7个月，承载能力有限①，为进一步保护草原生态环境，缓解草畜矛盾，一系列草原减畜等措施落地实施，使畜牧业生产基数减少，发展空间收窄。

（二）生产管理方式较粗放，生产效率低

种养殖以家庭独立分散生产为主，规模化、机械化、产业化发展相对滞后，农业技术装备投入不足，生产效率与效益不高。“靠天养畜”生产方式尚未得到转变，过度依赖天然草地，牲畜随季节呈现“夏壮、秋肥、冬瘦、春乏”的局面，优质禾本科和豆科牧草品种不多，饲草料搭配调制与加工技术差，人工、半人工草场建设尚处于起步阶段，导致饲养周期长、周转慢、出栏率和商品率低、牛羊产犊（羔）间隔时间长、畜牧业生产效率低。例如，牦牛大部分为两年一胎或三年两胎，藏羊多为一年一胎。

（三）经营主体规模小，带动能力弱

农牧业以小规模家庭经营为主，处于原料生产者地位，产品附加值低。龙头企业数量少、规模小，专业化、标准化程度低，示范带动能力不强。各

① 王自科、李积友、马冬伍：《基于甘南牦牛产业提质增效关键环节之探析》，《畜牧兽医杂志》2022年第5期。

类农民专业合作社、家庭农（牧）场都处于规范化组织运营的起步阶段，普遍存在资金短缺、技术创新实力弱、市场开拓能力不足等问题。龙头企业、合作社与农（牧）户之间的利益联结、风险共担机制还不够完善，农畜产品销售渠道不够畅通，带动农牧户增收能力较弱，缺乏土地入股、流程参与、联合开发的深度合作，直接影响生态农业向规模化、标准化、可持续、高质量方向发展。

（四）产业结构不合理，产业链条短

甘南农牧业总体上产业化程度低，以牦牛、藏羊为代表的高原畜牧业和以青稞、藏中药材为主的特色种植业全产业链综合发展水平不高，效益亟待提高。农畜产品加工业严重滞后，产品结构单一、产业链条短，甚至存在缺环断链现象，“初”字号产业所占比重大；资源综合开发利用与精深加工水平低，农产品产后增值低。缺乏市场竞争力强的拳头产品，高原绿色有机原生态产品未能做到优质优价，产供销不畅，上下游产业链连接不紧密，产业链闭环尚未形成。农机服务、饲草供应、有机肥加工、兽医及防疫等社会化服务还在初始阶段。

（五）专业技术人才缺乏，科技支撑弱

甘南自然条件恶劣，公共事业基础设施落后，人才引进困难，高层次人才仅占全州专业技术人员总量的4%。农业科技人员严重缺乏，“土专家”“田秀才”培养力度不够，平均8000公顷草场仅有一名技术人员。青稞等特色作物专用新品种选育、标准化繁育基地建设落后，欧拉羊、牦牛等家畜品种单一，种畜的培育、交流、更替工作开展不够，导致近亲繁殖问题突出，品种退化严重，生产性能与抗病能力下降。当地农牧民文化水平较低，观念传统落后，致使良种繁育、人工授精等品种改良及杂交利用技术、科学饲养、合理饲喂及饲草料加工配制、圈舍补饲、防疫保健等新技术普及缓慢。新型职业农牧民、致富带头人培养数量所占比例偏低。

三　甘南生态农业高质量发展对策

（一）坚持绿色化集约化发展，提高资源利用率

大力推进秸秆、粪污等有机肥资源转化利用，实现主要农作物测土配方施肥全覆盖，为绿色、有机农产品生产打下良好基础。开展牧草、秸秆、谷物饲料、禾本植物、糟渣类副产品等饲料加工与调制，形成天然草地、人工草地和粮食、经济作物副产物饲料化共同开发利用模式。同时，引导农牧民以转包、出租、互换、转让、股份合作等形式流转土（草）地承包经营权，发展农牧业生产托管，使土（草）地向龙头企业、专业合作社、家庭农牧场集中，建设一批"牛羊猪鸡菜果菌药"优势特色产业标准化、规模化、集约化的种养基地，走出一条生态产业化，产业生态化、规模化、特色化的现代农牧业发展之路。

（二）推进设施化机械化进程，提升农业生产率

发挥光热资源优势，加快日光温室蔬菜基地与仓储保鲜设施建设，提高蔬菜本地生产保供水平；大力发展设施养殖，扩大牲畜育肥规模，缩短牲畜生产循环周期，提高绿色有机农畜产品产量与商品率。充分发挥农机购置补贴和报废更新补贴政策的导向作用，培育合作社、供销社等各类新型农业经营主体成为发展农业机械化的主力军。重点发展适宜山地丘陵作业的中小型、多功能农业机械，提高机具利用率；积极发展饲草种植、收获、加工、畜产品加工与天然草场改良机械设备与技术，鼓励以草补饲，大幅提升饲草品质和利用率。

（三）培育壮大新型农业经营主体，延长产业链条

围绕特色优势产业，引进、培育一批科技水平高、带动能力强、污染小、耗能低的大型农业企业集团，扶持发展有良种生产供应、有产业或种养

基地、有农业机械服务、有订单生产、有仓储和加工场所的“五有”合作社，加快创建合作社联合社，实施家庭农牧场培育计划，大力发展农村集体经济，形成分工协作、优势互补、联系紧密的农牧业产业化利益共同体。坚持“粮头食尾”“农头工尾”，推动农产品就地就近加工包装、转化增值，大力发展青稞、藏中药材、高原夏菜、牦牛皮、毛、绒、骨、血、脏器等精深加工，以及果蔬、食用菌、藜麦、土鸡、土猪、土蜂等综合利用加工，实现农牧产品多层次、多环节的转化增值。

（四）完善科技研发与推广体系，提升成果转化率

集聚龙头企业和大型企业集团、农业高校、科研院所等科技创新力量，组建并优化产学研用协同创新体系，推进种质资源库、良种繁育示范基地与规模化、标准化、水肥一体化、机械化种养殖基地建设。完善国家、省、市、县、乡、村六级农牧业技术推广体系，健全农机服务、疫病防控、农资配送、农情资讯等服务体系。大力实施农牧民科技培训计划，突出产业导向开展分层分类培训，完善农牧业职业教育体系、农村远程教育体系，培养更多乡土人才，提高科技成果转化率与科技进步贡献率。大力发展智慧农业与农村电子商务，推进特色生态农产品出村进城，切实提高农牧民收入。

（五）深化“三次”产业融合发展，促进“三生”有机结合

进一步加快以农文旅融合为引领的乡村新业态融合发展，推进“一产往后延、二产两头连、三产走高端”，促进全州农村产业农文旅“横向”融合、产加销“纵向”融合、新技术渗透“逆向”融合和多元主体利益融合，加快农牧业由单一生产功能向生态、旅游、健康、教育和文化等复合功能转变，推动生态农业与现代产业要素跨界配置。大力挖掘甘南独特的文物、遗址、古建筑等物质文化与民族、宗教、习俗、曲艺、节日等非物质文化，并与高质量农牧产品相结合，进行文化赋能，走生产、生活、生态“三生”有机结合的新型乡村产业发展之路，逐步实现农牧业提质增效、农牧村宜居宜业宜游、农牧民持续稳定增收。

（六）健全风险防范保障体系，推动产业持续健康发展

协同推进农牧产业、农田水利、气象灾害、市场信息综合监测预警体系建设，增强对极端天气和产品市场变化的应对能力。健全农村金融保险服务，创新金融扶持方式，完善农牧业再保险体系和大灾风险分散机制。持续推进农业保险增品扩面、提标降费，积极开展自然灾害风险保险、农产品质量安全责任保险、农产品目标价格保险、农牧业收入保险、农业机械保险、信贷保险等农业保险产品与农牧民互助合作保险、“保险+期货”、“保险+期货+订单”等模式试点。健全专业化农业保险机构，加大农业保险科技投入力度，加快卫星遥感、大数据、云计算等现代科技手段应用，简化业务流程，提高保险机构为农服务水平。

（七）加强生态农业全程监管，提升农产品质量与安全水平

从产地环境评价、农业投入品生产、经营、使用，到生产标准执行、农牧产品质量评价与追溯，构建农牧产品质量安全网格化全过程监管体系，落实最严格的农牧产品质量检测标准。建立健全农牧产品质量安全风险评估、监测预警和应急处置机制。实施农产品“身份证”计划，推行“黑名单”制度，扩大参与追溯企业的数量和覆盖面，引导龙头企业、专业合作社、家庭农牧场实现信息化管理，加强州、县级农业综合行政执法能力建设，建立并完善农产品生产企业信用信息系统，加强对市场主体的信用监管，对失信主体开展联合警示、惩戒。

参考文献

蔡春辉：《2021 年甘南州经济运行情况分析》，甘南藏族自治州统计局网站，2022 年 2 月 9 日，http：//tjj. gnzrmzf. gov. cn/info/1052/6493. htm。

《奏响农牧业产业高质量发展新乐章——记全州农牧业产业现场观摩会》，东方资讯，2022 年 1 月 19 日，https：//mini. eastday. com/nsa/220119104121034471848. html?

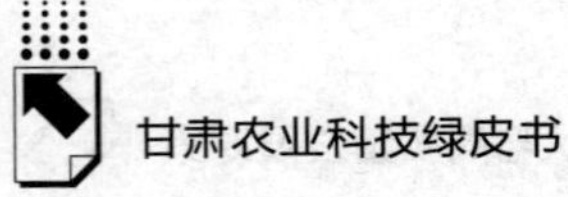

qid = 02263&vqid = qid02650。

甘南藏族自治州人民政府办公室：《关于印发甘南州“十四五”推进农村农业现代化规划的通知》，2022 年 4 月 12 日，http：//www. gnzrmzf. gov. cn/info/2242/56570. htm。

甘南州人力资源和社会保障局：《甘南州“十四五”人力资源和社会保障事业发展规划》，2023 年 1 月 30 日，http：//rsj. gnzrmzf. gov. cn/info/1114/6047. htm。

姜安印、马莉：《甘南牦牛产业生态圈建设路径分析》，《中国牛业科学》2021 年第 4 期。

毛钟警：《生态农业对生态环境的具体影响》，《环境工程》2022 年第 8 期。

上官周平、王飞、昝林森、赵国平、吴普侠、苏卓侠：《生态农业在黄土高原生态保护和农业高质量协同发展中的作用及其发展途径》，《水土保持通报》2020 年第 4 期。

王自科、李积友、马冬伍：《基于甘南牦牛产业提质增效关键环节之探析》，《畜牧兽医杂志》2022 年第 5 期。

韦德占：《守护粮丰民安 书写“金色”答卷》，《甘肃日报》2022 年 8 月 25 日。

张莉：《贫困山区生态农业产业化发展研究——湖北省幕阜山片区为例》，《湖北科技学院学报》2022 年第 1 期。

共享篇

Topics of Shared Development

G.14

新时期甘肃农业社会化服务研究报告

吕剑平　谈存峰　谢小飞*

摘　要： 在系统考察了近10年甘肃农业社会化服务主要指标的基础上，本文构建了包括农业生产服务、科技服务、信息服务、金融服务、公共服务和流通服务等多层次的指标评价体系，运用熵值法测算2011~2020年甘肃省农业社会化服务指数。结果显示，全省农业社会化服务水平在近十年来有所提升且维持在稳定水平，但对比西北地区及全国平均服务水平仍存在差距，研究期内农业社会化服务各维度的服务指数均表现出一定程度的波动，其中科技、公共服务层面的发展趋势较为接近全国平均水平，但整体水平有待提升。未来应加强对农业信息、金融服务的创新，加快农业产业结构的转型以及提高农产品流通服务水平，从而全面推进农业社会化服务的有效提升。

* 吕剑平，甘肃农业大学财经学院教授，主要研究方向为农业与农村经济；谈存峰，甘肃农业大学财经学院教授，主要研究方向为农村公共管理与农业可持续发展；谢小飞，甘肃农业大学财经学院教师，主要研究方向为区域经济。

关键词： 农业社会化服务　指标体系　熵值法　甘肃

农业社会化服务是整合政府、市场和社会力量，为农业生产经营各环节提供服务，以改善农业生产条件、增强农业自我发展能力、提高农业综合效益的活动过程，在农业转型升级、农村经济社会和人口结构快速变化的背景下，提升农业社会化服务已成为保障粮食安全和农产品有效供给、推进农业高质量发展、实现中国特色农业现代化的必然选择。

甘肃省农业社会化服务体系近年来发展迅速且成果显著，目前已形成了包括政府职能部门、涉农企事业单位、民间组织等在内比较完善的社会化服务组织体系，调控机制日益优化，农业社会化服务能力与水平不断提升，为全省农业持续健康发展打下坚实基础。本文旨在通过对历年来甘肃省农业社会化服务状况进行分析，与西北五省区中其他省份进行对比，展现甘肃省农业社会化服务基本发展状况和发展水平，为新时期甘肃农业社会化服务的长效高质量发展提供理论依据和现实参考。

一　甘肃农业社会化发展状况

现代农业的快速发展离不开农业社会化服务体系的支持，从服务内容看，农业社会化服务可分为农业生产服务、科技服务、信息服务、金融服务、公共服务和流通服务六大部分。近年来，甘肃省在乡村振兴战略背景下通过大力扶持农业产业发展、加大农业科技投入、增设农业信息网点、加强农业保险的深度和密度、持续加大农村基础设施建设力度、提高财政支农比例等措施，不断改善农业生产条件，农业综合生产能力和现代化水平得到提高。

（一）农业生产服务发展现状

1. 农业生产基础

由表 1 可知，研究期内甘肃单位耕地机械总动力发展变化波动明显，总体降幅较大。2011~2013 年逐年上升并在 2013 年达最高点 5.1913 千瓦/公顷，2014、2016 年度下降趋势明显，2016 年到达最低点 3.5439 千瓦/公顷，2017~2020 年呈持续上升态势，2020 年较最高点降幅为 17.94%；甘肃省有效灌溉率基本稳定在 20%~30%，2011 年有效灌溉率为 27.7282%，2014 年下降至最低值 21.6041%，2015~2020 年持续上升，年均增幅 0.96 个百分点，到 2020 年全省有效灌溉率和研究期初的有效灌溉水平大致持平，但灌溉条件相比全国其他农业发达地区仍较差。

2. 农业生产资料投入

农业生产资料投入主要指在农业生产过程中投入的化肥、农药、塑料薄膜等。研究期内甘肃省单位面积农药使用量呈现波动性减少的发展趋势，由表 1 可知，2020 年每千公顷耕地农药的使用量仅为 7.4982 万吨，为研究期内的最低投入水平，相较于 2013 年最高投入量 16.6910 万吨减少了 9.1928 万吨，年均下降 1.32 万吨；单位面积塑料薄膜使用量呈现波动下降的趋势，2012 年达最高水平 0.0426 吨/公顷，之后便波动下降，到 2020 年下降到最低水平 0.0253 吨/公顷，下降幅度为 40.61%；单位面积化肥施用量呈现波动上升趋势，从 2011 年的 187.1727 万吨/千公顷上升到 2020 年的 520.4269 万吨/千公顷，增长幅度为 178.05%，整体维持在较高水平。

表 1　农业生产服务情况

年份	单位耕地机械总动力（千瓦/公顷）	单位面积化肥施用量（万吨/千公顷）	单位面积农药使用量（万吨/千公顷）	单位面积塑料薄膜使用量（吨/公顷）	有效灌溉率（%）
2011	4.5859	187.1727	14.6847	0.0411	27.7282
2012	4.8920	197.6904	15.8298	0.0426	27.8527
2013	5.1913	203.2712	16.6910	0.0308	27.5629
2014	4.7391	232.5194	14.4893	0.0328	21.6041
2015	4.9953	231.4804	14.6697	0.0342	21.6858
2016	3.5439	249.1198	13.0137	0.0363	21.9351
2017	3.7541	225.2132	9.6699	0.0320	22.1850

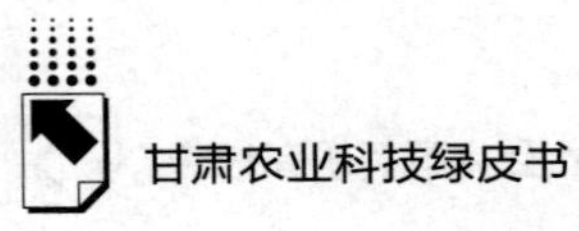

续表

年份	单位耕地 机械总动力 （千瓦/公顷）	单位面积 化肥施用量 （万吨/千公顷）	单位面积 农药使用量 （万吨/千公顷）	单位面积 塑料薄膜使用量 （吨/公顷）	有效灌溉率（%）
2018	3. 9128	543. 5041	7. 9759	0. 0305	24. 8882
2019	4. 0453	527. 1058	7. 8021	0. 0292	25. 6678
2020	4. 2602	520. 4269	7. 4982	0. 0253	27. 4548

资料来源：《甘肃发展年鉴》（2012~2021 年）。

（二）农业科技服务发展现状

农业科技服务是农业社会化服务中不可或缺的组成部分，本文从农业科技服务投入和农业科技服务效果出发，分析农业科技服务情况。用每万人农业技术人员拥有数和人均农业 R&D 投入指标表征农业科技服务投入，用粮食单产增长率指标表征农业科技服务效果。

1. 农业科技服务投入

由表 2 可知，研究期内甘肃省农业科技人员和资金投入都呈现总体上升的趋势，从具体指标来看，每万人农业技术人员拥有数不断增加，从 2011 年的 15. 3476 人增加到 2020 年的 29. 8997 人，人均农业 R&D 投入从 2011 年的 39. 1597 元增加至 2020 年的 121. 4164 元，增加幅度达 210. 05%，年均增长率为 13. 4%，人均农业 R&D 投入实现大幅度提升。甘肃省历年来每万人农业技术人员拥有数均比全国水平高，说明甘肃省科技人员资源较为丰富，人均农业 R&D 投入与全国平均水平相比仍存在一定的差距，亟须进一步增加农业科技经费投入。

2. 农业科技服务效果

考虑到有形投入要素边际产量递减规律和其他科技服务效果指标不可得性，本文以粮食单产增长率表示农业科技服务效果。研究期内甘肃省农业科技服务效果变化明显，呈波动变化趋势，2012 年粮食单产增长率最高，为 9. 1536%，2016 年最低，仅为-2. 0786%，各年份间差距明显（见表 2）。

表 2　农业科技服务情况

年份	每万人农业技术人员拥有数(人)	人均农业 R&D 投入(元)	粮食单产增长率(%)
2011	15. 3476	39. 1597	4. 6084
2012	16. 5003	51. 8046	9. 1536
2013	17. 8854	59. 3332	1. 9384
2014	24. 2217	67. 1566	2. 3170
2015	24. 7745	78. 9679	4. 2980
2016	25. 4099	82. 5273	-2. 0786
2017	25. 8523	72. 2074	0. 3514
2018	28. 0116	78. 8253	3. 9542
2019	27. 8944	97. 0605	0. 9592
2020	29. 8997	121. 4164	3. 2963

资料来源：《甘肃发展年鉴》（2012~2021 年）。

（三）农业信息服务发展现状

甘肃农业信息化建设不断推进。甘肃省农村互联网宽带接入户数比重从 2011 年的 11. 98%增长至 2020 年的 36. 07%，每百户移动电话拥有量从 2011 年的 177. 4444 部增加到 2020 年的 302. 3000 部，数量大幅度上升。农村道路建设水平不断提高，2012~2016 年农村投递路线占公路铁路里程数的比重都接近 100%，部分年份超过 100%。农业信息覆盖率水平也不断提高，全省万人享有农业政府网站信息数从 2011 年的 2. 9697 条增加至 2020 年的 10. 8811 条（见表 3）。

表 3　农业信息服务情况

年份	农村互联网宽带接入户数比重(%)	每百户移动电话拥有量(部)	农村投递路线/公路铁路里程数(%)	万人享有农业政府网站信息数(条)
2011	11. 98	177. 4444	0. 8884	2. 9697
2012	10. 23	192. 7222	1. 0050	18. 5183

续表

年份	农村互联网宽带接入户数比重(%)	每百户移动电话拥有量(部)	农村投递路线/公路铁路里程数(%)	万人拥有农业政府网站信息数(条)
2013	17.69	215.0715	0.9891	18.9690
2014	18.09	227.5519	0.9452	1.2548
2015	20.09	244.6432	1.0346	1.4042
2016	26.83	263.8206	0.9834	1.2625
2017	34.07	268.6872	0.7645	1.3956
2018	37.41	300.8329	0.8799	1.5243
2019	36.97	302.5487	0.8249	1.6904
2020	36.07	302.3000	0.8051	10.8811

资料来源：《甘肃发展年鉴》（2012~2021年）。

（四）农业金融服务发展现状

1. 农险收支情况

农险收支情况可以从农险保费收入、农险赔付支出、赔付率三个方面分析。甘肃省人均农险保费收入从2011年的9.9109元发展至2020年的160.0766元，可见农民对农业保险的知晓率和投保率有了大幅度提升。人均农险赔付支出从2011年的2.5256元增长至2020年的131.5655元，说明农业种植的风险和受灾的农产品价值也在增长。从赔付率看，2011年的赔付率为25.4825%，到2020年赔付率已经增长到了82.1891%，说明农业保险的赔付效率和覆盖率得到了大幅度的增长，为农业发展和农户利益提供了保障（见表4）。

表4　农险收支情况

年份	人均农险保费收入(元)	人均农险赔付支出(元)	赔付率(%)
2011	9.9109	2.5256	25.4825
2012	23.4817	12.1304	51.6588
2013	36.2894	19.4364	53.5593
2014	44.7710	25.6989	57.4007

续表

年份	人均农险保费收入(元)	人均农险赔付支出(元)	赔付率(%)
2015	52.0812	35.4056	67.9814
2016	58.4633	47.5409	81.3174
2017	65.7195	45.0028	68.4772
2018	83.6091	54.9594	65.7337
2019	122.4908	86.6794	70.7640
2020	160.0766	131.5655	82.1891

资料来源：《甘肃发展年鉴》(2012~2021 年)。

2. 农险市场发展情况

农险市场发展情况可以从农险市场占有率、农险密度、农险深度三个方面分析。甘肃省农业保险的市场占有率从 2011 年的 3.5664%增长至 2020 年的 13.2820%，年均增长率为 14.04%。农险密度和农险深度在 2011～2020 年也取得了显著增长，表明农业从业者对风险的预防意识得到提升，农业保险的保障作用也在逐年增强（见表 5）。

表 5　农险市场发展情况

年份	农险市场占有率(%)	农险密度(元/人)	农险深度(%)
2011	3.5664	19.6265	0.3154
2012	6.7624	46.0815	0.6402
2013	8.3847	71.5182	0.8707
2014	8.4561	86.4894	0.9722
2015	8.5187	100.1573	1.0489
2016	8.3909	112.4984	1.0542
2017	8.2391	126.1559	1.0762
2018	9.1658	159.9918	1.2450
2019	12.0999	236.3162	1.5761
2020	13.2820	320.3484	1.6097

资料来源：《甘肃发展年鉴》(2012~2021 年)。

（五）公共服务发展现状

村民委员会作为农村社会服务过程中一个必要存在的组织，是服务农民、联系群众的重要枢纽。由表 6 可知，甘肃省农村基层组织建设不断完善，2011～2020 年全省万人享有村民委员会数量持续增长，增长率为 42.46%。用农业固定资产投资增长率和财政支农比例指标反映农业财政投入情况，2011～2020 年甘肃省农业固定资产投资增长率呈现波动下降的趋势，从 2011 年的 32.5%下降到 2020 年的 7.8%，发展较不稳定，各个年份之间差距较大，2017 年和 2018 年出现了负增长，这与农村地区资金匮乏、农业效益低下存在很大的关系。甘肃省财政支农比例呈现逐年增加的趋势，年均增长率为 3.42%。

表 6　农业公共服务服务体系

年份	万人享有村民委员会数量(个)	农业固定资产投资增长率(%)	财政支农比例(%)
2011	9.4064	32.5	13.2679
2012	9.9646	24.8	14.6813
2013	10.1469	22.7	15.0059
2014	10.5606	18.2	14.4077
2015	10.8544	8.6	16.8018
2016	11.0990	8.3	15.4951
2017	11.3913	-36.8	15.7603
2018	11.6476	-3.9	17.9827
2019	11.7469	6.6	18.1385
2020	13.4005	7.8	18.6345

资料来源：《甘肃发展年鉴》（2012～2021 年）。

（六）农产品流通服务发展现状

1. 农业生产服务价格指数

研究期内甘肃省农业生产服务价格指数呈现明显的波动趋势，大体可分为三个时期。一是2011~2015年，该时期内甘肃省农业生产服务价格指数呈持续下降趋势，由2011年的最高点107.6%下降至2015年的最低点98.6%；二是2015~2018年，为稳步上升时期，由98.6%上升至104.2%；三是2018~2020年，该时期呈平稳下降趋势，由104.2%下降至100.7%，降幅不大（见表7）。

2. 农产品及相关产业发展

由表7可知，研究期内甘肃省农产品批发零售额增长率整体呈先下降后上升趋势，2011~2013年为增幅缩小时期，增长率由44.8825%下降至9.6773%，增幅缩小35.2052个百分点，2014年及2017年为负增长年，2017年后为甘肃省农产品销售黄金时期，农产品批发零售额增长率呈快速上升态势，由2017年的-15.9529%上升至2020年的82.5605%，2018~2020年增幅快速提高71.007个百分点；农产品服务业产值增长率整体呈波动上升趋势，其中2011~2017年呈先升后降趋势，2018~2020年则快速增长，增长率由-6.39%上升至9.24%，2020年较2011年提高3.41个百分点。

表7　农产品流通服务情况

年份	农业生产服务价格指数(%)	农产品批发零售额增长率(%)	农产品服务业产值增长率(%)
2011	107.6	44.8825	5.83
2012	105.2	37.6660	6.22
2013	102.1	9.6773	8.79
2014	99.0	-3.1831	6.92
2015	98.6	7.9946	5.94
2016	99.9	0.8921	5.52
2017	103.7	-15.9529	5.17
2018	104.2	11.5535	-6.39
2019	101.1	46.1796	3.17
2020	100.7	82.5605	9.24

资料来源：《甘肃发展年鉴》（2012~2021年）。

二　甘肃省农业社会化服务水平评价

（一）指标体系构建

综合新时期农业社会化发展要求以及甘肃省农业社会化发展现状，本文构建了甘肃省农业社会化服务水平的指标评价体系，指标体系分为6个二级指标和24个三级指标。①生产服务贯穿农业生产作业链条，直接或间接协助完成农业产前、产中、产后各环节作业，能够推动种植规模化、增加农民收入、促进小农户与现代农业的接轨，为此，选取单位耕地机械总动力、单位面积化肥施用量、单位面积农药使用量、单位面积塑料薄膜使用量、有效灌溉率5个二级指标；②科技服务是指在农业产前、产中、产后提供相应的技术服务和技术指导等，以提高农业生产效益，因此，选取每万人农业技术人员拥有数、人均农业R&D投入和农业科技服务效果3个二级指标；③信息服务致力于向农民提供农业知识、实时市场信息等服务，从而促进农产品销售和农民增收，为此，选取农村互联网接入户数比重、农村邮路建设水平、每百户移动电话拥有量和万人拥有农业政府网站信息量4个二级指标；④金融服务可以增强农业抗风险的能力，为农业生产经营者解决资金短缺等问题，为此，选取人均农险保费收入、人均农险赔付支出、赔付率、农险市场占有率、农险密度以及农险深度6个二级指标来衡量金融服务水平；⑤流通服务通过产品服务、要素服务和专业服务等多角度全方位服务体系拓宽农业资源的配置空间并加速产品的流通，因此，用农业生产服务价格指数、农产品批发零售额和农产品服务业产值增长率3个二级指标来衡量流通服务水平；⑥公共服务是为农业经济生产和农民日常生活保驾护航的各类服务的统称，加强公共服务体系建设能够进一步整合各方资源，充分发挥综合性合作经济组织的作用，达到公益性和经济性互促互生，为此，选取了万人村民委员会个数、农业固定资产投资增长率和财政支农比例3个二级指标来表示公共服务（见表8）。

表 8　甘肃省农业社会化服务水平评价指标

总体指标	分项层	具体指标层	指标具体解释	单位	指标属性
农业社会化服务水平（A）	生产服务（B1）	单位耕地机械总动力（C1）	农业机械总动力/耕地面积	千瓦/公顷	+
		单位面积化肥施用量（C2）	化肥施用量/耕地面积	万吨/千公顷	—
		单位面积农药使用量（C3）	农药使用量/耕地面积	万吨/千公顷	—
		单位面积塑料薄膜使用量（C4）	塑料薄膜使用量/耕地面积	吨/公顷	—
		有效灌溉率（C5）	有效灌溉面积/耕地面积	%	+
	科技服务（B2）	每万人农业技术人员拥有量（C6）	农业技术人员拥有数/农村人口	人	+
		人均农业 R&D 投入（C7）	农业 R&D 投入/农村人口	元	+
		农业科技服务效果（C8）	粮食单产年增长率	%	+
	信息服务（B3）	农村互联网接入户数比重（C9）	农村互联网宽带接入户/互联网宽带接入户数	%	+
		农村邮路建设水平（C10）	农村投递线路/公路铁路里程数	%	+
		每百户移动电话拥有量（C11）	每百户移动电话拥有量	个	+
		万人拥有农业政府网站信息量（C12）	农业政府网站公布信息数/农村人口	个	+
	金融服务（B4）	人均农险保费收入（C13）	农险保费收入/农村人口	元	+
		人均农险赔付支出（C14）	农险赔付支出/农村人口	元	+
		赔付率（C15）	农业保险保费收入/农业保险赔付支出	%	+
		农险市场占有率（C16）	农业保险保费收入/财产保险保费收入	%	+
		农险密度（C17）	农业保险保费收入/农业从业人口	元/人	+
		农险深度（C18）	农业保险保费收入/第一产业增加值	%	+

续表

总体指标	分项层	具体指标层	指标具体解释	单位	指标属性
农业社会化服务水平（A）	流通服务（B5）	农业生产服务价格指数(C19)	农业生产服务价格指数	%	+
		农产品批发零售额(C20)	农产品批发零售额增长率	%	+
		农产品服务业产值增长率(C21)	农产品服务业产值增长率	%	+
	公共服务（B6）	万人村民委员会个数(C22)	村民委员会数量/农村人口	个	+
		农业固定资产投资增长率(C23)	农业固定资产投资增长率	%	+
		财政支农比例(C24)	财政支农支出/财政支出	%	+

（二）数据来源

本研究选取2011~2020年的数据，数据来源于《甘肃发展年鉴》《中国统计年鉴》《中国金融年鉴》《中国保险年鉴》《中国第三产业统计年鉴》《新疆统计年鉴》《陕西统计年鉴》《宁夏统计年鉴》《青海统计年鉴》等，个别数据存在缺失值，考虑到评价分析的完整性，本文采用插值法对空缺数据进行填补。

（三）研究方法

采用熵值法评价甘肃省农业社会化服务水平。熵值法是用来判断某个指标离散程度的方法，指标离散程度越大，对系统评价的影响程度就越大。具体步骤为：

$$X_i^{''} = \frac{X_j - X_{j\min}}{X_{j\max} - X_{j\min}} + 0.01（X_i \text{ 指标属性为正向}）$$

$$X_i^{''} = \frac{X_{j\max} - X_i}{X_{j\max} - X_{j\min}} + 0.01（X_{ij} \text{ 指标属性为负向}）$$

式中：X_{ij}为第 i 年第 j 项指标的标准化值，X_j 为第 j 项指标的原数据，$X_{j\max}$为第 j 项指标的原数据的最大值，$X_{j\min}$为第 j 项指标的原数据的最小值。

熵值法计算权重步骤：

（1）求解第 j 个指标下的第 i 个时间段中占指标的比重：

$$P_{ij} = X_{ij} / \sum_{i=1}^{m} X_{ij}$$

（2）计算第 j 个指标的熵值：

$$E_j = -\left(\frac{1}{\ln(m)}\right) \sum_{i=1}^{m} P_{ij} \, lnp_{ij}$$

（3）求解第 j 个指标的熵：

$$W_j = (1 - E_j) / \sum_{j=1}^{n} (1 - E_j)$$

$$U_x = \sum_{i=1}^{n} X_{ij} W_j$$

式中：X_{ij}为指标归一化处理后的值，W_j 为指标的权重，U_x 是综合评价指数。

（四）综合指数测算及结果分析

采用线性加权函数法测算农业社会化服务指数，公式如下：

$$S = \sum_{i=1}^{\mathrm{n}} w_i e_i$$

上式中 S 为分类（综合）指标评价指数，w_i 为分类（综合）指标中第 i 个评价指标所对应的权重值，e_i 为分类（综合）指标中第 i 个评价指标无量纲化后的标准化值。以此方法，测算出 2011~2020 年西北五省区及全国农业社会化服务指数。

1. 生产服务指数

数据显示，2011~2020 年甘肃农业生产服务指数变化整体趋势与全国发展水平相似，都呈现波动下降趋势，但从具体年份来看，甘肃农业生产服务指数在 2013 年、2016 年、2018～2020 年低于全国平均水平。2011～2020 年，从西北五省区农业生产服务指数比较来看，甘肃分值相对偏低，除 2018 年稍高于青海省排名第四外，其余年份均排名第五位（见表 9、图 1）。

表 9　农业生产服务指数

年份	生产服务指数					
	甘肃	陕西	青海	宁夏	新疆	全国
2011	0.0789	0.0861	0.1293	0.1045	0.1086	0.0448
2012	0.0801	0.0856	0.1294	0.1071	0.1146	0.0551
2013	0.0686	0.0828	0.0668	0.0653	0.1453	0.0691
2014	0.0627	0.0940	0.1245	0.1083	0.1121	0.0583
2015	0.0638	0.0939	0.1246	0.1079	0.1142	0.0601
2016	0.0522	0.1006	0.1102	0.0799	0.1367	0.0669
2017	0.0748	0.0906	0.1285	0.1004	0.1145	0.0525
2018	0.0463	0.1025	0.1145	0.0395	0.1341	0.0783
2019	0.0517	0.0925	0.1341	0.0616	0.1163	0.0601
2020	0.0413	0.0942	0.1344	0.0599	0.1171	0.0598

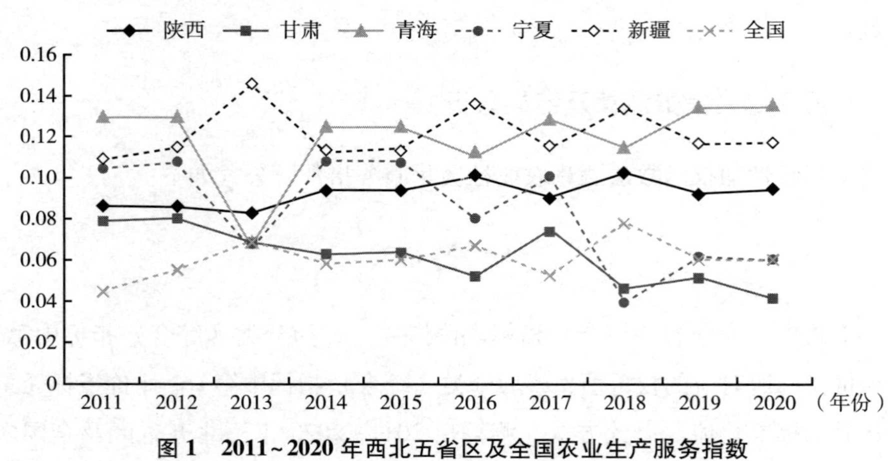

图 1　2011～2020 年西北五省区及全国农业生产服务指数

2. 科技服务指数

从表 10 来看，甘肃农业科技服务指数呈现较强的波动趋势，2011～

2014 年整体下降，2015 年较大回升后，2016 年大幅下降，之后指数仍有小幅度波动，但基本保持上升态势。甘肃省农业科技发展整体水平低于全国发展水平，近三年逐渐接近甚至超过全国水平（见图 2）。

表 10　农业科技服务指数

年份	科技服务指数					
	甘肃	陕西	青海	宁夏	新疆	全国
2011	0. 0831	0. 1299	0. 0481	0. 0529	0. 0873	0. 0676
2012	0. 0872	0. 1375	0. 0481	0. 0569	0. 0542	0. 0765
2013	0. 0522	0. 0738	0. 0432	0. 0370	0. 0687	0. 0708
2014	0. 0432	0. 1122	0. 0419	0. 0537	0. 0849	0. 0689
2015	0. 0935	0. 1491	0. 0328	0. 0391	0. 0582	0. 0956
2016	0. 0225	0. 0866	0. 0276	0. 0466	0. 0296	0. 0601
2017	0. 0670	0. 1384	0. 0324	0. 0600	0. 0623	0. 1206
2018	0. 0487	0. 0992	0. 0243	0. 0720	0. 0192	0. 0550
2019	0. 0833	0. 1521	0. 0910	0. 0560	0. 0641	0. 1090
2020	0. 0704	0. 1477	0. 0513	0. 0717	0. 0704	0. 0652

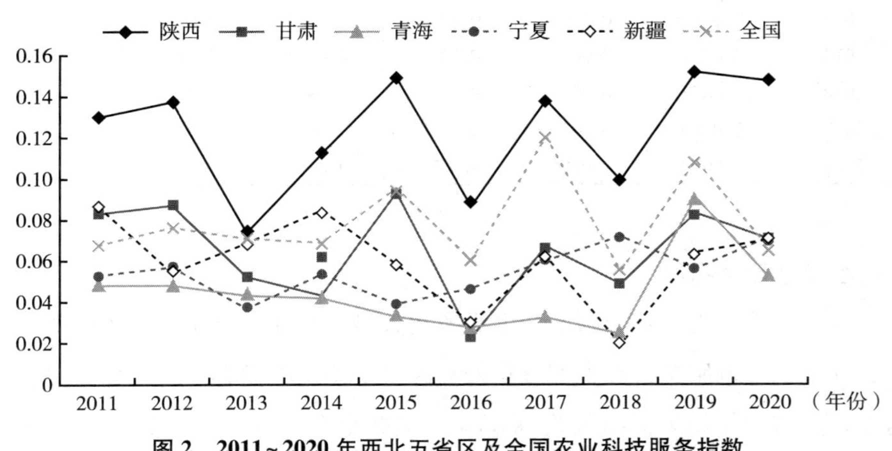

图 2　2011～2020 年西北五省区及全国农业科技服务指数

3. 信息服务指数

从数据来看，甘肃省农业信息服务指数具有不规律的波动特征，但整体较稳定。与全国平均发展水平相比，甘肃省2011~2014年均低于全国水平，2015~2020年均高于全国水平。西北五省区的农业信息服务指数排名中，2011~2015年，甘肃省2012年居第三位，其余年份均居第二位。随着农业信息化重要程度的凸显，甘肃省持续推动农业信息技术的创新与改革，使信息化有了更进一步的发展，在2016年超过宁夏，达到近十年的最高值0.0919。随后2017~2020年，指数有所波动，但此时的农业信息服务指数仍高于全国平均水平，至2020年逐步达到稳定状态（见表11、图3）。

表11　农业信息服务指数

年份	信息服务指数					
	甘肃	陕西	青海	宁夏	新疆	全国
2011	0.0471	0.0468	0.0210	0.0752	0.0297	0.0629
2012	0.0457	0.0468	0.0178	0.0696	0.0286	0.0588
2013	0.0766	0.0404	0.0251	0.1016	0.0480	0.0877
2014	0.0553	0.0460	0.0218	0.0661	0.0277	0.0582
2015	0.0553	0.0395	0.0265	0.0593	0.0272	0.0504
2016	0.0919	0.0342	0.1384	0.0429	0.0367	0.0798
2017	0.0621	0.0442	0.0317	0.0597	0.0257	0.0554
2018	0.0852	0.0394	0.1324	0.0825	0.0225	0.0659
2019	0.0666	0.0437	0.0349	0.0631	0.0257	0.0540
2020	0.0672	0.0305	0.0379	0.0682	0.0216	0.0518

4. 金融服务指数

整体来看，近十年新疆的金融服务指数最高且几乎每年都稳居五省区第一，新疆的金融服务指数大部分年份都高于全国。陕西省呈现明显的波动趋势，陕西省十年间最低指数为0.0378，最高指数为0.2047。2011~2015年青海的金融服务指数最低，2016~2020年甘肃省最低。甘肃省在2011年金融服务指数达到最高点，2013年、2016年和2018年较上年均下降明显，其

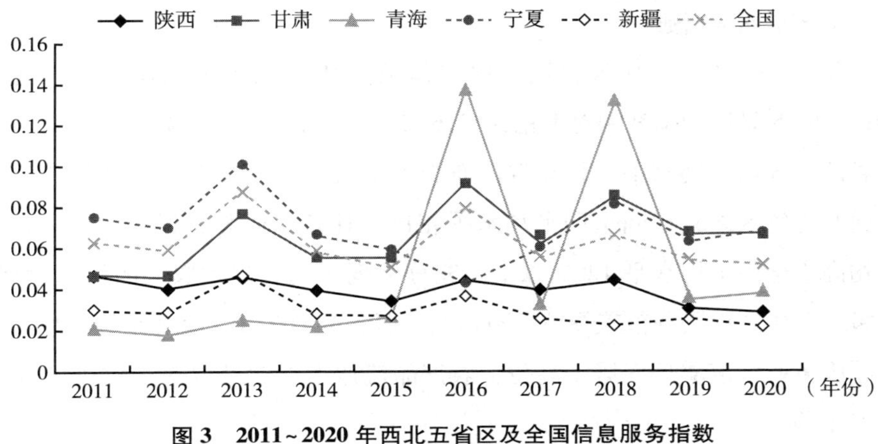

图 3　2011~2020 年西北五省区及全国信息服务指数

他年份的服务指数相差较小。西北五省区中甘肃省整体金融服务发展水平较低，可能是因为甘肃省农村金融环境欠佳，加之金融主体实力弱，缺乏相关龙头企业，金融服务参与度较低。2017 年后，甘肃省在实施乡村振兴过程中，强调了农村金融的重要性，加大了金融支持力度，不断深化农村金融改革，金融服务指数开始回升，但金融发展水平同全国平均水平相比仍存在一定差距（见表 12）。

表 12　农业金融服务指数

年份	金融服务指数					
	甘肃	陕西	青海	宁夏	新疆	全国
2011	0. 1334	0. 0692	0. 0534	0. 0583	0. 2554	0. 1656
2012	0. 1183	0. 1357	0. 0847	0. 1145	0. 2586	0. 1643
2013	0. 0037	0. 0378	0. 0393	0. 0548	0. 1676	0. 2459
2014	0. 1183	0. 1103	0. 0418	0. 1102	0. 2586	0. 1450
2015	0. 1194	0. 1216	0. 0897	0. 0831	0. 2571	0. 1433
2016	0. 0035	0. 2047	0. 0784	0. 0876	0. 1567	0. 2166
2017	0. 1183	0. 1065	0. 1159	0. 1265	0. 2410	0. 1454
2018	0. 0036	0. 1894	0. 0948	0. 1068	0. 1838	0. 2085
2019	0. 1219	0. 1133	0. 1471	0. 1214	0. 2586	0. 1410
2020	0. 1293	0. 1197	0. 1638	0. 1164	0. 2519	0. 1289

5. 流通服务指数

2011~2020 年，甘肃省流通服务指数整体呈现小幅波动状态，其中 2011~2015 年波动幅度相对平稳，2016~2020 年呈明显上升趋势；综合西北五省区的区域发展水平，甘肃省流通服务指数为中上水平，2020 年甚至位居西北五省区之首；同全国平均水平相比，甘肃流通服务指数 2011~2020 年均高于全国平均水平 120%以上。充分体现了随着现代农业的快速发展，甘肃农业生产性服务覆盖领域不断拓宽，服务类型多样，服务结构合理，农产品服务业产值增长率居于高位，农产品流通发展领域取得一定进步（见表 13、图 4）。

表 13　流通服务指数

年份	流通服务指数					
	甘肃	陕西	青海	宁夏	新疆	全国
2011	0.0656	0.0748	0.0785	0.0632	0.0577	0.0127
2012	0.0666	0.0798	0.0621	0.0568	0.0581	0.0137
2013	0.0620	0.0826	0.0478	0.0646	0.0605	0.0286
2014	0.0625	0.0544	0.0747	0.0553	0.0663	0.0450
2015	0.0630	0.0710	0.0639	0.0323	0.0370	0.0497
2016	0.0549	0.0426	0.0677	0.0376	0.0242	0.0346
2017	0.0612	0.0639	0.1033	0.0679	0.0570	0.0420
2018	0.0650	0.0516	0.0871	0.0265	0.0171	0.0419
2019	0.0960	0.0551	0.1080	0.0299	0.0663	0.0345
2020	0.0790	0.0437	0.0601	0.0497	0.0710	0.0427

6. 公共服务指数

从表 14 可知，甘肃省公共服务指数整体呈现上升的良好态势，从 2011 年的 0.0185 增加到 2020 年 0.0337，其中 2015~2016 年增速最快。2011~2015 年甘肃省公共服务指数均低于全国水平，但从 2016 年开始公共服务指数逐渐上升，稳步接近全国水平。与西北五省区相比，甘肃省公共服务指数呈现波动的趋势，在 2013 年、2016 年、2017 年和 2020 年均排名前三，这

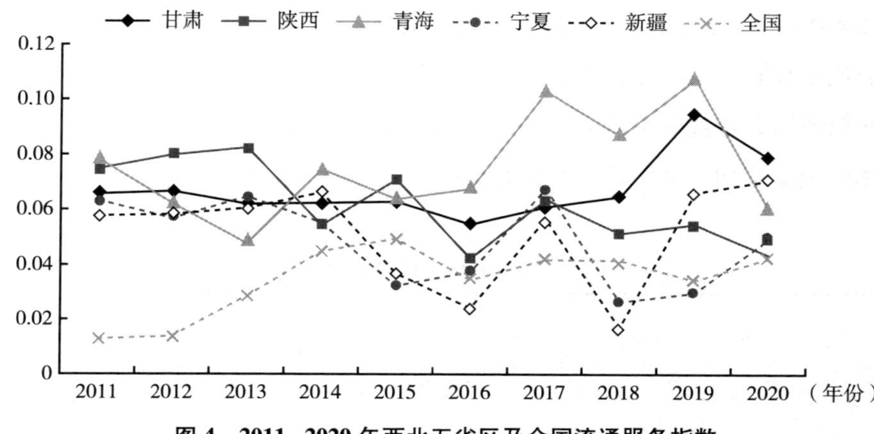

图 4　2011~2020 年西北五省区及全国流通服务指数

主要得益于甘肃省近年来在公共服务方面实施线上对接、线下服务的有效运行模式，积极推动了小农户与现代农业的有效衔接。

表 14　公共服务指数

年份	公共服务指数					
	甘肃	陕西	青海	宁夏	新疆	全国
2011	0.0185	0.0408	0.0600	0.0755	0.0156	0.0265
2012	0.0188	0.0255	0.0656	0.0673	0.0111	0.0533
2013	0.0337	0.0337	0.0426	0.0270	0.0062	0.0571
2014	0.0295	0.0549	0.0497	0.0415	0.0049	0.0737
2015	0.0069	0.0217	0.0512	0.0367	0.0239	0.0634
2016	0.0385	0.0368	0.0842	0.0587	0.0163	0.0837
2017	0.0453	0.0321	0.0362	0.0398	0.0318	0.0381
2018	0.0298	0.0407	0.0368	0.0546	0.0426	0.0356
2019	0.0022	0.0451	0.0556	0.0572	0.0467	0.0448
2020	0.0337	0.0265	0.0576	0.0187	0.0624	0.0233

7. 农业社会化服务综合指数

从表 15 来看，2011~2020 年甘肃省农业社会化服务综合指数总体呈波动式增长态势，且在 2016 年和 2018 年达到了近十年最高，分别为 0.4647

和 0.4644。与西北五省区中的其他省份相比，甘肃省农业社会化服务综合指数比宁夏高，与陕西、青海、新疆三省份相比较，就无明显优势，农业社会化服务综合指数处于较低位。从全国农业社会化服务综合指数来看，甘肃省紧随全国平均水平浮动，但仍有差距，需要进一步发展。

表 15　农业社会化服务综合指数

年份	农业社会化服务综合指数					
	甘肃	陕西	青海	宁夏	新疆	全国
2011	0.3624	0.5120	0.3902	0.4297	0.5543	0.3802
2012	0.4341	0.4871	0.4076	0.4723	0.5252	0.4216
2013	0.3309	0.3227	0.2649	0.3502	0.4963	0.5592
2014	0.3636	0.4733	0.3544	0.4350	0.5546	0.4491
2015	0.4041	0.4894	0.3886	0.3584	0.5177	0.4625
2016	0.4647	0.3142	0.5065	0.3532	0.4002	0.5418
2017	0.4168	0.4827	0.4479	0.4543	0.5322	0.4540
2018	0.4644	0.3413	0.4900	0.3818	0.4194	0.4852
2019	0.4131	0.4972	0.5706	0.3893	0.5777	0.4435
2020	0.4113	0.4701	0.5051	0.3844	0.5943	0.3717

三　结论与建议

本文在构建农业社会化服务指标的基础上，运用熵值法计算权重及综合评价指数，分析了 2011～2020 年甘肃省整体农业社会化服务的发展水平并与全国以及西北五省区农业社会化服务水平进行了比较。结果发现，甘肃省农业社会化服务水平整体不高，不同年份呈现出来不同的发展水平，波动较大；历年农业社会化服务各领域服务指数不同时间呈现不同层次，并存在一定的差距。甘肃省农业社会化服务水平整体在西北五省区中处于中间地位，在全国水平中居于下位，其中生产服务指数不断下降且排名落后；科技服务指数和信息服务指数波动较大但有所回升；金融服务指数整体较低，排名靠后；流动服务指数最低，并与西北其他各省区存在较大差距；公共服务指数波动上升且排名不断靠前。

1. 创新农业农村金融服务，推动金融服务发展共享

一方面，充分调动商业金融机构与政策性金融机构积极性，政府牵头成立农业担保公司，构建全覆盖经营网点布局，调整涉农信贷业务流程，健全农业信贷担保体系，创新周期长、利息低的农业金融产品，减轻生产者债务负担。通过推广融资租赁、以租代购等销售模式筹集农业生产资金，增加政府农业经营财政预算支出从而加强农信贷支持力度。另一方面，加大农业金融服务宣传力度，加强农业生产者对于农业保险等金融产品的认知，通过提升金融服务质量、简化金融服务流程、降低金融服务门槛、健全风险应急保障机制，吸引生产者参与农业农村金融服务，实现农业生产者同现代农业有机衔接，各类农业经营主体共享社会化金融服务。

2. 完善农业信息传递机制，加强农业信息化建设

全面提高农业农村信息化水平，升级扩容农业信息网络，形成地方全覆盖的农业信息网络群。健全各类农业部门信息机构，培养信息专员，整合各涉农信息，全面实现涉农信息报送与处理电子化。同时强化基层农业信息体系建设，引导社会力量参与信息化建设，突破农村信息市场“瓶颈”，破解农产品市场中的信息不对称难题，使农业经营者能够及时掌握农业生产经营行情，切实受益于农业信息化建设。在市场信息化建设下，加快健全服务化、现代化的市场营销体系，通过构建一体化服务平台，为农产品从生产到销售的各个环节提供服务。建立高效率低成本的物流体系，整合农产品货源，投资建设冷链设施，形成线上线下深度融合的农产品供给链。

3. 加强农村基础设施建设，提升公共服务水平

公共服务水平的提升需要政府和社会的共同努力。应加强政策引导，加大政府财政投入，合理配置城乡公共服务资源，强化乡村公共基础设施建设。加快推进农村用水、道路、网信、环境等公共基础设施建设，大力改善农村生产生活条件。加强农村养老、教育、医疗等公共服务基础设施建设，改善农村公共服务水平，满足农民群众多层次、多样化的公共服务需求，吸引青年人来到乡村、留在乡村、建设乡村，为乡村振兴提供人才支撑。

4. 打造农产品流通全产业链，优化农产品流通服务体系

针对甘肃流通社会化程度低的现状，应鼓励、支持龙头企业发展全产业链，建立农、工、贸一体的农业产业集团，形成集农作物生产、加工、运销于一体的农业综合服务体系，实现集团内部流通销售无壁垒。促进农产品流通，延长农产品产业链，增加农产品附加值，并为中小农业企业提供发展方向，共同促进甘肃农业社会化服务能力，助力甘肃农业发展。此外，甘肃地形狭长，地貌复杂，生鲜农产品流通限制因素多，影响了区域特色农产品市场价值的有效实现，需要加强物流基础设施建设，优化流通服务体系，打通农产品流通最后一公里，提升农业流通社会化服务质量。

参考文献

徐淑红：《乡村振兴背景下完善农业社会化金融服务的路径选择》，《农业经济》2022 年第 5 期。

陈京：《强化农业社会化服务的新思考》，《农业经济》2022 年第 7 期。

李晓燕：《建立健全我国农产品市场营销体系》，《中国农业资源与区划》2022 年第 6 期。

曹亚景：《乡村振兴背景下河南省新型农业社会化服务体系发展研究》，《农业经济》2021 年第 10 期。

孙海、乔春林：《沈阳市农业社会化服务体系建设情况的调查报告》，《农业经济》2010 年第 5 期。

杜洪燕、陈俊红、龚晶、刘宝印：《北京市新型农业社会化服务体系优化调整策略》，《北方园艺》2022 年第 12 期。

杨子、诸培新、郑景丽：《农业社会化服务政策的文献量化研究：1978—2020 年》，《重庆师范大学学报》（社会科学版）2021 年第 3 期。

G.15

甘肃省农村公共服务发展研究报告*

刘锦晖　王建连　刘海波**

摘　要： 本文以文献资料搜集和实地调研为基础，结合笔者的驻村帮扶工作经历，从政府公共服务财政支出、农村公共基础设施建设、农村公共医疗卫生服务、农村公共基础教育服务、农村社会保障、农村公共就业服务和农村公共文化服务等方面，深入分析了甘肃农村公共服务的发展现状和存在的问题，从探索创新乡村公共服务供给模式、统筹推进县乡村公共服务一体化、乡村居民适度集中、人居环境整治、加强治理体系建设等方面提出了对策建议。

关键词： 农村公共服务　医疗卫生　基础教育　社会保障　甘肃省

公共服务关乎民生，连接民心，是促进脱贫攻坚成果同乡村振兴有效衔接、实现乡村振兴的重要保障。党的十八大以来，在习近平总书记"以人民为中心"执政理念的指引下，各级政府加大了对农村民生保障类公共服务的供给力度，保障水平不断提升。伴随着脱贫攻坚的伟大实践和乡村振兴战略的接续推进，甘肃省经济社会发展水平不断提升，农村基础设施建设、

---

* 本文是甘肃省科技厅软科学项目"乡村振兴战略背景下甘肃贫困地区农村公共服务设施优化配置研究"（20CX4ZA093）的主要研究成果。

** 刘锦晖，甘肃省农业科学院农业经济与信息研究所助理研究员，主要从事区域农业经济研究；王建连，甘肃省农业科学院农业经济与信息研究所高级经济师，主要从事区域农业经济研究；刘海波，甘肃省农业科学院农业经济与信息研究所副研究员，主要从事草地生产模型研究。

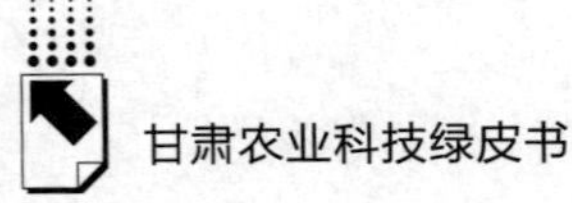

基础教育、医疗卫生、公共就业、社会保障等领域的公共服务水平不断提高，取得了显著成绩，但也暴露出了一些现实问题。

一　甘肃省农村公共服务现状

乡村振兴战略旨在实现农业农村现代化，而农村公共服务水平的不断提升是改善和保障民生的重要机制，是实现农业农村现代化的重要保障。历年的中央一号文件始终强调在实施乡村振兴战略的过程中加强乡村建设和提升公共服务水平的重要性，甘肃历年的省级文件也从现实情况出发，对此做了具体的安排部署。本文参照 2022 年国家发展改革委发布的《"十四五"公共服务规划》中对公共服务的类型和领域划分，结合甘肃省实际情况和相关数据，从政府公共服务财政支出、农村公共基础设施建设、农村公共医疗卫生服务、农村公共基础教育服务、农村社会保障、农村公共就业服务和农村公共文化服务等方面，分析阐述了甘肃省 2015~2021 年的农村公共服务发展情况。

（一）甘肃省公共服务财政支出现状

近年来，伴随着国家对"三农"问题的日益重视，甘肃省在全面推进乡村振兴战略、迈入高质量发展的新时代背景下，对"三农"领域的公共服务财政投入持续增加。如表 1 所示，甘肃省 2015~2021 年一般公共预算支出及其包含的一般公共服务支出、教育支出、社会保障和就业支出、卫生健康支出、交通运输支出总体呈逐年上升趋势。其中基础教育、医疗和民生保障类公共服务支出的上升幅度明显、供给水平稳步提升，各类农村公共服务领域均取得了显著的发展成效，有力地推动了城乡基本公共服务均等化。

表 1　2015~2021 年甘肃省政府公共服务财政支出情况

单位：亿元

指标名称	年份						
	2021	2020	2019	2018	2017	2016	2015
一般公共预算支出	4032.56	4163.40	3951.60	3772.23	3304.44	3150.03	2958.31

续表

指标名称	年份						
	2021	2020	2019	2018	2017	2016	2015
一般公共服务支出	359.62	382.16	373.62	339.05	307.23	290.78	272.01
教育支出	661.91	662.99	636.05	592.96	567.35	548.94	498.33
社会保障和就业支出	590.10	580.95	529.14	504.77	468.16	464.81	421.31
卫生健康支出	390.38	370.24	326.41	313.53	—	—	250.10
交通运输支出	287.29	323.34	360.35	352.89	285.75	219.24	278.24

资料来源：《甘肃发展年鉴》《中国财政年鉴》。

（二）甘肃省农村公共基础设施建设现状

1. 公路建设

甘肃省于2018~2022年接续发布《中共甘肃省委　甘肃省人民政府关于实施乡村振兴战略的若干意见》《甘肃省乡村振兴战略实施规划（2018—2022年）》《中共甘肃省委　甘肃省人民政府关于全面推进乡村振兴　加快农业农村现代化的实施意见》《中共甘肃省委　甘肃省人民政府关于做好二〇二二年全面推进乡村振兴重点工作的实施意见》《甘肃省乡村振兴促进条例》等省级重要文件，均强调了乡村公路基础设施建设的重要性。在具体实践中表现为全面推进“四好农村路”建设，并取得可喜的成绩。如表2所示，自2015年以来，全省范围内四级公路（乡道）和三级公路（县道）里程总体呈增长态势，等外路里程大幅下降，有效提高了乡村道路基础设施建设水平，促进了城乡要素流通和乡村经济发展。

表2　2015~2021年甘肃省公路建设情况

单位：公里

指标名称	年份						
	2021	2020	2019	2018	2017	2016	2015
四级公路里程	120162	120481	117130	100338	97927	97101	95145
三级公路里程	14532	14220	13492	13707	13521	13441	13484

续表

指标名称	年份						
	2021	2020	2019	2018	2017	2016	2015
等外路里程	4148	4361	5066	15157	17465	18000	19604

资料来源：《甘肃发展年鉴》《中国第三产业统计年鉴》。

2. 供水情况

位于西北干旱半干旱区的甘肃省长期面临水资源时空分布不均的问题，在陇中陇东旱作农业区的乡村地带尤为明显。解决农村“吃水难、用水难”的问题，既是“两不愁三保障”的具体要求，也是乡村经济发展的重要保障。如表3所示，自2015年以来，甘肃各地实施农村供水保障工程，全省农村供水管网覆盖面不断扩大、实现集中供水的行政村数量不断增加；同时，各级政府不断健全完善维修养护长效运行机制，充分利用农村公益性岗位，设立村级“水管员”，有效提升了农村供水保障和管理水平，逐步达成了“到2025年农村自来水普及率达到90%”的目标。

表3　2015~2021年甘肃省乡村供水情况

单位：个，%

指标名称	年份						
	2021	2020	2019	2018	2017	2016	2015
集中供水的行政村数量	12136	12402	12025	11458	11213	10190	9198
集中供水的行政村比例	82.63	83.85	80.74	76.03	69.90	61.05	57.20

资料来源：《中国城乡建设统计年鉴》。

3. 邮政和运输仓储

如表4所示，在农村居民基本生活条件得到保障和乡村道路基础设施条件不断改善的背景下，随着乡镇撤并和行政村搬迁撤并，邮政业务量农村投递线路总长度虽然逐年减少，但该领域从业人员却在不断增加，乡村布局进一步合理、人口进一步集中、公共服务设施利用效率进一步提升，以乡村邮政服务为代表的物流运输业迎来了蓬勃发展新局面。

表 4　2015~2021 年甘肃省乡村邮政服务和运输仓储情况

单位：个，公里，万人

指标名称	年份						
	2021	2020	2019	2018	2017	2016	2015
农村村民委员会	15971	16056	16059	16118	16134	16134	16133
邮政业务量农村投递线路总长度	—	12.89	12.89	13.01	11.24	14.47	14.89
乡村交通运输仓储和邮政业从业人员	31.04	30.97	30.36	29.94	30.60	30.21	29.81

资料来源：《甘肃发展年鉴》。

4. 生活垃圾和污水处理

农村生活垃圾和污水处理是提高农村居民生活幸福感、改善村容容貌、环境保护和实现乡村“生态宜居”的重要保障。《甘肃省乡村振兴战略实施规划（2018—2022 年）》对以农村垃圾治理和村容村貌提升为重点的农村人居环境整治工作做出了具体要求。如表 5 所示，经过多年努力，甘肃已基本建成了以乡镇垃圾中转站为核心、辐射辖区内全部村民小组的垃圾收集、清运和集中处理体系和以乡镇为中心的污水集中处理体系。

表 5　2015~2021 年甘肃省乡镇生活垃圾和污水处理情况

单位：个

指标名称	年份						
	2021	2020	2019	2018	2017	2016	2015
乡生活垃圾中转站	282	290	290	506	424	457	493
建制镇生活垃圾中转站	955	1098	1084	1000	1333	1036	811
乡污水处理厂	42	29	24	9	5	3	3
建制镇污水处理厂	228	206	130	33	28	9	7

资料来源：《中国城乡建设统计年鉴》。

（三）甘肃省农村公共医疗卫生服务现状

1. 基层卫生机构

乡镇卫生院和村级卫生室是农村基础医疗卫生保障的重要组成部分，如表 6 所示，2015 年以来，甘肃省乡镇卫生院和村卫生室的数量、专业从业人员数量和基层医疗机构床位数持续增加，医疗条件不断提升，对农村居民的健康保障能力显著增强。

表 6　2015~2021 年甘肃省乡镇基层卫生机构情况

指标名称	年份						
	2021	2020	2019	2018	2017	2016	2015
乡镇卫生院数量(个)	1359	1368	1379	1379	1378	1376	1351
村卫生室数量(个)	16302	16421	16458	16487	17030	16719	16573
基层卫生院卫生技术人员数(人)	30336	29090	28451	25811	25532	25482	25323
乡村医生和卫生员数(人)	16275	18063	18218	19330	21473	21251	21368
卫生院床位数(张)	28767	28650	27919	26777	25787	24608	24013
每万农村人口乡镇卫生院床位数(张)	24.75	23.97	20.47	19.41	18.32	17.05	16.26

资料来源：《甘肃发展年鉴》。

2. 医疗服务

随着农村居民生活水平的不断提高和交通运输条件的改善，越来越多的农村居民表现出了“小病在乡镇、大病去县城”的就医倾向，这导致了表 7 中出现的情况：虽然乡村基层卫生机构数量不断增多、医疗条件不断改善，但乡镇卫生院诊疗人次和卫生院病床使用率却呈下降趋势。一方面，这是城乡医疗保险制度逐渐完善背景下农村居民的合理主观意愿和整体医疗保障水平提高的体现；另一方面也在客观上对县城和城市的现有医疗资源造成了较大的压力，分级诊疗体系仍需完善。

表 7　2015~2021 年甘肃省乡镇医疗服务情况

单位：万人次，%

指标名称	年份						
	2021	2020	2019	2018	2017	2016	2015
乡镇卫生院诊疗人次	1339	1500	1725	1891	2072	2018	1970
卫生院病床使用率	50.21	53.77	59.06	60.94	61.65	59.99	57.05

资料来源：《甘肃发展年鉴》。

（四）甘肃省农村公共基础教育现状

2022年，时任甘肃省委书记尹弘在甘肃省第十四次党代会上作了题为《继往开来奋进伟大新时代 富民兴陇谱写发展新篇章 为全面建设社会主义现代化幸福美好新甘肃努力奋斗》的发言，提出了“人民生活水平迈上新台阶，提高各类教育质量，让群众更满意”的奋斗目标。甘肃省各级政府出台落实了推动学前教育普及普惠、义务教育优质均衡、改善乡村学校办学条件等政策措施，取得了显著成效，正在逐步实现“幼有所育、学有所教”的宏伟目标。

1. 学前教育

在农村学前教育方面，由于农民整体生活水平的提升和多年来的政策宣传，农村居民对于学前教育的重视程度不断加强，加之各级政府在此方面的投入逐年增大（见表8），乡村和镇区学前教育园数量和幼儿园专任教师数量整体呈上升趋势；拥有更好教育资源的镇区虹吸效应日益明显，镇区学前教育在园（班）人数逐年上升，乡村学前教育在园（班）人数呈下降趋势。

表8　2015~2021年甘肃省乡镇学前教育情况

单位：所，人

指标名称		年份						
		2021	2020	2019	2018	2017	2016	2015
学校	乡村学前教育园数	4356	4535	4513	4438	4065	3691	2045
	镇区学前教育园数	2369	2198	2140	2025	1830	1587	1157
教师	乡村幼儿园专任教师数	9943	10860	10744	10510	10139	9071	6721
	镇区幼儿园专任教师数	27087	24343	21581	20080	18459	15936	12703
学生	乡村学前教育在园（班）人数	200997	241370	255957	284255	295729	303485	240147
	镇区学前教育在园（班）人数	458970	435291	413595	411729	391818	358118	279646
	总体在园（班）人数	659967	676661	669552	695984	687547	661603	519793

资料来源：《中国教育统计年鉴》。

2. 义务教育

在义务教育方面，甘肃省2022年的义务教育巩固率达到了97.3%，留守儿童的受教育权利也得到了充分保障，2022年甘肃省农村留守儿童普通小学在校学生数和农村留守儿童普通初中在校学生数分别达到了156313人和67555人。但如表9所示，甘肃省乡村小学和初中的学校数量逐年减少，镇区小学和初中学校数量不断增加；乡村小学和初中在校学生数逐年减少、镇区小学和初中在校学生数逐年增加，专任教师数量也据此发生变化，整体呈现为学生和教学资源由农村向乡镇流动的趋势。造成这种情况的原因有以下两点：一是随着乡镇撤并和行政村搬迁撤并，人口更为集中，部分偏远农村的“麻雀学校”被撤销，学校数量减少，专任教师数量也随之下降；二是随着基本生活得到充分保障和各类助学保障政策的实施，农村居民对子女教育的期望值越来越高，越来越多生活条件较好的农村家庭倾向于将子女送至教学资源相对更好的乡镇学校就读，其本身愿意且有能力承担子女异地就学的费用。

表9　2015~2021年甘肃省乡镇义务教育情况

单位：所，人

指标名称		年份						
		2021	2020	2019	2018	2017	2016	2015
学校	乡村小学学校数	3287	3656	3835	4192	4675	5512	6687
	镇区小学学校数	1241	1193	1207	1209	1121	1034	990
	乡村初中学校数	565	592	599	640	706	820	903
	镇区初中学校数	720	703	697	669	606	506	439
教师	乡村小学专任教师数	57196	62930	64363	65186	69111	73851	78143
	镇区小学专任教师数	62973	58367	56066	52941	48536	43602	39634
	乡村初中专任教师数	14637	16319	17200	18881	21777	26839	31921
	镇区初中专任教师数	47119	45779	45467	44216	42801	39035	36233
学生	乡村小学在校学生数	514589	592952	608185	645334	691204	747242	802969
	镇区小学在校学生数	944213	890302	835421	789067	724143	648584	595710
	乡村初中在校学生数	124306	142735	152288	167952	190886	240174	293873
	镇区初中在校学生数	508435	494144	498720	487600	456701	426419	411492

资料来源：《甘肃发展年鉴》《中国教育统计年鉴》《中国社会统计年鉴》。

（五）甘肃省农村社会保障现状

自打赢脱贫攻坚战以来，甘肃省已解决了农村绝对贫困问题，但农村反贫困挑战还未结束，农村部分人口依然处在返贫风险中，农村相对贫困问题依然凸显。现阶段继续坚持的“两不愁三保障”政策实际上正是发挥了基本公共服务对弱势困难群体的兜底保障作用，能够增强化解风险的韧性，维持其正常生活，防止返贫。近年来，甘肃省坚决守住守牢防止规模性返贫底线，在以下方面取得了较为显著的成绩。

随着脱贫攻坚的全面收官和社会经济发展，农村居民生活水平不断提高，越来越多的人摆脱了贫困，脱离了农村低保保障范围。如表 10 所示，享受农村居民生活最低保障的总人数由 2015 年的 336.92 万人降至 2021 年的 143.68 万人；同时，甘肃省根据现实情况不断对农村低保标准进行动态调整，并建立了更为科学的农村社会保障制度和体系。2023 年，甘肃省农村低保对象最低生活保障标准由每人每年 5268 元提高到 5580 元，一、二、三、四类低保对象年保障标准分别达到 5580 元、5304 元、1068 元和 744 元；全省农村居民最低生活保障资金由 2015 年的 55.03 亿元降至 2021 年的 44.51 亿元，更好地实现了对乡村低收入群体的保障。

表 10　2015~2021 年甘肃省农村低保情况

单位：万人，亿元

指标名称	年份						
	2021	2020	2019	2018	2017	2016	2015
农村低保人数	143.68	141.96	138.12	233.64	299.30	324.71	336.92
女性农村低保人数	57.78	57.06	53.88	92.39	116.8	123.80	122.79
老年人农村低保人数	34.41	34.26	32.37	51.46	64.70	71.30	74.10
未成年人农村低保人数	29.54	26.48	24.11	40.30	47.60	48.20	48.73
残疾人农村低保人数	14.10	11.16	9.33	11.12	11.84	10.80	12.34
农村居民最低生活保障资金	44.51	43.44	36.67	44.40	53.33	59.85	55.03

资料来源：《甘肃发展年鉴》。

同理，如表 11 所示，2015~2021 年甘肃省农村特困人员救助供养人数也总体呈下降趋势。

表 11　2015~2021 年甘肃省农村特困人员救助供养情况

单位：万人

指标名称	年份						
	2021	2020	2019	2018	2017	2016	2015
特困人员救助供养人数	9.21	9.07	9.38	10.06	11.12	11.68	12.07
女性特困人员救助供养人数	1.49	1.57	1.34	1.49	1.85	1.99	2.31
老年人特困人员救助供养人数	6.62	6.78	7.27	7.86	9.10	9.10	9.99
残疾人特困人员救助供养人数	2.13	1.96	1.97	2.21	2.50	2.60	2.75
农村集中供养人数	0.91	0.85	0.79	0.80	0.80	0.91	0.93
农村分散供养人数	8.30	8.22	8.59	9.30	10.30	10.77	11.14

资料来源：《甘肃发展年鉴》《中国社会统计年鉴》。

（六）甘肃省农村公共就业服务现状

党中央多次在一号文件中强调建立覆盖城乡的公共就业服务体系和开展农村劳动力职业技能培训的重要性。2019 年发布实施的《甘肃省乡村振兴战略实施规划（2018—2022 年）》提出，要加强城乡人力资源市场建设，建立健全覆盖城乡的公共就业创业服务体系，组织开展就业创业服务活动，在农村地区落实就业创业政策法规咨询和信息发布等，提供全方位公共就业服务；2021 年发布的《中共甘肃省委　甘肃省人民政府关于全面推进乡村振兴　加快农业农村现代化的实施意见》也指出，要健全统筹城乡的就业政策和服务体系，推动公共就业服务机构向乡村延伸。经过各级政府和全社会的共同努力和实践，甘肃取得了较好的效果，如表 12、表 13 所示，农村劳动者登记求职人数在全省登记求职人数中的比重不断上升，接受技工院校和民办职业培训机构培训的农村劳动者数量有了显著提升。

表 12　2015~2021 年甘肃省乡村公共就业服务情况

单位：人

指标名称	年份						
	2021	2020	2019	2018	2017	2016	2015
登记求职人数	455883	548590	484455	341602	359199	405668	394882
农村劳动者登记求职人数	194025	403939	177138	91301	104737	78222	87227
接受职业指导人数	294100	338378	230486	169681	205359	168837	226548

资料来源：《中国劳动统计年鉴》《中国社会统计年鉴》。

表 13　2015~2021 年甘肃省乡村劳动力培训情况

单位：人

指标名称	年份						
	2021	2020	2019	2018	2017	2016	2015
技工院校培训农村劳动者	12912	16013	7263	9426	6809	6653	—
民办职业培训机构培训农村劳动者	276217	198397	—	182900	183108	176571	185500

资料来源：《中国劳动统计年鉴》《中国社会统计年鉴》。

（七）甘肃省农村公共文化服务现状

近年来，甘肃省持续加强农村公共文化服务领域的基础设施建设，并加大符合农村群众需求的公共文化产品供给，如表 14 所示，农村宽带接入用户从 2015 年的 60.8 万户上升至 2021 年的 364.0 万户；乡村广播和农村电视节目综合人口覆盖率分别达到了 99.20%和 99.31%；观看各级各类艺术表演团体在农村演出的观众达 1431.91 万人次。

表 14　2015~2021 年甘肃省乡村广播电视、艺术表演和宽带网络情况

单位：万户，%，万人次

指标名称	年份						
	2021	2020	2019	2018	2017	2016	2015
农村宽带接入用户	364.0	336.0	321.9	277.9	196.4	105.4	60.8
乡村广播节目综合人口覆盖率	99.20	99.15	98.28	98.12	98.06	97.75	97.63

续表

指标名称	年份						
	2021	2020	2019	2018	2017	2016	2015
农村电视节目综合人口覆盖率	99.31	99.29	98.66	98.54	98.38	98.24	98.14
艺术表演团体农村演出观众人次	1431.91	996.40	1906.39	1976.00	1815.00	1391.00	1458.00

资料来源：《甘肃发展年鉴》。

二　甘肃省农村公共服务存在的问题

（一）公共服务支出不均衡，公共服务供给模式有待创新

政府财政投入在几项基本公共服务之间并不均衡，甘肃省2021年财政实际支出显示，甘肃省财政的一般公共预算支出为4032.56亿元，其中一般公共服务支出、教育、社会保障和就业、卫生健康、交通运输、文化旅游体育与传媒支出分别为395.61亿元、661.2亿元、590.11亿元、390.38亿元、287.29亿元和82.71亿元，不同领域间的支出金额差别较大。例如，教育领域的庞大财政支出有效地促进了农村公共基础教育的发展，保证了农村适龄人口的基本义务教育权利，但与其相关的其他文化体育设施却显不足。虽然作为欠发达地区的经济落后省份，财政支出的偏向性有其现实原因，但也对乡村文化等领域的发展造成了客观的不利影响。

此外，目前各级政府仍然是乡村公共服务的供给主力，虽然政府的主导能在最大程度上保证公共服务的普惠性，但由此产生的财政压力大、效率低下、提供服务的市场受众率不高等弊端仍然存在；在乡村公共服务领域引入市场机制虽然会增加活力、提升效率，但市场主体主导供给往往面临着“市场失灵”的风险，公共服务的质量难以得到保证；而以村民和社会组织参与的公共服务供给又过度地依赖“自觉自愿”，在部分关乎民生的公共服

务领域鲜有成功案例，探索构建符合乡村实际需求，多方参与、扬长避短的综合性公共服务供给模式十分必要。

（二）城乡联结不紧密，缺乏连贯性

虽然近年来全社会在乡村公共服务各领域的投入不断加大，取得了显著成就，但部分领域仍存在“多点作战”的问题。例如，在医疗卫生方面，虽然乡镇级和村级医疗卫生服务机构已得到了巨大发展，全省已基本实现村医全部为执业医生、乡镇卫生院除了传统科室外还增加了中医理疗等符合农村居民需要的部门，但以县级医疗卫生机构为龙头、乡镇卫生院为主体、村卫生室为基础的三级卫生服务网络却仍未构建完善。卫生服务网络的不完善、农村居民传统的就医思想和便捷的城乡往来交通条件，造成了国家倡导的“小病不出村、一般疾病不出乡、大病基本不出县”，变为“开药找村医、挂水去乡镇、大病小病都进城”的现状，一方面造成了乡村医疗资源的浪费，另一方面对县城和城市现有的医疗资源造成了巨大压力，也暴露出了“重外部政策推动而轻内部思想动员”这一宣传层面工作不连贯的问题。

（三）乡村人力资本短缺，专门人才缺乏

随着城乡经济的发展和农村居民生活水平的不断提高，特别是在疫情后社会经济复苏的背景下，农村劳动力流向城镇的趋势不断增强。广大农村已经或即将面临农业劳动力老龄化、农村空心化、农户家庭少子化和断代化等严峻挑战，加之种粮效益不高，“种一年地不如打两天工”的现实问题始终存在，乡村对青壮年劳动力缺乏吸引力，大量人力资本向城市迁移，进而造成乡村人力资本短缺危机。以笔者驻村帮扶所在地镇原县方山乡为例，该乡处在陇东黄土高原山区，属旱作农业区，农业生产条件差，随着近年来交通基础设施的改善和社会经济的发展，县城等区域经济中心的虹吸作用增强，大量青壮年劳动力外出务工并定居于城镇中，乡村地区出现了“留在村里的最年轻农民 50 多岁，60 岁的在耕种、70 岁的在除草、75 岁的也还在地里”的情况。服务对象和适宜从业人群的减少以及部分乡村农户居住分散

的客观情况，再加上地方政府有限财力及投资偏好的影响，导致了乡村公共服务设施利用率降低、各类公共服务领域的治理和运行成本增高等问题，此问题在农村公共基础教育方面表现得尤为突出。此外，当前乡村公共服务各领域大多是对城市公共服务的效仿，缺乏明晰的农村发展性公共服务供给人才培养目标和体系。

（四）部分乡村聚落分散，公共服务成本高效率低

甘肃地处黄土高原、青藏高原和内蒙古高原三大高原的交汇地带。这里山地、高原、平川、河谷、沙漠、戈壁、草原、湿地等类型齐全，土地资源主要是“三分山、三分草、两分沙、一分林以及一分田”，独特的地理位置形成了独特的自然环境和人文环境。甘肃地理条件有优势的一面，这里自然资源丰富，太阳能资源和风能储备居全国前列；生物种类多样，农产品特色鲜明，但也有明显的劣势。以笔者帮扶村为代表的陇东、陇中黄土高原旱作农业区的部分村庄，沟壑纵横的复杂地形地貌导致人口居住分散，各类公共服务的投入和维护成本高、效率低。以道路和水电网建设为例，部分山村在规划修建村组路、电网和自来水管路支线时，投资巨大的设施往往只能连接到几户甚至一户，且在农村人口流失的背景下更是出现了“设施前脚修到农户家门口，农户后脚举家搬迁至城镇生活”的现象，造成了极大的资源浪费。此外，分散的住户也导致公共服务设施覆盖人口少、服务效率低。以乡村小学为例，学校多设立在村民委员会所在的自然村，同在一个行政村，距离较近的学生放学回家吃完饭，住得较远的学生还没到家；为个别偏远自然村新建学校的成本过高且教学质量难以保证，基层政府也难以承受运行校车的成本，学生家长用“五小车辆”接送孩子上学的情况比比皆是但容易引发交通事故，交通安全保障和管理又提升了乡村治理成本，让人力本就不富余的基层组织捉襟见肘。

（五）多因素制约，农村养老保障亟待完善

甘肃人民勤奋、质朴、忠厚和耐劳，但也形成了封闭、保守的思维，缺

乏开拓、进取、创新的精神。受这种文化的普遍影响，甘肃长期的政策制定和制度实施都滞后于其他省份，以农村养老为代表的乡村公共服务也在此列。首先，甘肃农村居民长期存在“养儿防老”的传统思想，在经济发展较落后的时期，农村居民普遍在本乡本土从事农业生产，育有多子的传统农村家庭每有一个儿子成年便成家分户（儿子之一或幼子继承家业不分户），家庭的养老责任由儿子（幼子）承担、其他兄弟族亲照应，形成了一个比较自洽的循环。但社会经济的快速发展打破了这一固有模式，在青壮年劳动力大多进城务工的背景下，农村出现大批缺乏照料的“留守老人”，虽然近年来政府大力推进农村养老设施建设，养老保险也基本惠及全体农村居民，但类似“送父母进养老院就是儿女不孝”的传统思想仍是阻碍乡村养老保障体系建立完善的重要因素，既解决不了现实问题，也造成了资源浪费。其次，农村养老保障设施和相关服务仍不完善，现存的村级“日间照料中心”一方面存在设施不全、维护管理成本高的问题，另一方面处在缺乏专业从业人员甚至无人可用的状态，加之部分山村居民居住分散，成为服务效率低下的“存在设施”；乡镇一级的养老中心在高昂的建设运行成本以及农村居民较低的支付能力与传统思想的共同作用下难以实行。最后，随着工业化以及城镇化给农村社会带来的经济、社会、文化和思维上的冲击，农村结构分化，以集体和熟人社会为纽带维系的村规被以私人和财产为标志的社会关系所取代，城乡分居的农村家庭在自身难以照料留守老人的情况下，多采取或由邻居有偿照料或依靠村干部定期巡访独居老人的“权宜之计”，留守老人特别是患病或丧失行动能力的老人日常生活水平和身心健康难以得到有效保障。

（六）文化服务不能满足农民需求，农村现有基础设施利用不充分

以农村公共文化服务为例，其供给主体是县、乡两级政府的文化部门，社会团体和组织参与不充分，这就为决策者偏好超越农民需求偏好等问题的产生埋下了伏笔。县、乡级基层政府的主要精力在地区经济发展方面，一方面表现为文化管理等部门或因缺乏专业人员或因经费不足，处于“可有可

无”的状态，另一方面表现为对乡村的公共文化供给演变为政府经济活动“附件”——歌舞表演和展览等形式的大型文艺活动，忽略了农村居民的真实文化需求，特别是对乡村“艺人”的作用发挥不充分，乡村传统文化的传承有待加强。同时，农村公共服务设施“有钱建无钱用”“有钱建无钱管”“重建轻管”的问题长期存在，地方政府常倾向于“新修新建”而忽略了对已有设施的维护和农村现有的大量空置农房、旧村部、旧校舍等处于闲置或半闲置状态资源的充分再利用。

三　甘肃省农村公共服务发展对策和建议

（一）探索多轨并行的公共服务供给模式

探索“政府主导型”“市场参与型”和“群众参与型”等公共服务供给模式在不同公共服务领域的运用。例如，在公共基础设施建设领域，除了政府主导的“水、电、路、网”等领域，还可以在农村仓储物流服务和生活垃圾转运处理方面充分引入社会资本力量，政府在此过程中充当“监督者”而非“主导者”。在公共就业服务和公共文化服务方面，也可以让社会培训机构和社会文化团体参与进来，一是可以对症下药，有效对接农村居民的实际就业培训和文化需求；二是可以充分发挥市场作用，优胜劣汰，以达到降低成本、提升效率的目的；三是可以在此过程中培养一批适应农业农村公共服务发展要求的乡村人才。在乡村公共服务设施维护方面，可以引入“群众参与型”模式，充分发挥农村公益性岗位作用，调动居民的积极性，营造“乡村和美靠大家”的积极氛围。

（二）县域统筹推进县乡村公共服务一体化

在城乡融合日益密切的今天，如何适应农村人口结构和经济社会形态的变化、强化农村公共服务县乡村统筹是推进城乡融合发展和实现乡村振兴需要破解的重要问题。目前，在甘肃省委、省政府提出的“四强”行动（强科技、强工业、强省会、强县域）号召下，省内各地均把县域作为经济发展的基本单元，充分发挥县区的主动性和能动性。在经济发展特别是产业发展中，各县区已经着眼整体开展统筹规划布局，做了大量工作、取得了良好的效果。下一步，应在城乡公共服务一体化领域推广应用已有的成功经验，推进县乡村功能衔接互补，推进县乡村公共服务一体化的数字化建设，以县乡村公共服务与信息技术深度融合为抓手，充分利用目前宽带入户和农村居民普遍使用智能手机的有利条件，开展网络远程教育、远程医疗、在线培训等服务，将一部分公共服务的载体由“面对面”转向“云服务”；充分挖掘现有政务服务平台的应用潜力，实现县综合政务大厅与村镇便民政府服务中心的互联互通，在公共服务领域实现县（区）、乡（镇）、村同频共振、共答一卷，使县域公共服务一体化逐步走上良性可持续的发展道路。

（三）推动农村居民适度集中

在行政村层面，对部分地形复杂、交通不便的山区，特别是合并村和居民居住分散、常住人口较少的行政村，实行科学适度的居民聚集。此项措施并非是大规模的易地搬迁，而是在充分考虑当地实际情况的基础上，以天然的塬地、台地为基础，尽可能多地让周边农户集中居住，在不影响日常农业生产的基础上，在自然村或行政村中形成多个副中心；对于居住过于偏僻不能集中的个别户，在将土地流转至合作社或出租至种植大户的基础上，将农户引导至村民委员会等人群密度较大的区域居住，形成以村民委员会为中心、各自然村组为副中心的网点结构，提高公共服务设施受益人口数量，提升居民生活质量和公共服务效率。

（四）从提升人居环境入手逐步实现生态宜居

实施乡村振兴战略，生态宜居是关键。近年来，以甘南藏族自治州为代表的农村人居环境治理取得了举世瞩目的成就。以尕秀村为例，通过州政府2015年以来持续实施的以全域无垃圾为目标的“环境革命”，人居环境发生巨大变化，从曾经的“晴天一身土、雨天一身泥、人畜住一院、垃圾随处见”成为甘南州第一个村级AAAA级旅游景区，开创了乡村旅游的新模式；甘南州的农业生产也从传统畜牧业迈向“五无”（无污染、无添加、无重金属、无农药残留、无化学合成物质）的现代“绿色农业”道路。全省各地州市应在自身自然条件、资源禀赋和产业发展的基础上，充分借鉴“甘南模式”的成功经验，以“全民动员、全员参与、全域治理”的方式，以农村人居环境整治为抓手，通过环境卫生整治、全域无垃圾治理、乡村生活垃圾集中处理、农膜回收、畜禽污染利用、植树造林等方式来改善农村生态和人居环境，建设山川秀美的美丽乡村。同时，要完善绿色生态建设制度，建立生态保护机制、生态修复机制、生态开发机制、生态补偿机制和生态补救机制，通过制度刚性合理利用生态系统；统筹山水林田湖草沙等系统的治理工程，加速发展绿色循环经济和循环农业，把绿水青山变成金山银山，形成良性循环。

（五）提升乡村治理水平

乡村公共服务发展不仅依托于公共服务设施等“硬件”，还需要乡村治理这一“软件”的支撑，通过乡村治理能力的增强，可有效降低乡村公共服务管理和运行成本，提升其服务质量和效率。国家层面对乡村治理能力的提升十分重视，2019年发布的《关于加强和改进乡村治理的指导意见》提出了加强农村基层党组织建设、深化村民自治实践、健全村级议事协商制度等具体要求，并展望了到2035年实现“乡村公共服务、公共管理、公共安全保障水平显著提高，党组织领导的自治、法治、德治相结合的乡村治理体系更加完善”的远景目标。在具体实践中，一是要加强农村基层党组织建设，发挥党的坚强领导核心作用，在多元治理主体中发挥最本质的功能，以村党支部为核心，以农村党员为节点，形成党员带动群众和其他主体共建乡村治理和乡村公共服务的“网络”。二是坚持自治、法治和德治相结合，将致富带头人、产业带头人、邻里服务带头人、道德标兵等特殊村民群体吸纳进村民委员会，在公共服务等关乎每家每户生活质量的领域充分发挥其自治组织功能，既能及时发现群众诉求并进行反馈，也能调动全体村民的积极性，形成完善乡村公共服务的合力。三是坚持在乡村治理中做到德治和法治的结合，既要遵循正式制度（如法律、法规），又要遵循非正式制度（如道德、习俗、村规民约）等。

参考文献

尹弘：《继往开来奋进伟大新时代 富民兴陇谱写发展新篇章 为全面建设社会主义现代化幸福美好新甘肃努力奋斗》，甘肃组工网，2022 年 6 月 2 日，http：//www.gszg.gov.cn/2022-06/02/c_ 1128706626.htm。

鲁明：《“五无甘南”从“无”到“有”》，人民政协网，2023 年 6 月 19 日，http：//www.rmzxb.com.cn/c/2023-06-19/3363829.shtml。

高传胜：《“十四五”时期推动公共服务高质量发展研究》，《武汉科技大学学报》（社会科学版）2021 年第 5 期。

杨春华、朱娅、卿文博：《改善农村公共服务的基层实践与改革探索》，《当代农村财经》2021 年第 9 期。

杨秀勇、曹现强：《公共服务与社会发展机会的脱贫效应》，《华南农业大学学报》（社会科学版）2021 年第 2 期。

胡志平：《基本公共服务促进农民农村共同富裕的逻辑与机制》，《求索》2022 年第 5 期。

陈浩、王皓月：《农村公共服务高质量发展的内涵阐释与策略演化》，《中国人口·资源与环境》2022 年第 10 期。

陈浩、朱雪瑗：《农村公共服务高质量供给促进城乡共同富裕的实现机制研究》，《常州大学学报》（社会科学版）2023 年第 2 期。

范方志：《我国农村公共服务供给效率研究——基于中国省级层面面板数据的实证分析》，《湖南师范大学社会科学学报》2023 年第 5 期。

G.16

共同富裕视角下甘肃省农村集体经济发展研究报告

马丁丑*

摘　要： 共同富裕是人民群众对未来社会发展的共同期盼，实现共同富裕最艰巨的任务仍然在农村。发展壮大农村集体经济，是实现农民共同富裕的重大举措。甘肃省地处丝绸之路经济带和中国西部大开发的交汇区域，拥有丰富多样的气候条件和光热水土资源、得天独厚的地理位置和交通廊道及枢纽地位，其农村集体经济的发展情况备受关注。本文以共同富裕为导向，旨在深入探讨甘肃省农村集体经济发展现状和困境，结合案例研究和实践经验探析如何盘活农村集体资源，为甘肃省农村集体经济的可持续发展提供参考，推动共同富裕目标的实现。

关键词： 共同富裕　村级集体经济　农村集体经济组织　产权改革　甘肃省

党的二十大报告指出："中国式现代化是人口规模巨大的现代化，是全体人民共同富裕的现代化。"农村集体经济的发展与壮大是促进农民增收致富和推进乡村振兴的有效手段，更是实现共同富裕的重要物质保证，在新形势下，农村集体经济的发展具有深远的现实意义。习近平总书记强

* 马丁丑，甘肃农业大学财经学院教授，主要从事农业经济与农村发展、生态经济与可持续生计等领域的教学与科研工作。

调“要把好乡村战略的政治方向，坚持农村土地所有制性质，发展新型集体经济，走共同富裕道路”。壮大农村集体经济不仅可以推进现代农业生产建设和现代农村社会建设，也可以促进农民增收、农业增效、农村变美。坚持以农民福祉为导向，引领农民实现物质和精神富裕。党的十八大以来，党和国家出台了一系列发展壮大农村集体经济的政策文件。2016年，中共中央、国务院印发《关于稳步推进农村集体产权制度改革的意见》，首次提出发展新型集体经济；2017 年党的十九大报告中将壮大集体经济作为实施乡村振兴战略的重要举措；2021 年，我国基本完成了农村集体产权制度改革任务，发展壮大新型农村集体经济并取得了阶段性成果；2022 年中央一号文件进一步强调，要巩固提升农村集体产权制度改革成果，探索建立农村集体资产监督管理服务体系与新型农村集体经济发展路径；2023 年中央一号文件为农村集体经济组织的运行机制指明了方向，明确指出构建产权关系明确、治理架构科学、经营方式稳健及收益分配合理的运行机制。

农村集体经济的发展，是农民增收的根本保障，是乡村振兴的必然选择。2023 年甘肃省认真贯彻落实《农业农村部关于落实党中央国务院 2023 年全面推进乡村振兴重点工作部署的实施意见》，坚持发展新型农村集体经济，明确要求进一步加强农村集体产权制度建设，建立健全集体经济组织的法人治理结构。但当下甘肃省农村集体经济的发展仍面临着亟须改进与有效破解的短板和收入差距较大两大难题，这成为实现共同富裕的主要障碍。因此，在共同富裕视角下，如何为甘肃省农村集体经济发展提供源源不断的内生动力及外部保障，厘清当前集体经济发展面临的主要问题与困难是主要着力点。本文以甘肃省农村集体经济的发展为切入点，对甘肃省农村集体经济的发展现状进行描述，并对其在“共同富裕”视角中所遇到的困难进行了较为系统的剖析。通过典型案例分析探索发展村集体经济的多种模式，并提出相应的对策建议，为助推甘肃省村集体经济总量增长、质量提高，实现农民共同富裕、促进农村经济社会快速发展提供一定的理论参考和实践指导。

一　甘肃省农村集体经济发展现状及趋势

（一）农村集体经济组织收入平稳增长，水平提高

近年来，甘肃省针对村集体经济持续发展壮大多措并举，通过强化政策指导和项目资金扶持，构建新型农村集体经济组织发展新机制，不遗余力地推动农村集体经济提质增效、壮大积累，确保群众持续稳定增收致富，推动农村经济蓬勃发展。在发展壮大村级集体经济投入方面，甘肃省各地结合农村“三变”改革实践，采取资产盘活型、资源开发型、为农服务型、项目带动型、多元合作型等多种模式，全面消除了2018年核定的3594个集体经济“空壳村”。2021年全面消除1万元以下集体经济薄弱村，年收入5万元及以上村占比达68.42%，各行政村全面成立了农村集体经济组织。

甘肃省委组织部会同省财政厅、省农业农村厅制定印发《甘肃省关于实施村级集体经济倍增计划的若干措施》，科学论证确定发展目标，提出力争2023年底全省村均收入达到15万元以上、年经营性收入5万元以上的村达到85%，2024年底，全省村均收入达到20万元以上、年经营性收入5万元以上的村达到100%，实现收入倍增。2023年初，甘肃省着力实施村级集体经济倍增计划，从拓展集体经济发展途径、加大财税金融支持力度、强化资源要素的配套支撑、拓宽涉农项目扶持方式、完善组织保障制度机制五个方面多措并举，指导各地依托区域主导产业和资源优势，找准增收路径、拓宽增收渠道，大力发展壮大农村集体经济，持续提升农村集体经济实力和农民收入。根据相关统计数据显示，2023年上半年，甘肃省村级集体经济总收入达到20.97亿元，村均收入13.16万元，较上年同期增长153.56%，其中经营性收入18.54亿元，村均收入11.64万元，较上年同期增长151.95%，嘉峪关市村级集体经济村均收入、村均经营性收入均位居全省第一。为盘活农村资源资产要素，增强农村集体经济发展后劲，甘肃省在探索发展壮大村级集体经济的有效路径上步伐坚定。农村集体经济发展基础日趋

稳固、优势渐显，主要体现为集体资产开发利用价值得到了极大提升、农户的集体资源分红收益渐增，尤其是拓宽了兼业型农户就近就业渠道，吸纳更多农民就业，有利于营造良好和谐的社会氛围，促进农村乡风文明建设，推动农村产业的升级和转型，提升农村整体经济水平。

（二）农村集体经济组织收入来源多元化，渠道拓宽

村集体经济是推动农业农村发展的重要力量。近年来，甘肃省坚持以村集体经济为抓手，积极引导农村集体经济组织因地制宜，有效利用集体资源、资产，依托政府项目扶持，吸引社会资本注入，进一步探索多元化多途径发展壮大村集体经济，让村集体经济活起来、动起来、强起来，拓宽农民收入渠道、提升农民收入水平。甘肃省农村集体经济收入结构正在发生转变，过去，集体土地征占赔偿和集体资产变卖等“一锤子”买卖一度成为村集体经济的主要收入；然而，随着政策的调整，这类政策性收入空间被大幅压缩。经营性收入是甘肃省农村集体经济最重要的收入之一，包括集体经济组织通过提供生产资料、农业技术服务、销售渠道等获得的收入，经营性收入增长主要得益于农村产业结构的调整和农业现代化水平的提高。此外，甘肃省农村集体经济通过租赁资产、开发新型经营主体等方式获取的租赁和服务收入在农村集体经济中占据了较大比重。此外，股份收入也呈现快速增长的趋势。农村集体经济组织通过参与股份合作、投资入股等方式获取股份收入，这不仅提高了农村集体经济的稳定性，也为农村的发展注入了新的活力。总的来说，甘肃省农村集体经济收入结构正在逐步向多元化、更具持续性的方向转变。这种积极的转变不仅促进了农村经济的发展，也提高了农民的收益和生活水平。

（三）农村集体产权制度改革任务基本完成，成效显著

为探索农村集体所有制有效实现形式和创新运行机制，保障农民集体资产权益，调动农民参与乡村建设的积极性，2016 年，中共中央、国务院印发《关于稳步推进农村集体产权制度改革的意见》，核心任务是“全面开展农村集体资产清产核资，稳妥有序、由点及面推进农村集体经营性资产股份合作

制改革，确认成员身份，量化经营性资产，保障农民集体资产权利”。至此，农村集体产权制度改革步伐日益加快，通过逐步构建归属清晰、权能完整、流转顺畅和保护严格的集体产权制度来激发农村集体经济发展活力，助力乡村振兴和农村现代化。2017 年开始，按照党中央、国务院统一部署，甘肃省分五批扎实推进农村集体产权制度改革。2021 年底，甘肃省基本完成了农村集体产权制度改革阶段性任务，各村均成立了股份经济合作社，全省共清理核实农村集体资产 1004.24 亿元、集体土地资源 1520 万公顷，确认农村集体经济组织成员 2086.26 万人，组建新型农村集体经济组织 16239 个，532.02 万农户领到了股权（份额）证，农村集体产权制度改革成果进一步显现，为全面推进乡村振兴和促进新型农村集体经济发展提供了强劲动力。

（四）农村集体经济组织职能逐步完善，规模壮大

新型农村集体经济组织依托其资源禀赋优化要素配置，引领各类参与主体协同合作运营，更大程度地发挥资源价值，推动农业规模化、集约化、专业化经营。2019~2021 年，中央财政持续加大对甘肃省村集体经济发展扶持投入力度，按照每村 50 万元标准，累计下拨甘肃省村集体经济扶持资金 6.195 亿元，扶持 1239 个行政村发展壮大村集体经济。在此基础上，甘肃省依据全省农村的实际情况不断拓宽集体经济组织职能，将其优势最大限度地发挥出来，把发展壮大村级集体经济作为提高村级组织凝聚力和巩固村级政权的基础工作，发挥好农村集体经济组织在管理集体资产、开发集体资源、发展集体经济、服务集体成员等方面职能。甘肃省通过开展农村集体经营性资产股份合作制改革，全面组建农村集体经济组织，确立了农村集体经济组织的市场主体地位。截至 2022 年 3 月底，全省共组建新型农村集体经济组织 16236 个（乡镇级 5 个均在安宁区、村级 16056 个、组级 175 个），占改革涉及总村数的 99.96%，均完成登记赋码，所有行政村基本组建了新型集体经济组织。截至 2021 年 10 月底，全省新型农村集体经济组织累计股金分红 3.04 亿元。

（五）经营主体带动能力不断提升，效应突出

各类经营主体发展势头良好，在新技术推广与应用、推进乡村振兴、提

高农业综合效益等方面发挥着越来越重要的作用。2021 年甘肃省已有家庭农场 5.36 万家，其中县级及以上农业农村部门评定的示范性家庭农场 3968 家。截至 2022 年底，甘肃省农民合作社达 9.32 万家，成员 212.5 万人，带动农户 276.1 万户。全省合作社发展数量和成员数量基本稳定，带动能力进一步增强，先后创建 1.45 万家县级以上示范社，培育了将近 5 万家“五有”合作社，包括良种供给、种养基地、农机服务、订单销售、加工储藏设施。34 个试点县（市、区）共有农民合作社 48945 家，实有成员数量 107.3 万人，平均每家农民合作社成员数量约 21.9 万人，带动农户 141.6 万户。2021 年甘肃省省级以上农业产业化重点龙头企业名单中有国家级 34 家、省级 748 家。2023 年上半年甘肃省持续开展龙头企业提升行动，引培龙头企业 96 家，创建县级以上示范性家庭农场 5276 家，“五有”合作社达到 5.2 万家。2023 年甘肃省创建 2 个国家现代农业产业园、3 个国家农业现代化示范区，建成 1325 个绿色标准化种植基地，获批创建苹果、马铃薯国家级优势产业集群。学习运用“千万工程”经验，制定和美乡村建设政策体系，认定省级和美乡村 94 个，获批 3 个国家乡村振兴示范县、7 个乡村旅游示范县、6 个中国美丽休闲乡村。

（六）数字赋能传统农村集体经济迭代升级，管理规范

甘肃省致力于发挥数字化在大数据分析、辅助决策、效能提升等方面的卓越优势，以数字化管理为集体经济变革创新和转型跃升赋能添翼。首先，依托现有的数字管理平台，围绕登记管理、财务运营、“三会”制度、审批办理等集体经济发展全过程，拓展完善服务功能。其次，融合共享跨部门涉农信息，汇总入库清产核资，实现农户承包地、集体建设用地、宅基地等资源地理信息、权属信息、合同档案等数据对接，全面推进“三资”数字化监管，实现农村集体“三资”的信息化、制度化、规范化监管，助推农村集体资产保值增值。同时，利用数字技术对新型农村集体经济进行全方位、全角度、全链条的数字化改造，加快推进集体经济组织的生产标准化、经营流通数据化、质量监管精准化、全程管理数字化。最

后，加强大数据分析研判及风险预警创新应用，探索建立核心业务、重大事项分级分类预警处理机制，依紧急性和重要性设置到期提醒、超期预警，运用数字化手段高效规范管理集体经济，实现传统农村集体经济的迭代升级。

二　共同富裕视角下甘肃省农村集体经济发展困境

（一）资源禀赋先天薄弱，“造血”功能受到限制

甘肃省村级集体经济基础总体偏弱，可开发利用资源较少，“缺人、缺地、缺钱”的局面制约着集体经济发展，导致村级集体经济发展滞缓，在实现共同富裕进程中发展壮大能力有限，经济收益增长势头不强，“造血”功能受到限制。甘肃省地处我国西北内陆地区，受地理位置、经济区位、经济发展水平等客观因素及村集体组织内部的管理制度和干部素质的约束，甘肃省村级集体经济发展资源要素不齐，先天薄弱，可供开发利用的经营性资产少，收入来源缺乏支撑，集体收入差距较大，村集体经济区域发展的不平衡，已经成为建设农村集体经济和推动农村共同富裕的严重阻碍。在扎实推进共同富裕的进程中，甘肃省村集体经济“造血”功能不足是现实困境之一，主要表现为缺乏人才、项目、资金等关键要素资源，很多村还是走传统农业之路，少量的土地山林产出为其主要收入来源，未充分盘活现有的资产资源，村集体经济收益渠道狭窄、数量少。村级集体经济发展受限于以下因素：一是土地政策及资源制约，在城市优先发展的导向下，村集体经济可利用的土地资源很少，且大部分村集体土地开发成本高，资产价值低，很难带来直接效益；二是资金匮乏，融资困难，大多数村把资金投入公益事业建设，缺乏资金积累，甚至有些经济薄弱村仅能维持基本运转；三是缺少必要的物质基础，就地发展潜力不足，一些村地理位置偏僻，区位条件较差，难以寻找到好的发展项目。长期以来，村集体经济的发展水平不平衡，输血很多、造血不足，形成的农村集体经济发

展分散固化格局很难打破，导致农村在很长时间内无法实现均衡发展，阻碍了推动实现农村共同富裕。

（二）产业发展动力不足，促农增收效果甚微

解放和发展先进的生产力是实现共同富裕的关键因素，没有先进的生产力和社会经济发展，乡村共同富裕就只能成为“一纸空谈”。在多种金融支持和惠农政策的共同扶持下，甘肃省重点扶持农村集体经济“薄弱村”“空壳村”加快发展，着力培育扶持主导产业，为共同富裕的实现积蓄力量。但是当前甘肃省农村的现代化水平依然偏低，农村地区还有待发展，村集体经济动力不够，无法帮助群众增收，这对共同富裕目标实现造成了一定的障碍。各村虽然基本上都发展了自己的主导产业，但产业发展基础普遍比较薄弱，农业产业化经营效果不明显，缺少能够长效增收的特色主导优势产业，产业收益来源单一，村集体经济的总体效能仍然很低；同时，甘肃省村集体经济发展缺少实力强、规模大的龙头企业、农民专业合作社，缺乏经营状况良好、市场经验丰富的经营主体对接市场，产业发展支撑力不足，致使农村集体经济持续增收受阻，与共同富裕要求还有较大差距。

（三）主体利益各有所需，集体收益分配不均衡

共同富裕是一个具有普遍性的富裕，它涵盖了个体性和群体性的有机结合，其目标不在于少数人富裕，更不在于特定阶层的富裕，而是为了实现全体人民的共同富裕。但在发展农村集体经济过程中，村集体经济各相关主体中的政府、经营主体与农民之间的利益关系趋于复杂化，政府出于政绩考虑，希望集体经济更多地作用于行政性任务，保障农村基层组织正常运行所需的刚性支出；经营主体出于营利目的，希望通过集体经济获取更多收益，得到更多的投资和开发机会；农民出于福利需要，想要村集体经济收益以补贴补助、医疗养老保障、分红等形式提高福利保障和经济收入。同时，在发展壮大村集体经济实践中，集体成员对农村集体经济成果的需求数量大、需求种类多，农村集体经济既要承担农村基础设施完善、美丽乡村建设等公共

服务供给，又要通过财产性支出承担一定的社会功能，多数村集体经济缺乏统筹规划、自身“造血”能力不足，使得仅有的集体经济成果“众口难调”，无法满足多数人的需求，难以做到公平惠及集体成员。

（四）农村治理结构模糊，内生发展动能欠缺

人民群众不仅是共同富裕的共享者，更是共同富裕的共创者、共建者。然而，当前甘肃省农村集体经济发展壮大普遍面临主体成员参与建设的积极性不高、村民难以组织动员、村庄共同体趋于分化离散等问题。究其根本在于：农村集体经济发展缺乏有效运行的组织载体，即使部分地区设立了集体经济组织，但大多缺少规范的运行机制和明晰的治理结构，内生发展动能不足，欠缺带领村民共同致富的能力。主要表现在：一是治理主体模糊。截至2022年底，全省行政村集体产权制度改革都已基本完成，在股权量化的基础上成立了“股份经济合作社”，但省内多数农村集体经济的运行仍难以摆脱行政权力的干涉，交叉任职、主体模糊、权责不清等问题较为突出。二是运行过程不规范。最常见的就是在能人的治理下，深陷个人主义和家长式管理的泥沼；或者由于缺少治理主体而各自为政，最终酿成“公地悲剧”；加之财务不公开、不透明，信息不对称，经济组织的行政化运作严重制约着农村集体经济市场化发展。三是引领人才缺乏。一方面，作为股份合作社的实际负责人，村两委在经济、管理、营销、财管等领域缺乏专业能力和经验；另一方面，老龄化、文化程度偏低、对市场不了解、思想保守的村集体负责人占多数，农村集体经济发展很难形成强大的凝聚力和向心力，阻碍农民实现共同富裕。

三　甘肃省农村集体经济发展典型案例分析

（一）凉州区大柳镇大柳村集体经济发展典型案例

1. 发展概况

大柳村是甘肃省武威市凉州区大柳镇下辖行政村，2022 年该村坚持党

建引领集体经济发展，立足“一镇一业”优势，深化以“产业带动型”为主、其他多元化集体经济发展模式为辅的思路，有效破解发展瓶颈，村级“自我造血”功能全面增强。截至2022年底，全村累计建成日光温室593座1188亩，80%以种植西瓜为主。通过集体经济产业园种植一茬西瓜和其他模式，村集体经济收入中“产业带动型”比重从2021年的20%提高到25%以上。

2. 壮大集体经济的主要做法

（1）建立村集体经济产业园。大柳镇申请区政府注资30万元，成立大柳瓜满园农业产业开发公司，统筹配置集体资产、土地、财政扶持资金和项目等各类资源要素，建成凉州区首个村级集体经济产业园，衔接延链补链强链项目，建成西瓜交易、种苗繁育、品种展示和尾菜秸秆资源化处理中心，打通“繁育、种植、仓储、销售”全链条，推动村级集体经济向基地化、集约化、品牌化发展。

（2）创新多元经营模式。采取自主经营、入股联合、代管经营等多元经营模式，将新建双面日光温室分配至村，按照“订单+保单”模式种植高品质西瓜，按“5%固定分红+40%收益分红”的分红方式，创新推出“党支部+群众+瓜棚代管+职业经纪人”的“五五”发展模式，对有劳动力、有技术但缺乏建棚资金的群众，由种植户负责栽培技术管理，村集体负责生产资料供应、市场销售等服务，去除成本后按“五五”比例进行分红，有效解决了群众无启动资金、集体经济积累难的困境。

（3）推行村干部报酬与集体收入挂钩机制。大柳镇研究出台《大柳镇四项重点工作常态化考核和绩效奖惩办法》《大柳镇激励村干部发展壮大村级集体经济实施办法》，将村干部报酬与集体收入挂钩，明确收益分配原则、奖励对象、奖励情形，规范奖励程序、条件、范围，细化13条行政村和村干部不适宜奖励的情形，完善村“两委”干部在“订、种、产、销”过程中的工作职责，构建起村干部报酬补贴机制，向4名村干部发放创收奖励2.6万元，村干部引领发展壮大村级集体经济的积极性和主动性得到有力增强。

3. 启示

（1）统筹配置资源要素，提升综合经营效益。立足资源禀赋，统筹配置集体资产、土地、财政扶持资金和项目等各类资源要素，实现资源的高效利用，不断引进新优品种，全面推广日光温室物联网、水肥一体化等先进技术，既拓展增收渠道、降低生产成本，又提升了集体经济的综合经营效益。

（2）创新经营管理模式，实现多元合作共赢。采取自主经营、入股联合、代管经营等多元经营模式，推行村干部报酬与集体收入挂钩机制，创新推出“党支部+群众+瓜棚代管+职业经纪人”的“五五”发展模式，有效解决了群众无启动资金、村干部积极性不高、集体经济积累难的问题，实现了共同增收。

（二）陇西县文峰镇东铺社区集体经济发展典型案例

1. 发展概况

东铺社区是甘肃省定西市陇西县文峰镇下辖社区，为该镇中心区，于2005年完成“村转社区”试点，现辖区总面积6平方千米，社区居民1113户4874人。2015年7月，陇西县文峰镇东铺社区开展全国农村集体资产股份权能改革试点创建工作，重点探索适宜当地发展的农村产权制度改革模式，保障农民集体组织成员权利、发展农民股份合作、赋予农民集体资产股份权能，以点带面，为全面推进并高质量完成农村集体产权制度改革奠定了坚实的基础。社区党总支、居委会抢抓改革试点机遇，以集体资产股份权能改革为基础，于2016年1月成立了东铺社区股份合作社，并召开了第一届股东代表大会，探索出了“清产核资+组建股份合作社+量化股份”的社区“三变”改革模式。

2. 壮大集体经济的主要做法

（1）成立集体资产股份权能改革领导小组。按照社区账册对所有资产进行核查，做到“凡有必核，凡核必准”，社区居务监督委员会积极发挥好职能，全程监督清产核资过程。结合东铺社区实际，集体资产按“三七”比例进行分配，其中公积公益金按30%的比例进行提取，将剩余70%分配股东分红，不设集体股，明晰集体资产权属，确定配置成员股和农龄股，并将集体资产进行折股量化。

（2）积极发展股份合作机制。东铺社区党总支创新思路，借鉴农村集体经济发展先进经验，结合社区实际，发放股权证书，积极发展股份合作，动员群众以土地入股的形式入股到东铺社区股份经济合作社，自 2015 年以来，每年分配居民股东超过 100000 元，人均超过 25 元，农户成员的收益分配权得到基础保障，农户参与农村集体经济发展的积极性不断提高。

（3）统一经营土地与资产。东铺社区主要通过资产租赁、土地入股的形式来增加集体收入，成员以股东形式享受分红，在土地确权颁证的基础上，东铺社区结合“三变”改革进一步深化改革，将社区承包到户的 1000 亩土地和 203 亩林地进行统一经营，使得集体和股东收益持续增加。

3. 启示

（1）建立利益联结机制，有效发挥股份合作优势。让农户集体成员参与村级集体经济发展，保障农户集体成员享有集体资产收益分配权，充分调动农户集体成员参与农村集体经济发展的积极性，集体与股东之间形成利益联结机制，发挥股份合作优势，通过提升集体收益进而提升农户收益，村集体经济也将逐步壮大。

（2）盘活自有资源要素，创新集体资产运营管理模式。东铺社区股份经济合作社通过集体股份权能改革机遇盘活了自有资源，主要通过资产租赁、土地入股的形式来增加集体收入，为陇西县探索出了一条适宜的农村产权制度改革模式，通过以点带面，推进全县农村集体经济可持续发展，增加农户收入，实现共同富裕。

四　政策建议

（一）完善制度体系，推动农村集体经济可持续性发展

习近平总书记指出，壮大农村集体经济，是引领农民实现共同富裕的重

要途径。为了提高农村基层党组织创造力、凝聚力和战斗力水平，促进新型农村集体经济的快速发展有助于推进乡村治理体系和治理能力现代化建设，对巩固拓展脱贫攻坚成果同乡村振兴有效衔接、实现共同富裕的伟大目标更是大有裨益。一是坚持党的领导，农村基层党组织建设得到巩固，即坚持和加强党对农村集体经济发展的集中统一领导，发挥党的政治引领和组织动员的制度优势，为集体经济发展提供政治保障。二是发挥党建引领作用，构建以党支部为领导核心，村委、村集体经济组织分片管理的治理模式，划清农村集体经济组织与村委的权责利关系，通过资产移交、分账等方式，明晰职责范围，在资产管理、产权交易、行为边界，做到资产有人管、会计有人管、财务有人理，使农村集体经济组织把主要精力放在经营管理集体资产和发展集体经济上。另外，加强村两委和上级相关部门的监督，以及农户成员对集体资产及资金使用情况的监督，保障农户成员对农村集体经济发展相关情况的知情权，强化集体资产管理监督，规范民主决策制度，为村集体经济发展营造优质的环境氛围与坚实的组织基础。同时，完善内部动力机制，明确地方政府、村干部、农户以及农村职业经理人之间权、责、利的边界，实现各类主体协同参与，共同促进农村集体经济可持续发展。

（二）加强人才培养，促进农村集体经济内生性发展

发展壮大农村集体经济，必须依靠高素质的专业人才，这样才能够保证所有农民积极主动参与。一方面，提升管理者领导素养和专业技能的培训，能进一步保障农村集体经济组织管理运营成效，带领农民走共同富裕之路。首先，加强农村基层党组织建设，优化基层党组织和管理者的文化层次，通过完善激励与报酬机制，引进乡贤以及专业人才参与农村集体经济的发展，提高管理者的管理运营技术。其次，整合教育培训资源，针对村干部开展市场经济、股份合作、村集体资产经营管理和财务管理等知识内容培训，明晰依托自身资源条件和区位优势发展农村集体经济的路径和思路，进一步转变思想观念，不断提高基层干部对农村集体经济组织如何参与市场有效运行的理解和认识，增强村干部参与市场发展的积极性和主动性。最后，吸引鼓励

致富能人、种养大户等投身于农村集体经济组织的发展中，积极参与村级集体经济的发展运营，走村企合营的道路，实现集体经济与农村实体经济互动共赢。另一方面，只有调动农民成员的参与积极性，激活农民参与发展农村集体经济的自主性，缩小地方政府和农户博弈力量的差距，才能保证农村集体经济的可持续发展。首先，利用微信群、公众号等信息化宣传手段提高农户对参与农村集体经济发展的认知度与接受度，同时注重退休干部等乡贤人士在农户成员中的重要影响力，通过鼓励乡贤群体嵌入农村集体经济的发展，提高农户的参与热情。其次，政府通过实施优秀农民工回引培养工程，致力于“授人以渔”，鼓励返乡农民工参加各类技能培训，并通过利益、情感等因素将农村集体经济发展潜在的公共事务变成农民集体成员积极参与其中的显在公共事务，增加农民集体成员主人翁意识，提升农民集体成员对参与农村集体经济发展的认同感，从而强化农民集体成员反哺村级集体经济发展。

（三）创新农村集体经济发展新模式，增强民生保障功能

发展集体经济是实现共同富裕的必由之路，鼓励联合发展至关重要。针对村级集体经济因区位、资源禀赋差异而发展不平衡不充分的问题，政府应统筹规划，制定相关政策，鼓励村庄打破区域空间界限，联合发展村级集体经济，建立以股权为核心的多村抱团式发展，充分实现要素融合及优势互补，促进农村集体经济可持续协调发展，以期高质量实现共同富裕。首先，创新发展新模式，实现集体经济强村对集体经济弱村的带动型发展，由政府牵头组织各村庄通过比较优势互补，让农村集体经济发展突出的村庄带动受资源禀赋、产业，以及区位条件等因素限制村集体经济发展的村庄，实现村庄间共同发展。同时，借鉴四川省简阳市 13 个乡镇成立跨区域合作的股份经济合作社公司，强联合推动各村集体经济发展的思路，构建“强村+弱村”的资源整合式抱团发展模式，整合各村集体资源、资产，打通要素流动渠道，形成资源、资产规模效应，提升农村集体经济组织在市场经济中的竞争地位，大力发展各类生产经营方式，推动各区域农村集体经济共同发展，使各区域农户成员共享集体发展收益。其次，以政府顶层设计为主导的

跨村组抱团式发展模式，需要政府自上而下推动，对农村集体经济发展较慢的村给予项目扶持，在人力、资金、技术等要素上吸引村级集体经济发展较强的村注入，带动薄弱村集体经济的可持续发展，促进农村集体经济区域协调发展，实现农民共同富裕。最后，增强民生保障，保障农村集体经济。坚持以人为本的发展理念，切实解决农民就业、教育、医疗、养老等具体民生问题，为农村地区农田、水利、电力、网络、交通等基础设施建设和改善提供集体收益，积极营造共建共享、共同富裕的良好环境。

（四）构建农村富裕长效机制，提升农村集体经济带富致富能力

发展壮大农村集体经济，应立足于共同富裕的远景目标，建立健全多元主体的利益联结机制，实现共同富裕。一是推进集体股权改革，不断优化集体股份转化和分配机制，适度打破集体股份的封闭性，在多元主体之间，吸引资本、技术、人才等村集体经济发展的关键要素，构建相关利益联结共同体。二是注重保障农民收益分配权，继续推进农村产权制度改革，准确把握改革要义，切实推进农民股份合作，赋予农民集体资产股份权能，引领农民合作生产和利益共享，必须跳出先行实践中“改革—上市”的形式逻辑。三是建立联农带农机制，打造互利共赢的新发展格局。以壮大农村集体经济、实现富民增收为切入点，紧扣联农带农机制嵌入，推广带动新型经营主体和小规模农户共同发展的“农村集体经济组织+合作社+农户”经营模式，丰富“村集体参股、村民参与”等新型合作载体，推动土地入股、代耕代种、托养托管、保价统销、务工就业等多种联农带农形式并长远发展，增进大主体与小农户之间的专业化技术、社会化服务、产业化经营等合作，实现互利共赢，不断提升集体经济带富、致富能力，带动农户参与村集体经济、共享集体收益。

（五）推进乡村产业发展，激活农村集体经济发展新引擎

农村集体经济组织不仅是农业生产和农村基本公共服务的重要保障力量，还是农村稳定、产业振兴、农民致富的重要基石和实现共同富裕的重要

经济载体，发展壮大新型农村集体经济要推进产业振兴。一是坚持把发展农业产业作为壮大村集体经济的主要抓手，因地制宜地定位选择和培育主导产业，夯实产业发展根基。各行政村要结合经济基础和市场需求，立足自身资源禀赋优势，对集体经济发展的重点和方向进行科学规划去培育壮大主导产业。二是立足乡土特色产业发展激发乡村活力、拉动增收致富，通过推动特色产业、支柱产业蓬勃发展，组建专业合作社，建设标准化示范推广基地，推进农业产业化经营等举措，依托农业农村特色资源，培育农业农村新业态。同时引进优势企业带动农村集体经济发展，积极探索“党建+企业+基地+农户”的合作经营模式，促进农户、村集体、企业共同发展，助力村级集体经济实力增强。三是深化产业供给侧改革，调整产业结构，把市场需求和质量要求作为主攻方向，不断延伸产业链、提升价值链、优化供应链，加快培育乡村产业新业态。同时，产业振兴不能仅靠“单打独斗”，以农业专业大户、家庭农场、农民合作社和农业企业为代表的新型农业经营主体日益显示出发展生机与潜力，为有效避免小农户式的分散生产，采用“企业+合作社+农户”模式，助推各类经营主体间以订单合同为纽带开展联合与深入合作，立足特色优质资源、关注市场需求、发展优势产业，运用“农超对接”“家庭农场+合作社+龙头企业”等多元化订单农业模式实现产供销一体化，为乡村振兴做出更大贡献。四是深化行业整合。一方面，要以农业生产方式转变为契机，推动农业生产导向由增产转变为提质，走第一、第二、第三产业融合发展的现代化道路，促进农产品生产业与加工业、服务业的协同发展。另一方面，推进城乡三产融合，打造以市带县（区）、以县（区）带乡、以乡带村的城乡一体化发展格局，促进城乡需求对接、资源互补、产业互通。

参考文献

李振东：《甘肃省农村集体经济组织市场经营制度研究》，载陈波、安文华、王建兵主编《甘肃蓝皮书：甘肃县域和农村发展报告（2022）》，社会科学文献出版社，2021。

陆雷、赵黎：《从特殊到一般：中国农村集体经济现代化的省思与前瞻》，《中国农村经济》2021年第12期。

高鸣、魏佳朔、宋洪远：《新型农村集体经济创新发展的战略构想与政策优化》，《改革》2021年第9期。

高鸣、芦千文：《中国农村集体经济：70年发展历程与启示》，《中国农村经济》2019年第10期。

高强：《农村集体经济发展的历史方位、典型模式与路径辨析》，《经济纵横》2020年第7期。

高强、孔祥智：《新中国70年的农村产权制度：演进脉络与改革思路》，《理论探索》2019年第6期。

李周：《中国走向共同富裕的战略研究》，《中国农村经济》2021年第10期。

余丽娟：《新型农村集体经济：内涵特征、实践路径、发展限度——基于天津、山东、湖北三地的实地调查》，《农村经济》2021年第6期。

董亚珍：《我国农村集体经济发展的历程回顾与展望》，《经济纵横》2008年第8期。

袁家军、李中文：《在共同富裕中实现精神富有》，《人民日报》2021年10月22日。

许泉、万学远、张龙耀：《新型农村集体经济发展路径创新》，《西北农林科技大学学报》（社会科学版）2016年第5期。

周立、奚云霄、马荟、方平：《资源匮乏型村庄如何发展新型集体经济？——基于公共治理说的陕西袁家村案例分析》，《中国农村经济》2021年第1期。

方世南：《新时代共同富裕：内涵、价值和路径》，《学术探索》2022年第11期。

丁波：《乡村振兴背景下农村集体经济与乡村治理有效性——基于皖南四个村庄的实地调查》，《南京农业大学学报》（社会科学版）2020年第3期。

谢宗藩、肖媚：《多中心治理视角下农村集体经济发展动力机制分析》，《长沙大学学报》2021年第3期。

赵德起、沈秋彤：《我国农村集体经济"产权—市场化—规模化—现代化"发展机制及实现路径》，《经济学家》2021年第3期。

李韬、陈丽红、杜晨玮、杜茜谊：《农村集体经济壮大的障碍、成因与建议——以陕西省为例》，《农业经济问题》2021年第2期。

邵瑶春：《资源与制度拼凑视角下新型集体经济的发展路径》，《郑州大学学报》（哲学社会科学版）2020年第6期。

张晓山：《我国农村集体所有制的理论探讨》，《中南大学学报》（社会科学版）2019年第1期。

G.17
新型城镇化视角下的甘肃县域经济发展研究

燕星宇*

摘　要： 加强新型城镇化建设、促进城乡融合发展、构建新型工农城乡关系是提高县域经济发展能力的重要途径，以县域为载体的新型城镇化建设在我国城镇化建设中具有重要地位。本文主要从新型城镇化视角探讨甘肃省县域经济的发展现状、发展特征及空间布局规划等问题，并从七个方面分析了新型城镇化视角下甘肃省县域经济发展的路径选择，对推进以县城为重要载体的城镇化建设、增强县城综合承载能力和提升县城发展质量具有一定的实践指导作用。

关键词： 新型城镇化　县域经济　路径选择　甘肃省

为加快推进以人为核心的新型城镇化建设，根据《国务院关于深入推进新型城镇化建设的若干意见》《甘肃省国民经济和社会发展第十四个五年规划和二〇三五年远景目标纲要》等文件要求，甘肃省人民政府办公厅专门印发了《甘肃省新型城镇化规划（2021—2035 年）》，该规划对甘肃省新型城镇化的发展背景、发展基础、发展趋势进行了系统总结，并对发展布局、发展目标做出了详细规划。

---

* 燕星宇，甘肃省社会科学院生态文明研究所助理研究员，主要研究方向为区域经济。

一　新型城镇化背景下县域经济发展的理论基础

（一）理论依据

随着社会经济发展水平的提高，空间区位理论为新型城镇化建设提供了理论基础，主要包括区域产业环境、城市布局以及区域经济活动的空间组织。其中农业区位理论是杜能1826年在其著作《孤立国同农业和国民经济的关系》中提出，农业区位理论将其分为六个圈层，包括自由式农业圈、林业圈、轮作式农业圈、谷草式农业圈、三圃式农业圈、畜牧业圈等，城镇化建设以“点—轴—面”的形式联结起来，进而形成区域城镇系统、城市—区域系统、区域网络系统、区域空间系统等，依靠这种空间区域将各种经济发展要素集聚起来，从而形成从属关系、共有关系和依附关系，有助于实现资源的有效配置和生产效益的最大化。

中心区位理论使空间区位职能划分更加科学化，将县域规划由中心到外围呈现“高”“低”“强”“弱”“特殊”“一般”等概念化并得以落实，实现不同圈层划分，逐渐产生规模经济和外部效应，在中心城市郊区进行市场网络交织，最终促使新型城镇建设产生集聚效应，但在此过程中也呈现两极分化，形成城镇化富裕区和贫困区。当距离城市中心较远时，城市的吸引力和扩散作用将会变小，导致市场分异和排序呈现规律性，表现为效益最大化的就近原则和经济原则。

（二）文献综述

现有文献对县域经济发展和新型城镇化建设的研究相对较多，而新型城镇化建设建立在传统城镇化相关问题的基础上，使得新型城镇化建设能够更好地适应人类经济发展。在新发展理念的指导下，县域经济推动新型城镇化建设是缓解大城市病的主要举措，其主要遵循时代发展的内涵、人本为主、中国特色、空间协调、区域优化、创新转型以及治理变革等特征。首先，县域经济发展的辐射带动能力为村、镇、县产业融合发展提供了市场吸引力（左停等，2022），将农业原材料生产、农产品加工、储存、运输以及销售作为激活镇域产业协同发展的重要举措（李书奎等，2020），利用独特的农业优势向农业高质量发展靠拢（孔祥智等，2022），从以家庭为单位的分散经营向规模化集群发展、从单一化产业向多元化交融发展，培育更多村域、镇域、县域经济的多业态发展。其次，加强村域和镇域行政划分和功能建设，着重解决基础设施薄弱的村镇，有序推进公共服务均等化和共享化（高强等，2022），积极推进乡改镇、村镇合并、乡镇撤并，优先打造新型城镇化亮点工程（刘国斌等，2018），将具有特色优势、发展潜力巨大的郊区发展成为新型城镇化建设的示范点（朱华雄等，2022），以此推动镇域和县域经济协同发展。最后，人口回流为新型城镇化夯实了劳动力基础，这种人口集聚不仅使得当地交通通信、教育医疗等服务性基础设施得到重视，而且回流劳动力带来的城市文明在很大程度上适应新型城镇化建设的需要，当地政府应积极鼓励相关回流劳动力发挥自身优势，根据当地资源禀赋，使其利用城市工业文明开发当地特色资源，进而创造出更多的就地就近就业机会（李健等，2016）。此外，多业态发展使得产业间的特征得到更好体现（张晓琴等，2016），融合机制和发展路径更为契合，通过增强产业融合的多样性、关联性、差异性和互动性，促使新型城镇化建设适应多变的经济发展环境，实现多元融合的区域发展模式。

二　新型城镇化背景下甘肃县域经济发展现状与特征

（一）发展现状

截至 2021 年底，我国城镇常住人口约为 9. 1 亿人，其中 1472 个县区常住人口约为 1. 6 亿人，占全国常住人口的 30%，394 个县级市城区常住人口约为 0. 9 亿人，县级市行政区数量占全国的 65%。2020 年，甘肃省全省城市和县城建设用地面积分别达到 910 平方千米和 500 平方千米，城镇常住人口达到 1306.73 万人，2020 年城镇人口比重较 2010 年上升 16.11 个百分点，城镇化率达到 52.23%。城镇聚集人口和产业发展能力逐步增强，城镇化水平增速快于全国平均水平。但 2020 年甘肃省城镇化水平滞后全国 11.7 个百分点，滞后周边省区 4 个百分点左右。全省大中型城市偏少，城市基础设施不健全，城市功能有待完善，大中城市与县城人口集聚能力和相关产业发展能力薄弱，导致人口集聚无法跟上城市外延式扩张的速度，公共基础设施和服务资源呈现不均衡和短缺状态。因此，深度剖析县域在推动新型城镇化建设中所面临的问题，优化县域新型城镇化的空间布局，缩小城乡差距，激发村域、镇域、县域经济发展的活力，对加快新型城镇化建设和城乡融合发展有着重要的现实意义。

（二）发展特征

一是人口外流和深度老龄化削弱县域要素优势。随着农村市场经济的发展，农村青壮年劳动力呈现向城市单项逆流的发展态势，众多农村劳动力处于“城乡两栖”“工农兼业”状态，也成为新型城镇化建设过程中的新形态，导致劳动力转移带有时间节律性和地域性，但仍旧无法缓解城乡用工荒的发展困境，劳动力资源无法得到充分使用，加之许多劳动力文化水平低下，科技型人才和管理型人才缺乏，用工需求与劳动力供给不相匹配。而在农村地区老龄化和少子化现象严重，无法满足农业生产所需的劳动力要求，也在很大程度上削弱了劳动力密集型资源供给的要素优势。

二是产业基础薄弱制约县域经济转型升级。甘肃省在县域经济发展过程中面临着工业经济增长乏力、生产服务业滞后、农业规模化和集约化发展水平低等多重发展困境，大部分县域工业发展处在原料本地化和材料传统加工等初级阶段，普遍面临着发展体量小、抗风险能力弱等困境，依靠企业自身难以实现更新换代。从产业结构来看，甘肃省 2020 年第一、第二、第三产业增加值分别为 1198.1 亿元、2852 亿元、4966.5 亿元，依次占甘肃省地区生产总值的比重为 13.3%、31.6%、55.1%，充分表明甘肃省各县域经济仍以第三产业为主，难以实现产业结构转型升级。但农业为工业化和城镇化提供充足的原料供给，这种单一的经济发展结构严重限制着其他产业结构的发展空间，难以在短时间内转型升级。

三是县域基础设施和公共服务建设滞后。甘肃省各县区在自身财政实力不足、上级财政下拨较少以及投融资渠道偏窄的发展困境下，单纯依靠县级政府财政拨款难以实现公共基础设施的全域覆盖。但县级公共基础设施服务建设的主要资金来源于财政转移支付投资、向各类金融机构贷款、国家政策性拨款以及社会资本等，除此之外，县域大型非营利性基础设施投资主要依靠县级政府自筹资金。截至 2021 年底，全省一般公共预算支出 4025.9 亿元，同口径增长 3.9%，主要用于科学技术研发、社会保障支出和公共卫生支出，基础设施建设呈现整体趋缓的状态。

四是县域历史风貌和文化空间保护乏力。在推进以人为核心的新型城镇化建设过程中，保护历史文化古迹和重塑城市文化底蕴对县域发展有着不可替代的作用，甘肃省各县区拥有众多历史文化古迹和传统文化资源，对文化旅游资源的保护修缮和开发利用任重而道远，尤其是对古镇保护和传统村落的布局，在工业化推动的新型城镇化建设过程中，在城镇化建设和培育更多具有服务功能的载体的过程中呈现去乡村化特征，而历史文化底蕴和县域文化底蕴寄托着人们对乡土情怀的归属感和认同感，但在新型城镇化建设过程中面临着城乡建设用地的重新规划，导致许多具有年代感的村落和历史古迹被拆除或者遗弃，并未得到有效保护，难以发挥文化符号带来的城镇化归属感。

三　新型城镇化背景下甘肃县域经济空间布局

甘肃省应结合经济发展现状和人口结构变动，优化新型城镇化空间布局，打造以兰州为中心、以市州为支撑点、以多县区为承载节点的新型县域城镇化空间发展格局，以此促进大中小城市群和郊区城镇带的有机联动，以此推动以大城市带动小县域的协调发展。兰州作为甘肃最大的省会城市，增强兰州市发展的柔韧性是促进周边城市人口产业集聚、辐射和带动相关临近城市发挥综合功能的重要保障，加快多中心城市发展空间和组团式的城市发展格局是承载东部产业集聚的重要举措，发挥兰州国际物流枢纽的黄金地带功能、向东西开放重要的门户和战略平台功能，以此引领全省城市群和城镇带的发展。

（一）培育兰白都市圈，打造以兰州为中心的通勤经济圈

形成圈内联结发展，促进人才高效互动、产业帮扶带动、基础设施共享等资源的频繁互动，发挥兰白国家自主创新示范区的先导作用，建设国家先进制造业承载和发展基地。按照地域资源禀赋发展特色产业，不断延长产业链和提高产品附加值，摒弃传统原材料出口发展模式，建设完备的装备制造、冶金矿产、生物医疗、农副产品、商贸物流等产业体系，进而通过产业集聚吸纳更多人口集聚，以此实现工业化推动城镇化建设。以兰州为中心点的城镇化不仅为兰西城市群、兰州新区、榆中生态创新城和黄河沿岸城镇带提供了资源支撑和产业转移机遇，而且能充分发挥产业集聚，打造中西部地区商品分拨枢纽和兰州副中心城市，加快产业要素的流动和人口集聚，完善城市基本功能和提升现代化城市治理水平。

（二）构建河西走廊城镇带

河西走廊拥有发达的现代化农业基础和丰富的文旅资源，以现代设施农业为基础带动县域、镇域和村域就地就近就业，为当地企业提供相关政策优惠和健全帮扶机制，打造农业园区和现代化农业示范区，为青壮年劳动力回乡返流提供就业机会，进而在实现巩固脱贫攻坚成果的基础上进一步增强产业集聚能力和实现城乡融合发展。河西走廊地带有着丰富的旅游资源，应以当地自然资源和文化底蕴为主体，以相关企业为引领，建立全域旅游发展模式，将现代设施农业纳入旅游资源，实现天然旅游资源与设施农业旅游资源相结合的体验式旅游，进而提升河西走廊地带县域城市建设风貌，彰显丰厚的特色旅游资源魅力，营造生态宜居的高品质县域城镇化建设氛围，以此带动县域和镇域城镇化建设的集聚能力，最终打造河西走廊全域城镇化发展格局。

（三）构建陇东南城镇带

在培育天水都市圈的同时，加快形成庆阳—平凉、陇南—甘南组团式发展，依托铁路和公路等主要交通干线，加强各城市之间的联系，促进都市圈内的资源要素流动，共同承接相关产业转移。首先，天水都市圈建设主要以相关机械制造业、电子电器行业、食品加工、文化旅游和农产品加工产业向周边县区辐射带动，培育具有特色区域优势的产业集群。其次，庆阳—平凉组团式发展格局拥有良好的能源优势，通过拓宽向外转输渠道，发挥能源资源的禀赋作用，延长能源产业链条和提升能源附加值。此外，陇南—甘南组团式发展模式具有建设特色小镇的天然优势，打造特色农业示范园区，构建完善的电商服务体系、物流配送和仓储等基础设施，培育新的镇域经济发展新动能，实现镇域新型城镇化促进县域新型城镇化建设。

表 1　城市空间区域划分

城市等级	城镇人口（万人）	数量（个）	城镇
Ⅰ型大城市	300～500	1	兰州市区（含新区，不含红古区）
中等城市	50～100	4	酒嘉（含肃州区、嘉峪关市区）、天水市区（含秦州区、麦积区）、武威市区、平凉市区
Ⅰ型小城市	20～50	13	白银市区（白银区）、庆阳市区、张掖市区、金昌市区、定西市区、临夏市、陇南市区、敦煌市、榆中县、陇西县、甘谷县、秦安县、成县
Ⅱ型小城市	10～20	21	高台县、永昌县、古浪县、民乐县、永登县、会宁县、临洮县、岷县、临夏县、永靖县、平川区、景泰县、武山县、静宁县、徽县、礼县、泾川县、华亭县、宁县、环县、镇原县
	5～10	25	金塔县、玉门县、瓜州县、临泽县、山丹县、民勤县、天祝县、红古区、皋兰县、靖远县、通渭县、渭源县、漳县、康乐县、广河县、和政县、合作县、广河县、清水县、宕昌县、西和县、庄浪县、庆城县、华池县、正宁县
	1～5	18	肃北县、阿克塞县、肃南县、东乡县、积石山县、临潭县、卓尼县、迭部县、玛曲县、碌曲县、两当县、舟曲县、张家川县、文县、康县、灵台县、崇信县、合水县

四　新型城镇化背景下县域经济发展的路径选择

（一）科学把握功能定位，分类引导县城发展方向

积极开展新型城镇化试点引导，合理规划县域土地利用、投融资机制、行政区域划分、跨县区公共服务城镇化发展，新型城镇化建设通过以点带面的形式推动县域经济发展，加快现代化县域经济试点的推动，积极为西部新型城镇化县域经济发展探索可行路径。尤其是加快大中城市周边县城发展，这样既能承接大城市产业转移，缓解城市病带来的发展倒退问题，又能推动县域经济发展，在此过程中政府应加强政策协同，合理推进规划的落实，将国土空间规划与实际发展情况结合起来，明确经济发展的重点，细化各项措施，确保新型城镇化落实的主体责任。积极培育专业功能县城，加强对县域城镇化的专业区位划分，及时进行动态监测和跟踪分析，以便应对城镇化过程中面临的各种问题，特别是就业率、人口流动趋势、环境质量、基础设施等对民生的决定性作用，在动态监测的基础上开展中期评估以及未来规划。

（二）以政策制度为基础保障，促进要素集聚

完善的政策制度是甘肃省新型城镇化县域经济发展的基础性保障。目前，甘肃省新型城镇化建设深受户籍制度和土地制度的影响，无论是农村劳动力外流到城市，还是由城市返乡回流的居民，都处于城乡两栖的往返状态，无法充分享受当地的医疗、教育等基础性资源，由于户籍制度、投融资制度、购房制度、土地制度的不健全，无法形成人口落户带来的新型城镇化建设的有利局面，所以亟须构建“人地钱房”的制度体系来保障甘肃省新型城镇化，促进县域经济发展。县域政府的职能变革对当地经济社会发展机构的转变带来较强的制度支撑力，主要体现在制度供给层面，在甘肃省“省直管县”“放权强县”“赋权强镇”等制度供给下，县域政府通过话语转变来提升当地自主治理能力，将县域政府和镇域政府作为新型城镇化建设

的主要践行者，将其编入发展规划，在一系列政策的支持下为新型城镇化建设带来正向激励。政策赋权对产业园区建设、产城融合发展、基础设施建设以及公共服务能力提升起到不可替代的作用，为推动县域经济发展提供了良好的政策环境。

（三）提高县域辐射带动乡村能力，促进县乡村功能衔接互补

相对于中东部地区而言，甘肃省县域基础设施建设相对滞后，但随着脱贫攻坚和乡村振兴战略的推进，许多县域基础设施建设不断向村镇延伸，比如村镇县公共交通、中小学教师交流、县级医院帮扶镇卫生院等，逐渐推进县域公共服务向村镇实现全面覆盖，加快村镇县之间的要素流动，改变传统的发展理念，引导更多剩余劳动力实现就地就近就业。建立多元可持续的投融资机制，为乡村特色产业发展提供相关政策补贴，巩固拓展脱贫攻坚成果，提高各类集体经济组织、专业合作社、扶贫车间等规模化经营能力，保障粮食作物和经济作物的平稳发展，充分发挥镇域农业特色资源的比较优势，壮大各县区现代生态农业和戈壁高寒农业等，打响甘味品牌，以规模化经营赢得市场中的竞争优势，进而优化升级传统的农业生产结构，实现产销一体化的经营模式，营造出甘肃省特有的农业发展道路。

（四）以产业联动为发展基础，优化区域发展环境

甘肃省拥有丰富的文旅资源和矿产资源，以文旅资源带动相关产业发展。一是突出旅游资源特色，在陇东南、天水都市圈、兰州城市圈、河西走廊、兰白城市圈、兰州新区等地区发展山水生态旅游业、黄河风情游、戈壁风情游、民俗文化游、红色革命游、羲皇故里游、喀斯特地貌游、名胜古迹游等，这些旅游业可以带动相关地区生产服务业的高速发展，进而激活当地经济发展活力。二是注重产业联动载体，县域经济若以旅游业带动相关产业发展，势必导致地区经济发展的单一化。当经济发展面临外部不可控因素的冲击时，产业的单一化不利于形成较强的抗风险能力，经济发展将会出现短期内迅速衰退的现象。所以积极拓展“文旅+”的发展模式不仅有助于激发

当地经济发展活力，还能增强经济发展的韧性，如“文旅+装备制造业”“文旅+种养殖体验”“文旅+乡村振兴”“文旅+产学研”“文旅+大健康”。在发展“文旅+”的同时积极完善相关基础设施服务，增强县域经济发展的吸引力，优化区域经济发展环境。

（五）以特色产业为发展主体，提高城乡融合发展程度

县域经济发展为新型城镇化提供了发展基础。随着乡村振兴的有效推进，便捷的交通基础设施使得县域与镇域之间的距离逐渐被拉近，在很大程度上实现了基础设施的一体化发展，为城乡融合发展提供了便捷条件。在产业发展方面，特色产业作为镇域经济发展的主要支撑，按照“政府引导，市场推动，企业帮扶，农户参与”的发展模式，形成强龙头、补链条、聚集群的发展规模，甘肃省各县区应推动“一村一品”和“一镇一业”发展格局，完善传统产业发展模式，对已有产业园区和在建产业链进行改造和优化，对高污染和高能耗的产业进行选择性淘汰，用“一村一品”推动“一镇一业”的产业发展建设，进而为县域经济发展提供产业支撑，在村域、镇域、县域三者充分融合发展的情况下，使新型城镇化建设有了产业集聚诱导人口集聚的可能性。应加强与中东部地区的紧密联系和交流，充分发挥东西部协作帮扶优势，承接东部地区产业转移，如电子信息、生物医疗、能源加工、服装纺织、家居建材等。在产业承接的同时发展自身特色产业，将其进行深加工之后向东输送，以此实现商品信息、产业信息、市场供需以及各方面的信息交流，进一步提升经济发展水平。

（六）以优势产业为引领主体，完善城镇化承载功能

甘肃省新型城镇化承载的重点主要是发展优势产业，尤其是突出优势产业和多元消费的带动作用。一是加快现代优势农业产业化步伐，围绕经济作物和粮食作物，如粮食作物、水果蔬菜、橄榄油、花椒、马铃薯、食用菌、休闲农业以及有机循环农业等重点优势产业，重点发展规模化种植养殖业、民俗风情旅游业、传统工艺品和绿色农业等，培育科技型、功能型、生态

型、服务型等新型业态。二是推动农村产业融合发展，以农牧业和循环农业为发展导向，优先发展优质绿色农业，推动循环农业、休闲农业与旅游业融合发展，尤其是文化旅游与健康养老等产业深度融合，延长农业产业链条。引导农村青壮年劳动力向农村回流，在农业产业园区、农业生产功能区、农业仓储园区、农业物流园区、特色产业园区等综合园区鼓励创业和就地就近就业，优化新型城镇化产业结构布局，培育产业集群。

（七）加强历史文化和生态保护，提升县城人居环境质量

打造天蓝地绿生态宜居空间是增强县域城镇化吸引力的重要保障，应充分利用甘肃各县区城市建设综合成本相对较低的优势资源，对住宅区、工业区、学校医院、公共广场、交通通信、消费区等进行专业性划分，主动承接东部产业转移和根据自身资源禀赋培育特色产业，为人口集聚和产业集聚夯实经济发展基础，尤其是因地制宜建设实体性先进生态产业，拓宽专业区域服务范围，以此保障聚居地居民收入的稳定性增长。加强对历史传统古迹的修缮和保护，激活历史文化遗迹的发展潜力，通过建设文化 IP 为其获取修缮保护费用，即在宣传历史文化的同时又能获得充裕的保护资金。尤其是要加强城市建设的空间布局，实现土地的集约化高效利用，推动县域新型城镇化的可持续发展。此外，有序更新城市建设，改造老旧小区，加快推进兰州、白银、庆阳、天水等城市发展结构的转型升级，进而推进老旧小区的水电气暖的更新换代，按需配置相关公共服务设施。诸如通过互联网建设智慧城市，依托互联网提高政府行政效率，打通村域、镇域、县域服务最后一公里，开展线上经济和线上政务服务，提高县域城市运行效率和人性化管理水平。

五　结语

本文从新型城镇化视角，探讨甘肃省县域经济发展面临的人口外流和深度老龄化削弱县域要素优势、产业基础薄弱制约县域经济转型升级、县域基

础设施和公共服务建设滞后、县域历史风貌和文化空间保护乏力等问题，并在培育兰白都市圈、构建河西走廊城镇带、构建陇东南城镇带等三个方面对甘肃省新型城镇化建设进行空间布局，在此基础上从七个方面提出了路径优化建议，对推进以县城为重要载体的城镇化建设、确保县城建设取得实效、全面准确把握新型城镇化建设文件精神和扎实有序推进各项建设任务有着重要意义。

参考文献

〔德〕约翰·冯·杜能：《孤立国同农业和国民经济的关系》，吴衡康译，商务印书馆，1986。

左停、赵泽宇：《共同富裕视域下县城新型城镇化：叙事逻辑、主要挑战与推进理路》，《新疆师范大学学报》（哲学社会科学版）2022 年第 6 期。

李书奎、李致远、任金政：《精准扶贫视角下新型城镇化和农户发展能力的互动机理》，《城市发展研究》2020 年第 3 期。

孔祥智、何欣玮：《乡村振兴背景下县域新型城镇化的战略指向与路径选择》，《新疆师范大学学报》（哲学社会科学版）2022 年第 6 期。

高强、程长明、曾恒源：《以县城为载体推进新型城镇化建设：逻辑理路与发展进路》，《新疆师范大学学报》（哲学社会科学版）2022 年第 6 期。

刘国斌、朱先声：《特色小镇建设与新型城镇化道路研究》，《税务与经济》2018 年第 3 期。

朱华雄、王文：《经济视角下的县域城镇化：内在逻辑、难点及进路》，《新疆师范大学学报》（哲学社会科学版）2022 年第 5 期。

李健、杨传开、宁越敏：《新型城镇化背景下的就地城镇化发展机制与路径》，《学术月刊》2016 年第 7 期。

张晓琴、谢煜：《县域城镇化发展：生态理念、耦合机理及其实现路径》，《农林经济管理学报》2016 年第 6 期。

G.18
甘肃省东西部协作及对口帮扶发展报告

张丽丽　张东伟　李伯祥　李红伟*

摘　要： 东西部协作和中央单位定点帮扶工作在甘肃省取得丰硕成果，助力甘肃省构建了多元业态产业体系，拓宽了农民增收渠道，打造了乡村振兴典型样板，扩大了开放与合作发展空间，激发高质量发展内生动力取得明显成效，也积累了高位统筹与基层对接方式、加强外联与内生转型有机结合、补齐短板与锻造长板互补协同、精准聚焦与重视创新的丰富经验。进入新发展阶段，甘肃省东西部协作及对口帮扶应聚焦成果拓展，筑牢产业帮扶与消费帮扶衔接的坚实基础；优化对接关系，形成多元主体积极参与的良好局面；拓展协作领域，制定美丽善治的乡村建设目标；完善制度体系，实现互利共赢。

关键词： 东西部协作　对口帮扶　甘肃省

2021年，我国向全世界宣告了脱贫攻坚的全面胜利。回首中国减贫的历程，东西部协作和对口帮扶对于解决中国区域发展不平衡问题、缩小东西部发展差距和精准脱贫做出了巨大的贡献，在世界减贫的篇章中书写了浓墨重彩的一笔。

---

* 张丽丽，甘肃农业大学财经学院在读硕士，主要研究方向为农业经济管理；张东伟，甘肃省农业科学院农业经济与信息研究所副所长、研究员，主要从事农业经济管理、生态经济学、地理信息系统应用等研究（通讯作者）；李伯祥，甘肃省乡村振兴局一级调研员，主要研究方向为农村政策；李红伟，宁夏师范学院人事处干部，主要研究方向为农业管理。

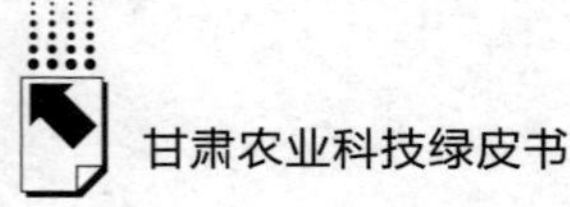

东西部协作和中央单位定点帮扶是推动区域协调大战略、加强区域合作大布局、打赢脱贫攻坚战大举措，是坚持顾全优先发展东部沿海地区，加快对外开放步伐和服从集中力量帮助中西部地区加快发展两个大局，逐步实现共同富裕战略思想的重要制度安排，体现了以政府援助、企业合作、社会帮扶、人才支持为主要内容的中国特色社会主义贫困治理体系；创造性地探索出以东部优质企业、广阔市场、研发技术的先发优势激活西部特色资源、生产制造与产品供给的中国特色全新减贫模式，充分彰显了中国特色社会主义的政治优势和制度优势。

在“十四五”新发展阶段，巩固东西部协作和对口帮扶工作进入了弘扬脱贫攻坚精神、推动农业现代化进程与推进乡村振兴全面发展的加速期。甘肃省作为东西部协作及对口帮扶的重点区域，依托独特的自然地理环境和特色农产品优势，借助天津市、福州市、厦门市、山东省以及36家中央单位定点帮扶的力量，合作共建现代农业产业园，推进农村三产融合发展，促进农业现代化转型，农民思想观念发生了深刻的变化，极大地提升了自我发展能力，促使农民收入显著提高，取得了脱贫攻坚关键性胜利，开启了全面推进乡村振兴的崭新时代。

一 甘肃省东西部协作及对口帮扶发展历程

（一）孕育期：东西部协作与对口帮扶制度的形成

早在改革开放初期，国家就提出了由科技、农业、地质矿产等10个部委分别在全国18个集中连片贫困地区开展定点帮扶的要求。1994年，国务院颁布实施《国家八七扶贫攻坚计划》，该计划初步提出了大城市及沿海发达城市对西部贫困地区的对口帮扶目标。1996年中央扶贫开发工作会议确定了津甘对口帮扶，这标志着甘肃东西部协作及对口帮扶制度的正式形成。

（二）决战期：协同攻坚精准扶贫精准脱贫的伟大实践

进入全面建成小康社会的决胜阶段，东西部协作及对口帮扶以助力西部地区消除绝对贫困为目的，协同攻坚精准扶贫精准脱贫，发挥了国家制度的根本保障作用。2010 年 6 月，按照国务院扶贫办部署安排，确定厦门市对口帮扶临夏州。2016 年 7 月，在东西部扶贫协作开展 20 周年之际，习近平总书记针对长期坚持东西部协作及对口帮扶的有效性和必要性，在宁夏回族自治区银川市主持召开了东西部协作座谈会，强化甘肃省东西部协作及对口帮扶工作力度，新增福州市与定西市以及青岛市与陇南市的结对关系。2017 年，国家制定了相应的考核制度，进一步增强了东西部协作及对口帮扶聚焦深度贫困地区脱贫问题的实效性。自结对帮扶工作开展 20 多年来，东部协作省市和定点帮扶单位着眼于产业合作、劳务协作、人才支援、资金支持、社会帮扶等内容，推进了农村产业融合发展，推动了农业转型升级，促进农户实现稳定增收，使得受援的 58 个贫困县全部清零，标志着作为脱贫攻坚主战场的甘肃，在决战期赢得了关键性胜利。

（三）拓展期：联手推进巩固脱贫成果与乡村振兴的有效衔接

2021 年，我国进入新发展阶段，明确了深化东西部协作及对口帮扶的着力点，将目前一对多、多对一的帮扶形式调整为一个东部省份长期固定帮扶一个西部省份。因此，甘肃省东西部协作及对口帮扶结对关系将以一对多形式帮扶的福州市和厦门市调整为山东省对定西市和临夏州的省际帮扶形式，并继续保持 36 家中央单位对甘肃省原扶贫重点县的帮扶。同时拓展帮扶领域，通过打造“组团式”“接续式”“互联网+医疗健康”“文化惠民+文旅融合”等方式，强化教育、医疗、文化、科技等帮扶领域，实现从支持脱贫向支持乡村发展的高质量转变、巩固拓展脱贫攻坚成果与乡村振兴的有效衔接。

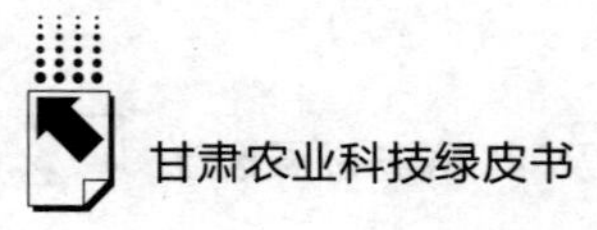

二　甘肃省东西部协作及对口帮扶发展的实践成效

（一）强化了产业支撑体系

在东西部协作和对口帮扶的协调发展中，逐步构建了多元发展、多级支撑的产业体系。结对帮扶省市和企业在推动区域协调发展中，侧重于引导甘肃省利用资源特色和当地人口实际情况形成区域发展特色。以“现代丝路寒旱农业优势特色产业、风电及光伏产业、特色养殖、特色种植、文旅产业”为主导，依靠商贸物流、草牧产业、加工销售全产业链增长极，扶持和培育特色产业，发挥企业带头作用，打造特色产业集群，推动第一第二第三产业融合发展。临夏州依托东部地区现代特色农业发展优势，全面推进畜牧养殖、道地药材、设施蔬菜、花卉培育等特色农业发展，助力第一产业精准发力；依托丰富的艾草资源，借助济南先进提炼技术，生产艾条、艾枕、艾贴、艾熏等特色产品，以科技赋能促产品增值，助力第二产业拉伸“链条”；深挖当地旅游资源，建设乡村旅游、水磨文化、特色美食等旅游项目，助力第三产业“全面”提升。通过第一第二第三产业融合发展，聚集了回族的特色元素，发展“小而美”的企业，形成了特色的产业聚集效应。

在推动区域协调发展方面，东部企业与中央单位通过共建现代产业园区的方式推动产业向西部地区梯度转移。按照“一县一园”的目标，建立特色产业全链条发展、基础设施体系现代化、生产经营多功能化的现代产业园区。以优质的农牧产品、加工制造、生态旅游等特色产业为依托，引导东部企业积极参与、合理规划、投资建设、运营管理，建立特色农产品优势区。依托甘肃省现代丝路寒旱农业优势特色产业三年倍增行动，促进东部地区人才、技术、资金、信息、市场等优势与脱贫地区土地、劳动力等资源有效联结、深度融合，优化产业结构，推动产业链再造。共建 71 个产业园区，实际投资 10.37 亿元，有效带动了区域发展和农民群众增收。

在结对帮扶过程中，鼓励和支持东部企业入驻园区，以政府为桥梁发挥双向沟通作用，携手当地群众构建了以“公司+基地+农户”“公司+联合社+合作社+基地+农户”“龙头企业+示范基地+合作社+贫困户”等多种方式为主的多元业态生产经营模式。推动区域产业向集约化、产业化、园区化、规模化发展，形成了政府引导、企业运作、农户参与、科技支撑、紧密联合的产业发展新格局。以崆峒区为例，2021 年，崆峒区充分利用东西部协作资金，以泾河川种植香菇、辣椒等设施蔬菜产业园项目建设为重点，同时配套园区水、电、路等基础设施，改善园区生产环境条件；吸引当地农户积极参与，形成了以“合作社+基地+农户”为主的生产经营模式，推动全区蔬菜产业向规模化、集约化、产业化可持续发展，带动 350 多户经营主体发展蔬菜产业，实现年均收入 5000~15000 元。

（二）拓宽了农民增收渠道

1. 借助消费帮扶，以产业振兴带动收入增长

在承接东部产业梯度转移的过程中，甘肃省正在逐步实现从产业振兴向消费帮扶的转型升级，以拓宽农民的增收渠道。甘肃省凭借其在脱贫帮扶时期培育并形成的产业规模优势，努力向高质量农产品和产业链要收入。同时，依托数字化经营和电子化管理，建立了消费帮扶服务平台，通过降低成本来增加收入。此外，还开展了多种形式的消费帮扶活动，如“陇货入青”，提升了产品影响力，扩大了市场销售渠道。借此东风，以“甘味”品牌为主的各类农产品累计实现了 53.36 亿元的销售额。在产业发展的带动下，2021 年，甘肃省农村居民人均可支配收入同比增长 10.5%，第一产业增加值增长 10.1%。

2. 借助劳务协作，以稳定就业带动收入增长

东西部地区的产业发展规模和劳动力需求存在差异。为了推动农村劳动力向东部输转、就近就业以及定向外出务工等多元化方式就业，形成了创新带创业、创业带就业、就业促增收的良好格局。通过开展技能培训和创办线上就业服务平台，创建了“鲁甘人力”等劳务协作品牌，实现了就地就业和转移就业，进一步促进了农村劳动力的多渠道就业。鼓励劳务协作深入实

际，积极推动重点群体参与就业。通过“培训—安置就业—生产销售”的模式，会宁县助力残疾人生产手工皮具和具有会宁红色旅游文化特色的系列产品，实现了人均月收入 1500 余元。这表明，残疾人居家就业也能拓宽收入渠道，实现自立自强、增收致富。

3. 借助深化改革，以土地流转带动收入增长

在东西部地区的协调发展中，甘肃致力于唤醒农村“沉睡”的资源，有效激活土地要素的发展活力，释放财产性收入的潜力。围绕提高生产效率和产业效益，借助农村土地产权制度、承包经营制度、征地制度等一系列改革，通过建立产业园、休闲旅游景区开发等项目，以给予农户年租金、一次性补偿、土地作为经营权入股分红等方式，一方面提高了农村土地市场的配置效率，有效推进产业化、现代化发展；另一方面也带动农民直接获得土地流转收入，实现了多渠道、多途径增收。以临夏县前韩村发展现代农业为例，通过流转 137.67 公顷土地建设高效日光温室种植高原夏菜，真正实现了“一亩菜十亩粮”的增收目标。陇南市青陇文旅集团则通过景区开发露营地帐篷酒店、游乐场、观光车等旅游项目，将周边乡镇村的土地直接流转征收，带动周边两个乡镇 6 个行政村以一次性补偿和年租金方式增收。

（三）打造了乡村振兴的典型样板

在东部地区和中央定点单位的鼎力支持下，甘肃省秉持自然优先、生态优先、协同区域发展的理念，紧紧围绕打造“乡村振兴”示范村的目标，坚持“因地制宜、突出特色”的原则，联合设计院和当地的乡土专家以及群众，积极征求各方面的意见和建议，共同探索将特色产业、资源、风俗文化等元素融入乡村建设的方法路径。经过努力，“乡村振兴”示范村建设取得了显著的阶段性成果。

全省形成了甘南生态文明小康村“舟曲样板”、东乡县林家村“茶马古道”等以休闲乡村文化旅游产业为主导，以农耕文明为根基、以田园风光为代表，以及以村落建筑为特色的乡村振兴典型样板。这些样板在促进当地农业升级、农村进步和农民发展方面起到了积极的推动作用。渭源县充分利

用国家乡村振兴局的帮扶资源，依托乡村旅游示范项目的支持，整合资金，巩固产业基础，加强业态培育，共同打造了保存村落原味的元古堆示范样板。东乡县布楞沟村在东西部协作帮扶和支持下，大力发展民俗风情和红色文化乡村游，实现了从“悬崖边”的小山村向幸福家园的华丽转身。

2021 年，在东西部协作及对口帮扶工作的推动下，津、鲁两省市在甘肃启动“百村振兴计划”，打造了 159 个乡村振兴示范村；同时，有 36 家中央单位直接投入了 6.17 亿元的帮扶资金，实施了 456 个帮扶项目，包括产业项目、扶持易地搬迁以及公共服务基础建设等。这些举措共同开创了示范村振兴发展的新局面。

（四）扩大了开放与合作发展空间

在过去的 20 多年里，甘肃省各地区与东部省市和中央单位开展了深入的协作帮扶，不断探索新的协作思路，利用东部地区先进的教育、医疗、生活方式和思想观念等资源，鼓励农民调整种植结构和生产方式，拓宽视野，丰富生活，同时扩大了开放与合作的发展空间。

首先，各地打破了区域资源禀赋的限制，从传统的养殖和粗放种植主要粮食作物，逐步拓展到采用现代化饲养技术和管理理念，科学培植食用菌、有机果蔬、特色花卉等多种经济作物领域。例如，永登县借助食用菌产业基地的示范作用，带动了周边有积极性且有开发基础能力的农户自建或改造利用现有温棚进行香菇栽培，形成了户连户、村连村、成方连片的规模化食用菌基地，通过效益驱动不断扩大生产范围，走向产业化发展之路。

其次，甘肃省与东部地区多次开展联合办学、师资培训等全方位合作，引进了 10 余所职业技能培训机构，为农村居民接受类型更广、专业性更强的职业教育营造了良好环境，为农业农村现代化发展培养了高素质农民，丰富了农民乡村文化生活。

最后，通过协作优化了农村医疗资源配置，实行智能便捷的“互联网+”健康帮扶，扩大了远程诊疗覆盖面。实现了多种形式的产业要素互补、人员交流互动、技术沟通互学、思想观念互通、行事作风互鉴的多样化发展局面。这种协作模式不仅促进了东西部地区的资源共享和优势互补，也推动了农民增收致富和乡村全面振兴。

（五）激发了高质量发展的内生动力

在多年的帮扶实践中，协作省市和单位持续深化帮扶方式变革，激发帮扶对象的内生动力。通过突出企业优势和特色，创新生产和工艺方法，将产品和服务质量作为高质量协同发展的基本动力。依托产业协作中的成功模式和经验，充分利用数字化产业扶持项目，提升产业效能和延长产业链，推动企业运营质量、品牌质量提档升级。以建设村集体经济的形式，帮助农民创造就近就业的机会，鼓励群众积极参与，树立勤劳致富的主体意识，激活一个地区高质量发展的内生活力。结合村民生产生活实际，通过修订完善村规民约、建设乡村文化广场、改善教育教学条件、开展形式多样的创建评选活动、推行“红黑榜”、设立奖学金等有效做法，持续深化效率变革。将扶志和扶智结合起来，多方面、多渠道地提升公共文化服务水平，培养群众积极向上的生活方式，真正提高了群众的自我发展能力。

三　甘肃省东西部协作及对口帮扶发展的经验与启示

（一）明确高位统筹与基层对接的主导方式

形成长期有效的东西部协作关系要明确高位引领推动与基层密切对接的主导方式，发挥中央与地方区域性协调机制作用，为推进东西部协作及对口帮扶提供制度保障。首先，健全高位推动的常态化协作机制。省委分管领导负责落实高位推进、双向发力的组织领导职能，确保调整山东省济南市、青岛市接替厦门市、福州市对临夏州和定西市帮扶关系后，依然保持帮扶项目不停、协作企业不走、劳务协作不止的经济协作关系与合作机制。其次，强化主动对接的责任意识。围绕巩固拓展脱贫攻坚成果，推进乡村振兴全面发展，坚持找准需求，树立长效帮扶的责任意识，着力推动东部地区、中央帮扶单位与县域、乡镇等基层组织间的精准对接，跟进落实人才互动、劳务协作、产业合作、政务交流、文旅合作、乡村振兴、会展合作、消费帮扶协作项目，积极与帮扶单位开展常态化对接互访。最后，坚持科学谋划、统筹发展，以推进全方位、多层次、宽领域的乡村建设为目标，以帮助农村居民增收致富为根本目的，围绕群众的切实需求，实现高质量帮扶，制定科学规划，坚持统筹推进，不断增强帮扶工作的精准性。

（二）坚持加强外联与内生转型的有机结合

推动东西部协作及对口帮扶实现长效发展，有能力承接东部产业梯度转移，不仅要依托东部地区和中央单位资金、技术、人才、管理等多样化资源禀赋优势，加强与协作地区产业合作、劳务协作、消费帮扶、人才交流等多领域合作、深层次交流、全方位联系，也要促进受援地内生式发展，特别是要突破传统思维，克服“等、靠、要”的思想。一方面，基于东部地区和中央单位经济实力和财政能力的支持与保障，着眼于改善贫困地区人居环境、公共基础建设，重点支持住房改造、饮水安全、医疗卫生、社会保障等基础民生项目，着力夯实乡村发展基础。加强东部企业及中央帮扶单位与本地新型农业经营主体合作共建，促进乡村产业发展内生转型，推动产业可持续发展。另一方面，坚持把拓宽人才合作领域作为开展东西部协作及对口帮扶工作的有效抓手，积极搭建有利于各类人才施展才能的交流服务平台，持续激发各类人才创新创造活力。

（三）切实发挥补齐短板与锻造长板的互补协同效应

在东西部协作及对口帮扶工作实践中，结对协作的东部省市和中央单位不仅为西部地区引进了众多产业项目，建立了现代产业园区，促进了区域经济协调发展，而且发挥了东部优质教育、医疗、科技、市场等优势，弥补了制约西部地区可持续发展的短板。一是以东部优势教育资源补强西部短板弱项，创造性地开发了“1+10+4+N”、线上听评课、探讨“问学”课堂的教育帮扶模式。通过互派教育人才在课程建设、德育教研、新教师培训等方面开展跟岗学习，实现了教育人才从“参与式”向“植入式”的高效转变，推动东西两地教育资源共享、教育人才互动、教育观念互通，提高整体教育教学质量。二是补强医疗短板，提升县域医疗水平。统筹优势医疗资源，大力发展智慧医院、互联网+医疗健康、医疗人工智能产业，推动信息技术与医疗产业深度融合，重点覆盖地理位置偏僻、医疗服务能力较弱的乡镇，开展串联县、镇、村三级医疗机构的远程医疗服务，使群众享受更加高效便捷的医疗服务水平。三是补强市场短板，拓宽产品流通领域。坚持以“政府引导、市场运作、社会参与、互利共赢”为原则，鼓励引导龙头企业、专业合作社、家庭农场等新型经营主体积极参与产销对接，促进农畜产品、手工制品等各类农特产品有序走向东部市场，重视流通匹配和需求衔接，填补市场空白，开展形式多样的消费帮扶活动，拓宽产品流通领域，实现农民增收致富。

（四）制定实施精准聚焦与重视创新引领的政策

东西部协作及对口帮扶工作经历了从帮助西部地区群众脱贫的政策目标，到如期实现全面建成小康社会的战略目标，逐步延伸到实现乡村振兴的发展过程与制定实施精准聚焦和重视创新引领的新政策。这些政策主要从集中解决贫困人口“两不愁三保障”向全面推进乡村振兴转变、支持扶贫向支持发展转变、定点定向向全面协作转变方面，聚焦解决困扰群众实现高质量发展的重点问题。在解决贫困人口“两不愁三保障”向全面推进乡村振兴转变过程中，协作双方聚焦群众关切的住房、饮水等民生巩固提升工程，创新帮扶投向。坚持把事关百姓切身利益的工程办成好事实事。在支持扶贫向支持发展转变方面，东西部协作帮扶将目光转向特殊人口群体，创新居家就业方式。重视挖掘每一股振兴乡村的人力资源潜力，坚持组织协调、政策保障、技能培训、推介服务“四个体系”多方面促进重点群体提升技能积极参与就业，实现由支持扶贫到自我发展的可持续转变。在定点定向向全面协作转变方面，聚焦合力攻坚，创新协作内涵。坚持面向全省，敢于突破现有协作关系、帮扶领域，在市州、县区、乡镇及学校、医院等各级各类结对关系的基础上深入到村帮扶，引导各类帮扶资源重心下沉，广泛动员各类社会力量积极参与。

四　东西部协作及对口帮扶发展展望

（一）聚焦成果拓展，筑牢产业帮扶与消费帮扶衔接的坚实基础

全面建成小康社会意味着我国成功地消除了绝对贫困，并转向解决相对贫困问题。东西部协作和对口帮扶工作已进入一个新的阶段，国家聚焦于巩固脱贫成果，并努力加强产业帮扶与消费帮扶的有效衔接。甘肃省应借助东部地区的现代产业园加工集群化和科技集成化的产业耦合优势，加强农产品的深加工能力，提高产业附加值；通过加大力度推进东部产业的梯度转移，持续引进农业产业化龙头企业，并采取“精准+规模”“片区+园区”的产业创新举措。此外，积极引导更多企业投资休闲农业、乡村旅游、民宿经济等乡村特色产业项目。同时，充分利用东部地区的“会展经济”窗口平台，集中推介、展示和销售以“甘味”品牌为主的特色农产品；利用协作帮扶项目支持经销企业、仓储物流企业设立甘肃特色农产品中央仓的优惠政策，形成稳定的供货关系，进一步拓展消费帮扶的渠道。最终让脱贫地区的群众实现从产业帮扶到产业融合的转变，并享受到产业增值收益的成效。

（二）优化对接关系，形成多元主体积极参与的良好局面

进入新发展阶段，为适应国家对协作帮扶关系做出的优化调整，甘肃主动加强与山东省青岛市、济南市长期固定结对帮扶关系，统筹签订各项合作协议，尽快组织开展多方面协作帮扶，有效避免工作断档、帮扶力量减弱；同时，巩固与各帮扶省市、单位之间的经济协作关系。相关市州继续落实鼓励企业投资、兴办扶贫车间、创办产业园区和稳岗就业等相关帮扶支持政策，确保原建成的协作项目持续发挥作用、在建项目正常推进；相关市县组织并建立对接洽谈组，深入对接东部协作和中央定点帮扶企业，积极争取建

成产业关联度高、就业稳定性强、社会效益显著的区域性支柱产业；其他市县、乡镇、行政村之间也要加强与定点帮扶甘肃省的中央国家机关、省市单位、相关高校、社会团体和金融机构的汇报对接，借助帮扶单位先发优势，争取在产业培育和引进、农村基础设施和公共服务、乡村建设等方面给予更多支持帮助，激活西部地区后发效应和内生发展动力。

（三）拓展协作领域，制定美丽善治的乡村建设目标

携手开展乡村建设行动，并充分借助帮扶单位的政策、资金和技术资源，加强对投资政策的深入研究，合力支持“百村振兴行动”。聚焦乡村产业振兴，依靠其特色资源优势，构建现代农业产业体系，推动“种、产、销、深加工”全产业链的高质量发展，促进产业园区的集群成长，并创造更多的创业就业新机会；重视乡村生态振兴，将修复黄河上游生态与生态治理有机结合起来，构建生态安全屏障，同时推进生态公园建设、优化旅游景点、发展林果经济，激活发展的“绿色动力”；以乡村治理为保障，创新实施“党建+X+积分”的工作模式以及乡村治理数字化管理模式，提高组织建设的科学化水平和乡村治理的现代化水平；以提高乡村生活品质为目的，利用互联网、大数据、云计算、人工智能等技术手段，有效整合教育协作、医疗帮扶、公共卫生服务等资源，持续提高农村基础设施和公共服务水平。

（四）完善制度体系，实现互利共赢

坚持和完善东西部协作和中央单位定点帮扶协调推进机制，主动向协作省市有关部门和中央定点帮扶单位汇报工作进展情况，议定帮扶事项，敲定合作项目，组织调动各方面力量跟进落实；继续实行清单化对接落实机制，共同拟定项目需求清单，建立台账，加强督查，主动配合相关部门开展督促指导和成效评价工作；健全落实定期协商联络机制，主动加强东部协作省市、中央帮扶单位与受援地的对接沟通，确定协作重点，协商解决工作推进中的困难和问题，实现“1+1+1>3”的共赢效果。

参考文献

谢治菊、梁嘉俊：《东西部协作中的社会帮扶：类型、逻辑与未来》，《贵州财经大学学报》2023 年第 4 期。

王禹澔：《中国特色对口支援机制：成就、经验与价值》，《管理世界》2022 年第 6 期。

楚向红：《以人民为中心是百年党史的根本立场》，《南方论刊》2022 年第 1 期。

李楠、倪梦迪：《中国共产党历史性解决绝对贫困问题的基本经验》，《高校马克思主义理论研究》2021 年第 3 期。

傅夏仙、黄祖辉：《中国脱贫彰显的制度优势及世界意义》，《浙江大学学报》（人文社会科学版）2021 年第 2 期。

陶砥：《新时期中国共产党实施对口支援政策的意义、历程与成效》，《观察与思考》2020 年第 9 期。

席建国：《我国东西部地区的对口帮扶效应研究》，《南都学坛》2011 年第 4 期。

皮书

智库成果出版与传播平台

❖ 皮书定义 ❖

皮书是对中国与世界发展状况和热点问题进行年度监测，以专业的角度、专家的视野和实证研究方法，针对某一领域或区域现状与发展态势展开分析和预测，具备前沿性、原创性、实证性、连续性、时效性等特点的公开出版物，由一系列权威研究报告组成。

❖ 皮书作者 ❖

皮书系列报告作者以国内外一流研究机构、知名高校等重点智库的研究人员为主，多为相关领域一流专家学者，他们的观点代表了当下学界对中国与世界的现实和未来最高水平的解读与分析。

❖ 皮书荣誉 ❖

皮书作为中国社会科学院基础理论研究与应用对策研究融合发展的代表性成果，不仅是哲学社会科学工作者服务中国特色社会主义现代化建设的重要成果，更是助力中国特色新型智库建设、构建中国特色哲学社会科学“三大体系”的重要平台。皮书系列先后被列入“十二五”“十三五”“十四五”时期国家重点出版物出版专项规划项目；自 2013 年起，重点皮书被列入中国社会科学院国家哲学社会科学创新工程项目。

皮书网

（网址：www.pishu.cn）

发布皮书研创资讯，传播皮书精彩内容
引领皮书出版潮流，打造皮书服务平台

栏目设置

◆ 关于皮书

何谓皮书、皮书分类、皮书大事记、
皮书荣誉、皮书出版第一人、皮书编辑部

◆ 最新资讯

通知公告、新闻动态、媒体聚焦、
网站专题、视频直播、下载专区

◆ 皮书研创

皮书规范、皮书出版、
皮书研究、研创团队

◆ 皮书评奖评价

指标体系、皮书评价、皮书评奖

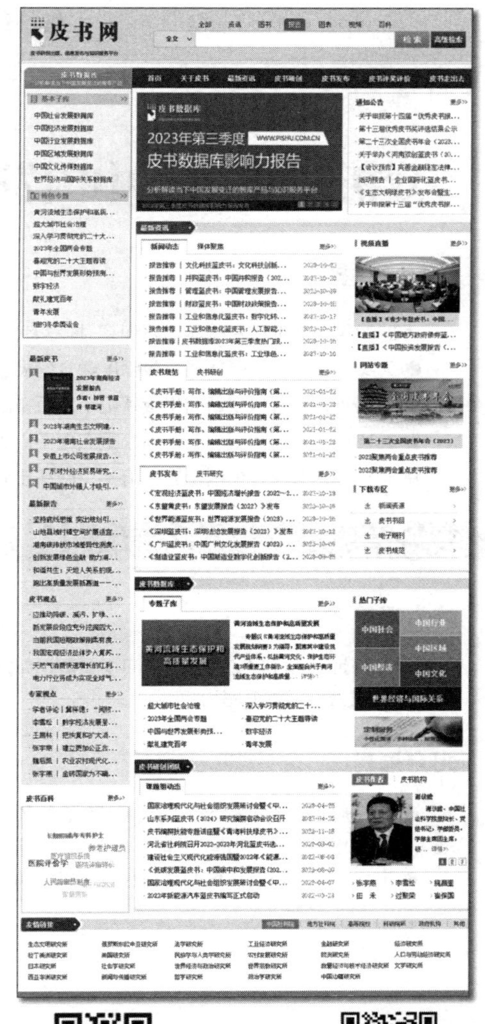

所获荣誉

◆ 2008 年、2011 年、2014 年，皮书网均在全国新闻出版业网站荣誉评选中获得“最具商业价值网站”称号；

◆ 2012 年，获得“出版业网站百强”称号。

网库合一

2014年，皮书网与皮书数据库端口合一，实现资源共享，搭建智库成果融合创新平台。

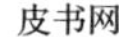

皮书网

“皮书说”
微信公众号

中国社会发展数据库（下设 12 个专题子库）

紧扣人口、政治、外交、法律、教育、医疗卫生、资源环境等 12 个社会发展领域的前沿和热点，全面整合专业著作、智库报告、学术资讯、调研数据等类型资源，帮助用户追踪中国社会发展动态、研究社会发展战略与政策、了解社会热点问题、分析社会发展趋势。

中国经济发展数据库（下设 12 专题子库）

内容涵盖宏观经济、产业经济、工业经济、农业经济、财政金融、房地产经济、城市经济、商业贸易等12个重点经济领域，为把握经济运行态势、洞察经济发展规律、研判经济发展趋势、进行经济调控决策提供参考和依据。

中国行业发展数据库（下设 17 个专题子库）

以中国国民经济行业分类为依据，覆盖金融业、旅游业、交通运输业、能源矿产业、制造业等 100 多个行业，跟踪分析国民经济相关行业市场运行状况和政策导向，汇集行业发展前沿资讯，为投资、从业及各种经济决策提供理论支撑和实践指导。

中国区域发展数据库（下设 4 个专题子库）

对中国特定区域内的经济、社会、文化等领域现状与发展情况进行深度分析和预测，涉及省级行政区、城市群、城市、农村等不同维度，研究层级至县及县以下行政区，为学者研究地方经济社会宏观态势、经验模式、发展案例提供支撑，为地方政府决策提供参考。

中国文化传媒数据库（下设 18 个专题子库）

内容覆盖文化产业、新闻传播、电影娱乐、文学艺术、群众文化、图书情报等 18 个重点研究领域，聚焦文化传媒领域发展前沿、热点话题、行业实践，服务用户的教学科研、文化投资、企业规划等需要。

世界经济与国际关系数据库（下设 6 个专题子库）

整合世界经济、国际政治、世界文化与科技、全球性问题、国际组织与国际法、区域研究 6 大领域研究成果，对世界经济形势、国际形势进行连续性深度分析，对年度热点问题进行专题解读，为研判全球发展趋势提供事实和数据支持。

法律声明

“皮书系列”（含蓝皮书、绿皮书、黄皮书）之品牌由社会科学文献出版社最早使用并持续至今，现已被中国图书行业所熟知。“皮书系列”的相关商标已在国家商标管理部门商标局注册，包括但不限于LOGO（ ）、皮书、Pishu、经济蓝皮书、社会蓝皮书等。“皮书系列”图书的注册商标专用权及封面设计、版式设计的著作权均为社会科学文献出版社所有。未经社会科学文献出版社书面授权许可，任何使用与“皮书系列”图书注册商标、封面设计、版式设计相同或者近似的文字、图形或其组合的行为均系侵权行为。

经作者授权，本书的专有出版权及信息网络传播权等为社会科学文献出版社享有。未经社会科学文献出版社书面授权许可，任何就本书内容的复制、发行或以数字形式进行网络传播的行为均系侵权行为。

社会科学文献出版社将通过法律途径追究上述侵权行为的法律责任，维护自身合法权益。

欢迎社会各界人士对侵犯社会科学文献出版社上述权利的侵权行为进行举报。电话：010-59367121，电子邮箱：fawubu@ssap.cn。

社会科学文献出版社